Indien – eine verwundete Kultur

Das Buch

Der 1975 verhängte Ausnahmezustand ist für V. S. Naipaul Anlass, seine dritte längere Reise in das Land seiner Vorfahren zu unternehmen. Überwog bei seinem ersten Besuch in den sechziger Jahren noch die persönliche Bestürzung angesichts eines geschundenen und in seinen Reaktionen häufig rätselhaften Landes, ist er nun in der Lage, Indien mit größerer Distanz und analytischem Scharfsinn zu begegnen. Im Ausnahmezustand erkennt Naipaul nicht nur den Ausdruck einer politischen Krise, sondern die Krise einer gesamten Kultur. Der permanente Rekurs auf die Tradition – in Jahrhunderten der Fremdherrschaft die einzige Überlebensstrategie – beschränkt den Blick und lähmt den Intellekt. Naipaul zeichnet das eindrückliche Porträt eines Landes, das noch einen entscheidenden Schritt zu wahrer Unabhängigkeit machen muss: Es gilt, für die eigenen Probleme auch eigenständige Lösungen zu entwickeln. Naipauls engagierte Erkundung berührt einmal mehr durch die persönliche Verbundenheit des Autors mit diesem einzigartigen Land.

Der Autor

Vidiadhar Surajprasad Naipaul wurde am 17. August 1932 auf Trinidad geboren und lebt seit 1950 in Großbritannien. Der Romancier, Reiseschriftsteller und Journalist gilt als einer der bedeutendsten Vertreter der englischsprachigen Literatur und hat alle nur denkbaren literarischen Auszeichnungen erhalten, so 1971 den Booker Prize und 2001 den Nobelpreis für Literatur.

In unserem Hause sind von V. S. Naipaul bereits erschienen:

Abschied von Eldorado · Amerika · An der Biegung des großen Flusses · Auf der Sklavenroute · Briefe zwischen Vater und Sohn · Guerillas · Ein halbes Leben · Ein Haus für Mr Biswas · Herr und Sklave · Eine islamische Reise · In den alten Sklavenstaaten · Jenseits des Glaubens · Land der Finsternis · Das Lesen und das Schreiben · Magische Saat · Miguel Street · Der mystische Masseur · Des Nachtwächters Stundenbuch · Das Rätsel der Ankunft · Wahlkampf auf karibisch · Ein Weg in der Welt

V. S. Naipaul

Indien – eine verwundete Kultur

Aus dem Englischen
von Monika Noll und Ulrich Enderwitz

List Taschenbuch

Besuchen Sie uns im Internet:
www.list-taschenbuch.de

Dieses Taschenbuch wurde auf FSC-zertifiziertem Papier gedruckt. FSC (Forest Stewardship Council) ist eine nichtstaatliche, gemeinnützige Organisation, die sich für eine ökologische und sozialverantwortliche Nutzung der Wälder unserer Erde einsetzt.

Ungekürzte Ausgabe im List Taschenbuch
List ist ein Verlag der Ullstein Buchverlage GmbH, Berlin.
1. Auflage Oktober 2006

Umschlaggestaltung und Konzeption:
Hauptmann und Kompanie Werbeagentur, München–Zürich
Titelabbildung: © Roland & Sabrina Michaud
Satz: Pinkuin Satz und Datentechnik, Berlin
Gesetzt aus der Garamond und Helvetica
Papier: Munkenprint von Arctic Paper Munkedals AB, Schweden
Druck und Bindearbeiten: Clausen & Bosse, Leck
Printed in Germany
ISBN-13: 978-3-548-60626-2
ISBN-10: 3-548-60626-1

Inhalt

Indien –
eine verwundete Kultur

Vorwort

Im Lichtschein des Flughafens von Bombay sah man, dass es gerade geregnet hatte, und das Flugzeug, das ein bis zwei Stunden nach Mitternacht einrollte, blies die Wasserlachen, die der Monsun hinterlassen hatte, über die Betonpiste. Es war Mitte August; den offiziellen Angaben zufolge würde der Monsun noch zwei Wochen dauern (aber dann zog er sich lange hin). In dem kleinen feuchten Flughafengebäude standen Passagiere eines früheren Fluges – der Gulf Air. Gulf, das war der Persische Golf, die Ölstaaten. Unter diesen Passagieren befanden sich indische Geschäftsleute im Anzug, die auf eine besonders sorgfältige Durchsuchung durch das Zollpersonal warteten; mehrere Japaner; ein paar Araber in ihren Wüstengewändern, die heute, wenn man sie auf Flughäfen und in Städten des Auslands sieht, wie die weißen Roben einer neuen, unversehens über die ganze Welt verbreiteten Priesterschaft des reinen Geldes wirken; außerdem zwei sonnengebräunte Sikhs mit Turban, Handwerker, die von ihrer Arbeit in einem Ölstaat nach Indien zurückkehrten, beide mit Pappkoffer und an den Füßen die gleichen neuen Schuhe aus gelbem Wildleder.

In der heutigen Welt ist ein ganz neuartiges Kommen und Gehen im Gange. Arabien, wieder einmal auf der Glücksseite, ist über seine Wüsten hinausgewachsen. Und Indien liegt wieder einmal an der Peripherie dieser neuen arabischen Welt, genauso wie im achten Jahrhundert, als sich die neue

Religion des Islam in alle Richtungen ausbreitete und die Araber – angeführt, wie es heißt, von einem siebzehnjährigen Jungen – das indische Königreich Sind überrannten. Nach den Worten der Historiker war das nur eine Episode. Aber Sind gehört heute nicht mehr zu Indien; Indien ist seit dem Einfall der Araber geschrumpft. Keine Kultur war so wenig gerüstet, der Außenwelt etwas entgegenzusetzen; kein Land wurde so leicht überfallen und ausgeplündert und lernte so wenig aus seinen Katastrophen. Fünfhundert Jahre nach der Eroberung von Sind durch die Araber wurde in Delhi die Herrschaft der Muslime errichtet, eine Herrschaft von Fremden, von Menschen, die etwas Besonderes waren. Und die Herrschaft von Fremden – der Muslime in den ersten fünfhundert Jahren, der Briten in den letzten hundertfünfzig Jahren – endete in Delhi erst im Jahr 1947.

Die Geschichte Indiens schnurrt leicht zusammen; dieses Mal traf ich in einer nordindischen Stadt einen jungen Mann, einen Beamten des öffentlichen Dienstes, der mir erzählte, seine Vorfahren seien acht Jahrhunderte zuvor ins Land gekommen, während der großen islamischen Feldzüge im zwölften Jahrhundert. Als ich ihn fragte, wo er wohne, sagte er: »Meine Familie lebt seit fünfhundert Jahren in Delhi.« Und was in Europa nach Aufschneiden geklungen hätte, hatte in Indien gar nichts davon. Die Familie lebte in bescheidenen Verhältnissen, das war nie anders gewesen, und der Nachname Qureshi zeigte an, dass sie jahrhundertelang religiöse Ämter versehen hatte. Der Eintritt eines Familienmitglieds in den Staatsdienst war ein Bruch mit der statischen Vergangenheit und nach achthundert Jahren ein Schritt nach oben. Der junge Mann verglich seine Familie mit denen der muslimischen Maurer und Steinmetze, den Nachfahren derer, die die Paläste und Moscheen des Mogulreiches erbaut hatten: Noch immer saßen sie um Schah Dschehans große Moschee, die Jama Masjid, herum und waren genauso arme und zerlumpte Handwerker, wie es ihre Vorfahren gewesen waren; sie breiteten die Werkzeuge des ererbten Handwerks vor sich aus und warteten darauf, angeheuert zu werden, immer bereit, für jeden Beliebigen ein neues Delhi zu bauen.

Im späten zwanzigsten Jahrhundert scheint es noch immer, als sei Indien ganz es selbst, ganz in seiner Kultur verwurzelt; man braucht eine Weile, um zu begreifen, dass seine Unabhängigkeit mehr bedeutete als den Abzug der Briten; dass dieses Land Indien, in dem die Unabhängigkeit Einzug gehalten hat, eine viel ältere Niederlage hinter sich hat; dass die rein indische Vergangenheit bereits seit langer Zeit tot ist. Und schon müssen wir uns, angesichts des Ausnahmezustands, gegen den kalten Schauder wehren, der uns beim Gedanken an einen erneuten Zerfall Indiens überkommt.

***

Für mich ist Indien ein schwieriges Land. Es ist nicht meine Heimat und kann es nicht sein, und dennoch will es mir nicht gelingen, es ad acta zu legen oder gleichgültig ihm gegenüber zu sein; ich kann dort keine bloßen Besichtigungstouren machen. Ich bin ihm gleichzeitig zu nah und zu fern. Vor hundert Jahren wanderten meine Vorfahren aus der Ganges-Ebene aus und die indische Gemeinschaft, die sie und andere in Trinidad, auf der anderen Seite der Weltkugel, gründeten und in der ich aufwuchs, war homogener als diejenige, die Gandhi 1893 in Südafrika antraf, und stärker von Indien isoliert.

Als ich Indien 1962 zum ersten Mal besuchte, erwies es sich als ein sehr befremdliches Land. Hundert Jahre hatten gereicht, um mir viele aus Indien stammende religiöse Einstellungen unzugänglich zu machen, und ohne diese Einstellungen war – und ist – das Elend Indiens fast unerträglich. Ich habe lange gebraucht, bis ich mit der Fremdheit des Landes zurechtkam, bis ich definieren konnte, was mich von ihm trennt, und bis ich begriff, wie weit sich die »indischen« Standpunkte des Menschen, der ich als Angehöriger einer kleinen, abgelegenen indischen Gemeinschaft der Neuen Welt bin, von den Standpunkten jener Menschen, für die Indien noch ein heiles Ganzes ist, entfernt haben.

Eine Studie über Indien – selbst eine über den Ausnahmezustand – muss schnell über das Politische hinausgehen. Sie muss sich den Einstellungen der Inder widmen; der Kultur, wie sie an sich selbst ist. Und obgleich ich in Indien ein Fremder bin, geht die hier vorgelegte Studie – mehr als es die folgenden Seiten zeigen mögen – von mir selbst aus. Denn wie die Momentbilder der frühen Kindheit, die manche von uns in sich tragen, überdauern in mir aus den bis in meine Kinderzeit erhaltenen Familienritualen geisterhafte Erinnerungen an das alte Indien, die vor meinen Augen eine ganze verschwundene Welt erstehen lassen.

Vertraut ist mir zum Beispiel die Schönheit des Opfers, das den Ariern so wichtig war. Das Opfer machte aus der Essenszubereitung ein Ritual: Das erste Gekochte oder Gebackene – in der Regel ein kleines, rundes, ungesäuertes Brot, eine eigens hergestellte Brotminiatur – war immer fürs Feuer, für den Gott, bestimmt. Das funktionierte nur mit einer offenen Feuerstelle; auf diesen Brauch verzichten zu müssen, bedeutete – so würde ich das flüchtige Gefühl des Kindes, dass etwas nicht richtig war, heute ausformulieren –, einer Verbindung mit der Erde und ihrer Urvergangenheit, mit dem Anfang der Dinge, zu entsagen. Die Morgenrituale vor dem Frühstück, die Abendrituale vor dem Einschalten der Lampen: eins nach dem anderen gingen sie dahin, Verbindungen mit einer Religion, die nicht zuletzt so etwas wie ein Bewusstsein der Vergangenheit war, sodass die Ehrfurcht vor Erde und Weltall erst später, mit anderen Mitteln, wiederentdeckt werden musste.

Manche Sitten und Gebräuche meiner Kindheit waren rätselhaft. Damals wusste ich es nicht, aber die glatten Kiesel im Schrein meiner Großmutter, die mein Großvater zusammen mit seinen anderen Habseligkeiten aus Indien hierher gebracht hatte, waren Phallussymbole: Die Kiesel, die aus Stein waren, standen für die eindeutigeren Steinsäulen. Und warum war es nötig, dass eine männliche Hand das Messer hielt, mit dem ein Kürbis aufgeschnitten wurde? Irgendwann einmal schien mir – wegen des Anblicks, den ein von oben nach unten halbierter Kürbis bietet –, der Ritus könnte etwas Sexuelles an sich haben. Die Wahrheit ist, wie ich erst kürzlich erfuhr, als dieses Buch seinem Ende zuging, erschreckender. In Bengalen und den umliegenden Regionen ersetzt der Kürbis als Gemüse ein lebendes Opfertier: Deshalb bedurfte es der männlichen Hand. Ich weiß, dass ich in Indien ein Fremder bin; aber mir wird immer klarer, dass meine indischen Erinnerungen, die Erinnerungen an jenes Indien, das bis in meine Kindheit auf Trinidad fortlebte, wie Falltüren sind, die in eine bodenlose Vergangenheit führen.

ERSTER TEIL

Eine verwundete Kultur

I Ein altes Gleichgewicht

1

Manchmal scheint es tatsächlich, als bestehe das alte, ewige Indien, von dem viele Inder so gern reden, einfach weiter. Im letzten Weltkrieg waren britische Soldaten, die in chemischer Kriegsführung geschult werden sollten, an der Südspitze des Landes stationiert, in der Nähe eines tausend Jahre alten Hindutempels. Dieser Tempel hielt als Haustier ein zahmes Krokodil. Die Soldaten haben das Krokodil begreiflicherweise erschossen. Irgendwie entweihten sie auch den Tempel, vielleicht allein durch ihre Gegenwart. Aber bald schon zogen die Soldaten ab und die Briten verließen ganz Indien. Heute, mehr als dreißig Jahre nach dieser Entweihung und in einer anderen Zeit des Ausnahmezustands, ist der Tempel restauriert und zurzeit stellt man ein neues Standbild des Tempelgottes auf.

Solche Statuen sind, bevor sie mit Leben erfüllt und mit Macht ausgestattet werden, nichts als Objekte im Hof eines Bildhauers und ihr Wert hängt von Größe, Material und bildhauerischem Können ab. Hinduistische Götterbilder kommen aus der alten Welt; sie verkörpern schwierige und mitunter hoch geistige Vorstellungskomplexe und müssen nach bestimmten Regeln angefertigt werden. Für die hinduistische Ikonographie kann es keine heutige Entwicklung geben, auch wenn die Götterbilder zurzeit, unter dem Einfluss des indischen Kinos und der Kinoplakate, weniger abstrakt sind als die alten Originale und nach menschlichem

Maßstab hübscher und puppenhafter. In jeder Hinsicht leblos stehen sie im Ausstellungsraum des Bildhauers. Granit und Marmor – und die eine oder andere eigens bestellte Büste (etwa eines lokalen Polizeiinspektors), die sogar vor den leeren Marmoraugen ein echtes Brillengestell tragen kann – lassen zunächst an einen Friedhof denken und an ein Volk, das in den Tod verliebt ist. Doch dieser Ausstellungsraum ist eine Art Zwischenstadium; hier steht jedes Bildnis in Erwartung des Lebens und der Göttlichkeit, die ihm mit Kauf und Anbetung zufließen werden, und jedes hat bereits winzige Fehler, sodass sein göttliches Leben, wenn es beginnt, nichts Schreckenerregendes und Übermächtiges sein wird.

Das neue Bildnis in dem einst entweihten Tempel muss also zum Leben erweckt werden. Dazu bedarf es einer besonderen Anstrengung. Und die Methode, deren man sich bedient, gehört zu den archaischsten der Welt. Sie versetzt uns in die Anfänge der Religion und des menschlichen Staunens zurück. Es ist der Weg des Wortes: Am Anfang war das Wort. Man singt ein aus zwölf Buchstaben bestehendes Mantra und schreibt es fünfzig Millionen Mal auf; erledigt wird das – in dieser Zeit des Ausnahmezustands, in der die Verfassung suspendiert ist und die Presse zensiert wird – von fünftausend Freiwilligen. Sobald die Arbeit vollbracht ist, bringt man neben dem neuen Götterbild eine goldene Plakette mit einer Inschrift an, die seine neu geschaffene Göttlichkeit und die Hingabe der Freiwilligen attestiert. Ein tausend Jahre alter Tempel wird nun wieder lebendig: Indien, das hinduistische Indien, ist ewig; Eroberung und Entweihung sind nur Augenblicke im Gang der Zeit.

Mehr als dreihundert Kilometer entfernt, gleichfalls im Süden, stehen auf einem braunen Felsplateau mit riesigen erratischen Blöcken die Ruinen der Hauptstadt des einstmals mächtigen Hindu-Reiches Vijayanagar. Vijayanagar – *vijaya* = Sieg, *nagar* = Stadt – wurde im 14. Jahrhundert gegründet; im Jahr 1565 wurde es von einem Bündnis muslimischer Fürstentümer erobert und völlig zerstört. Damals gehörte die Stadt zu den größten der Welt, sie war umgeben von beinahe vierzig Kilometern Mauer – Besucher aus anderen Ländern haben Berichte hinterlassen, in denen sie ihre Organisation und Pracht rühmten –, und das Werk der Zerstörung dauerte fünf Monate, manche sagen sogar, ein Jahr.

Heute sind alle Außenbezirke der Stadt kleinbäuerliche Wildnis, in der hier und da Überreste von Naturstein- oder Backsteinbauten stehen. In Flussnähe, am Tungabhadra, finden sich die größeren Ruinen: Paläste und Stallungen; ein königliches Badehaus; ein Tempel mit gruppenweise angeordneten steinernen Klangsäulen, auf denen man heute noch spielen kann; ein zerstörtes Aquädukt; die geneigten Stützpfeiler eines Bauwerks, das eine Brücke über den Fluss gewesen sein muss. Weitere Relikte gibt es auf der anderen Flussseite: eine lange, breite, zum Teil noch von Fassaden gesäumte Prachtstraße, an deren einem Ende ein riesiges Standbild von Schiwas Stier und am anderen so etwas wie ein Wunder steht: ein Tempel, der aus irgendeinem Grund dem vor vierhundert Jahren vollbrachten Zerstörungswerk entgangen, immer noch unversehrt und nach wie vor Kultstätte ist.

Deshalb kommen die Pilger her, um Opfergaben darzubringen und die alten magischen Riten zu vollziehen. Einige der Ruinen von Vijayanagar wurden von Archäologen im Kultusministerium zum Nationaldenkmal erklärt; für die Pilger jedoch – und sie sind zahlreicher als die Touristen – steht Vijayanagar weder für seine schreckliche Geschichte noch für seine ihm heute innewohnende Trostlosigkeit. Was von dieser Geschichte überliefert ist, wurde reduziert auf die Sage von einem mächtigen Herrscher, von einem auf Gold, das vom Himmel regnete, gegründeten Reich, in dem ein solcher Reichtum herrschte, dass Perlen und Rubine auf dem Markt wie Getreide feilgeboten wurden.

Für die Pilger ist Vijayanagar nichts weiter als der Tempel, der überdauert hat. Die Zerstörung, die ihn umgibt, ist eher Beweis für die Kraft der alten Magie, und das Phantasiebild vergangener Pracht fügt sich ein in die Hinnahme der gegenwärtigen Verwahrlosung. Die einstmals herrliche Prachtstraße – kein Nationaldenkmal, noch immer bewohnbar – ist ein Elendsquartier. An den Stellen, wo das Pflaster fehlt, ist sie bedeckt mit einem grünlich-schwarzen Brei aus Schlamm und Exkrementen, durch den die mit Radios herumlaufenden lauten und fröhlichen Pilger in ihren Sandalen unbekümmert zu den Lebensmittelständen und Souvenirläden trotten. In den Ruinen hausen ausgehungerte Obdachlose mit ihren ausgehungerten Tieren, die kaputten Steinfassaden sind mit Lehm und Steinen ausgebessert und an den Eingängen fehlen die sie noch bis vor kurzem schmückenden Skulpturen. Das Leben geht weiter, die Vergangenheit bleibt bestehen. Nach Eroberung und Zerstörung setzt sie sich einfach wieder durch.

Wenn Vijayanagar heute nur noch als Name und kaum mehr als früheres Reich in Erinnerung geblieben ist (an der Universität des etwa dreihundert Kilometer entfernten Bangalore haben manche Studenten nicht einmal davon gehört), dann liegt das nicht nur daran, dass es restlos von der Landkarte getilgt wurde, sondern auch daran, dass es so wenig zur Geschichte beigetragen hat; es bestand selbst schon in der erneuten Durchsetzung der Vergangenheit. Gegründet wurde das Reich im Jahr 1336 von einem dort residierenden Hindufürsten, der im Gefolge der Unterwerfung durch die Muslime nach Delhi gebracht, zum Islam bekehrt und als Vertreter der muslimischen Macht in den Süden zurückgeschickt worden war. Dort aber, weit weg von Delhi, stellte der bekehrte Fürst seine Unabhängigkeit wieder her und erklärte sich, was ungewöhnlich war, entgegen den hinduistischen Kastenvorschriften erneut zum Hindu, zum irdischen Repräsentanten des lokalen Hindugottes. Auf diesem unglaublichen Wege wurde das große Hindureich des Südens gegründet.

Es bestand zweihundert Jahre lang, aber während der ganzen Zeit war es in ständiger Verteidigungsbereitschaft. Von Beginn an widmete es sich der Bewahrung eines Hinduismus, dessen Gebote bereits verletzt waren, und kulturell und künstlerisch setzte es auf Erhalten und Wiederholen; es schuf kaum Neues. Seine Bronzeskulpturen gleichen denen, die fünfhundert Jahre zuvor entstanden waren; seine Architektur muss schon damals, und mit Sicherheit den es umgebenden Muslimen, schwerfällig und archaisch erschienen sein. Und heute wirken seine Ruinen – in dieser unwirtlichen Landschaft aus Fels und seltsam geformten erratischen Blöcken – älter, als sie sind, wie die Ruinen einer längst abgeschafften Kultur.

Der Hinduismus, zu dem Vijayanagar sich bekannte, steckte bereits in einer Sackgasse und war in mancherlei Hinsicht, wie es beim volkstümlichen Hinduismus so leicht geschieht, zur Barbarei verkommen. Das Reich hatte seine Sklavenmärkte, seine Tempelprostitution. Es propagierte den heiligen *suttee*-Ritus, der vorschrieb, dass sich die Witwe auf dem Scheiterhaufen ihres toten Ehemannes selbst verbrennt, um ihre Tugend und die Ehre der Familie ihres Mannes zu wahren und die Letztere zugleich von den Sünden dreier Generationen zu reinigen. Und Vijayanagar vollzog auch Menschenopfer. Einmal, als es Schwierigkeiten beim Bau eines riesigen Staubeckens gab, ordnete der große König von Vijayanagar, Krishna Deva Raya (1509–1529), die Opferung mehrerer Gefangener an.

Im sechzehnten Jahrhundert war Vijayanagar im Grunde ein Reich, das der Eroberung harrte. Aber es war groß und prächtig; es brauchte Verwalter, Künstler, Handwerker und in den zweihundert Jahren seines Bestehens dürfte es sämtliche Talente der Region gefördert und in der Hauptstadt versammelt haben. Als es erobert und seine Hauptstadt systematisch in Trümmer gelegt wurde, wird mehr zerstört worden sein als nur Gebäude und Tempel. Wahrscheinlich wurden viele Menschen getötet und alle Begabungen, Kräfte und geistigen Potenzen des Reiches für Generationen vom Erdboden getilgt. Als die Eroberer damals eine Wüste hinterließen, haben sie selbst den Grund zu ihrer späteren Überwindung durch andere gelegt, ja beinahe dazu eingeladen: In den folgenden zweihundert Jahren wurde das Gebiet dieses toten Reiches immer und immer wieder niedergetrampelt.

Noch heute sieht man sie, die Endgültigkeit der damaligen, im Jahr 1565 vollzogenen Zerstörung des hinduistischen Vijayanagar: in der notorischen »Rückständigkeit« der Region, die keine Geschichte zu haben scheint und die man niemals mit vergangener Größe oder auch nur mit großen Kriegen assoziieren würde; in der Verwahrlosung der Stadt Hospet, die unweit der Ruinen entstanden ist; in der nicht enden wollenden Bedeutungslosigkeit der kleinbäuerlich-unfreien Verhältnisse.

Seit der Unabhängigkeit ist viel Geld in die Region geflossen. Am Tungabhadra hat man einen Staudamm gebaut. Es gibt ein ausgedehntes Bewässerungssystem, das auch die Bewässerungskanäle des alten Reiches nutzt (die noch heute den Namen Vijayanagar-Kanäle tragen). Geplant ist ein Vijayanagar-Stahlwerk und im Bau ist eine Universität, die Menschen aus der Region für die Arbeit in diesem Stahlwerk und den sich anschließenden Zulieferbetrieben ausbilden soll. Der Schwerpunkt liegt also auf der Ausbildung derer, die in der Region, vor Ort leben. Denn in dieser Gegend, die einst große Baumeister beherbergte, fehlt es heute an qualifizierten Arbeitskräften. Der Bundesstaat, zu dem der Bezirk gehört, ist der einzige in Indien, der Migranten aus anderen Bundesstaaten anwirbt. Er braucht Techniker, Handwerker; er braucht Menschen mit einfachen Fertigkeiten; er braucht sogar Kellner für die Restaurants. Alles, was ihm geblieben ist, sind Bauern, die nicht verstehen, was

Wandel heißt: nicht anders als die illegalen Ruinenbewohner rund um den immer noch lebendigen Tempel von Vijayanagar, die an diesem Regennachmittag, kreischend und mit leer laufender Geschäftigkeit, wie bunte Insekten in die verfallenen Steinfassaden hinein- und wieder herausschlüpfen.

Erst dieses Mal, als ich auf der breiten Tempelstraße stand, die weniger Ehrfurcht heischend wirkte als bei meinem ersten, dreizehn Jahre zurückliegenden Besuch in Vijayanagar und nicht mehr so direkt wie damals von einer sagenhaften Vergangenheit erzählte, fragte ich mich, wie viel intellektuelle Potenz Indien durch die Invasionen und Eroberungen der letzten tausend Jahre entzogen worden sein muss. Was in Vijayanagar geschehen ist, geschah in unterschiedlichem Grade auch in anderen Teilen des Landes. Im Norden liegen Trümmer auf Trümmern: muslimische auf hinduistischen, muslimische auf muslimischen. Die Geschichtsbücher, die Berichte von Krieg und Eroberung und Raub schweigen sich aus über den intellektuellen Aderlass, über das unbedeutende geistige Leben eines Landes, das seinen Beitrag zur Zivilisation in ferner Vergangenheit geleistet hat. Indien, so sagen die Inder, schluckt seine Eroberer und überdauert sie. Aber mitten unter den Pilgern in Vijayanagar habe ich mich gefragt, ob Indien nicht auf intellektuellem Gebiet tausend Jahre lang ständig vor seinen Eroberern zurückgewichen ist und ob es sich in den Epochen scheinbarer Erneuerung nicht einfach wieder in ein archaisches, geistig kleineres, immer angreifbares Land verwandelt hat.

Zur Zeit der Briten, in einer Epoche harter Unterjochung, die für Indien gleichwohl intellektuelle Erholung bedeutete, bekannte sich der indische Nationalismus zur indischen Vergangenheit und das politische Erwachen war unlöslich mit der Religion verflochten. Doch das unabhängige Indien mit seinen Fünfjahresplänen, seiner Industrialisierung, seiner demokratischen Praxis hat in den Wandel investiert. Schon immer bestand ein Widerspruch zwischen dem Archaismus des Nationalstolzes und der Verheißung des Neuen; am Ende hat dieser Widerspruch die Kultur gesprengt.

Diesmal ging der Aufruhr im Land nicht auf Invasion oder Eroberung durch einen anderen Staat zurück; er entstand von innen her. Indien kann nicht noch einmal in der früheren Weise reagieren: durch einen weiteren Rückzug in den Archaismus. Seine geborgten Institutionen haben funktioniert wie geborgte Institutionen; aber für Presse, Parlament und Justiz hat das archaische Indien keinen Ersatz zu bieten. Indiens Krise ist keine bloß politische oder ökonomische. Die umfassendere Krise ist die einer verwundeten alten Kultur, die sich endlich ihrer Unzulänglichkeiten bewusst wird und der die intellektuellen Mittel für den Fortschritt fehlen.

2

»Indien wird weiterbestehen.« Das sagte der indische Romancier R. K. Narayan 1961 in London zu mir, noch bevor ich selbst auch nur einmal in Indien gewesen war.

Der Roman, der als eine Form der Gesellschaftsstudie außerhalb der indischen Tradition steht, ist mit den Briten nach Indien gekommen. Im ausgehenden neunzehnten Jahrhundert war er in Bengalen heimisch geworden und breitete sich von dort weiter aus. Aber erst gegen Ende der britischen Herrschaft, in den dreißiger Jahren des zwanzigsten Jahrhunderts, traten ernsthafte Romanschriftsteller auf den Plan, die ihre Bücher auf Englisch schrieben und in London publizierten. Narayan gehörte zu den ersten und den besten unter ihnen. Er war nie ein »politischer« Autor, nicht einmal während der explosiven dreißiger Jahre, und er war anders als viele Schriftsteller nach der Unabhängigkeit, die im Roman, und im Schreiben überhaupt, offenbar nur eine Gelegenheit für Autobiographie und Aufschneiderei sahen.

Narayans Interesse galt dem Leben in einer kleinen südindischen Stadt, die er Buch für Buch mit Menschen füllte. Seine 1961, nach vierzehn Jahren Unabhängigkeit, geäußerte Überzeugung, dass Indien trotz aller auf Nehru folgenden politischen Unsicherheiten weiterbestehen würde, erinnert an die Überzeugung seiner ersten, noch zur Zeit der Briten geschriebenen Romane, dass Indien einfach weiterbesteht. In diesen frühen Romanen ist die britische Besatzung so etwas wie eine unvermeidliche Lebenstatsache. Die Briten selbst sind weit weg; dass sie da sind, zeigen nur ihre Institutionen an: die Bank, die Missionsschule. Der Blick des Autors gilt dem unbedeutenden Leben, das sich ganz unten abspielt – kleine Leute, kleine Projekte, große Reden, beschränkte Mittel –, einem Leben, das in seinen engen Grenzen heil und ungestört erscheint und dessen Winzigkeit nie zum Gegenstand der Verwunderung wird, trotz der Ahnung, dass Indien eigentlich riesig ist.

In seiner 1974 veröffentlichten Autobiographie *My Days* liefert Narayan den Hintergrund seiner Romane nach. Obwohl dieses Buch vom Inhalt her exotischer ist als die Romane, gleicht es ihnen sehr. Politisch sagt und hinterfragt es ebenso wenig wie sie. Einen Großteil seiner Kindheit verlebte Narayan in der südindischen Stadt Madras, einem der ersten kolonialen Stützpunkte der Engländer in Indien, wo die Ostindische Kompanie 1640 von dem letzten Vertreter des Königshauses von Vijayanagar Land erhielt. Madras gehörte zu einer Region, die seit langem befriedet, hinduistischer als der Norden und weniger islamisiert war und fünfundsiebzig zusätzliche Friedensjahre genossen hatte. Seit den Tagen Robert Clives hatte es, so Narayan, keine Kriege mehr erlebt. Als im Ersten Weltkrieg die im Indischen Ozean kreuzende deutsche SMS *Emden* eines Nachts im Hafen erschien, die Suchscheinwerfer einschaltete und begann, die Stadt unter Granatenbeschuss zu nehmen, waren die Menschen »ganz erstaunt darüber, dass es bei klarem

Sternenhimmel zu Donner und Blitz kam«. Einige flohen landeinwärts. Diese Flucht »entsprach einer früheren, als ein Orkan das Meer aufwühlte und geweissagt wurde, die Welt werde noch am selben Tag untergehen«.

Die Welt seiner Kindheit, so Narayan, war in sich selbst zurückgezogen und zu einer Welt der Prophezeiung und Magie geworden: Sie lag abseits der großen Ereignisse und, wie es schien, auch abseits der Möglichkeit von Politik. Aber die Politik kam dann doch, und zwar so, wie sie vielleicht nur kommen konnte: heimlich und vermischt mit Ritual und Religion. Als Schuljunge schloss Narayan sich den Pfadfindern an. In Madras aber war die Pfadfinderbewegung fest in der Hand der Theosophin Annie Besant, deren Vorstellung von der indischen Kultur weiter gefasst war als die der meisten damals lebenden Inder, und so sangen die Besant-Pfadfinder, in listiger Umkehr der imperialen Zielsetzung von Lord Baden-Powell, zur Melodie von »God Save the King« den Text: »God save our motherland, God save our noble land, God save our Ind.«

Eines Tages im Jahr 1919 stieß Narayan zufällig auf eine Prozession, die vom alten Iswara-Tempel herkam. Die Teilnehmer des Umzugs sangen »patriotische Lieder«, skandierten Slogans und zogen dann wieder zurück zum Tempel, wo Süßigkeiten verteilt wurden. Diese festliche, andächtige Veranstaltung war die erste nationalistische Agitation in Madras. Und sie war – obgleich Narayan das nicht sagt – Teil jener landesweiten Protestbewegung, die der damals neunundvierzigjährige, drei Jahre zuvor aus Afrika zurückgekehrte und bis dahin in Indien relativ unbekannte Gandhi ausgerufen hatte. Narayan freute sich, dass er an dem Umzug teilgenommen hatte. Sein Onkel jedoch, ein junger und modern denkender Mann (einer der ersten Amateurfotografen in Indien), freute sich überhaupt nicht. Er war, wie Narayan schreibt, »gegen alle Politik und wollte nicht, dass ich in die Irre geleitet würde. Er verdammte alle

Herrschenden, jede Regierung und jeden Staatsapparat als Teufelszeug und fand es ganz unlogisch, Herrschende auswechseln zu wollen.«

Ja, so haben wir alle angefangen, wir Über-Vierzigjährigen aus den Kolonialvölkern, wir Unterdrückten, die gelernt hatten, mit dem Gedanken der Unterdrückung zu leben. Wir lebten in unserer unbedeutenden kleinen Welt; wir konnten sogar behaupten, sie sei heil, weil wir vergessen hatten, dass sie in Trümmer gelegt worden war. Unruhe, Instabilität, Entwicklung gab es anderswo; wir, mit unseren verlorenen Kriegen und im Abseits der großen Ereignisse, hatten Frieden. Im wirklichen Leben – wie in der Literatur – empfingen wir Touristen. Die Unterwerfung ebnete ein, sodass ungleiche Orte gleich wurden. Narayans Indien mit seinem kolonialen Herrschaftsapparat hatte eine sonderbare Ähnlichkeit mit dem Trinidad meiner Kindheit. Sein indirekter Blick auf diesen Apparat und auf die Herrschenden entsprach genau meinem Blick und im Leben seines Roman-Indiens entdeckte ich vieles, was ich aus dem Leben meiner eigenen indischen Gemeinschaft auf der anderen Seite der Welt kannte.

Aber Narayans Romane bereiteten mich in keiner Weise auf Indiens Notlage vor. Als Schriftsteller gelang ihm fast zu viel. Seine Komödien waren von jener Sorte, die einen begrenzten sozialen Rahmen mit wohldefinierten Regeln braucht, und er schrieb so direkt, mit so leichter Hand, dass es ihm, obgleich er in englischer Sprache von indischen Lebensformen erzählte, gelungen war, aus den exotischen Lebensformen etwas ganz Alltägliches zu machen. Die Kleinstadt, die er als den Raum seiner Fiktion abgesteckt hatte, war, wie ich wusste, eine Kunstschöpfung und deshalb bis zu einem gewissen Grad künstlich, eine Vereinfachung der Wirklichkeit. Aber die Wirklichkeit war grausam und überwältigend. In den Büchern schien sein Indien direkt zugänglich zu sein; in Indien selbst blieb es verborgen. Um in Narayans Welt vorstoßen zu können, um jene Ordnung und Kontinuität zu sehen, die er in diesem heruntergekommenen und klein geratenen Indien entdeckte, um mich auf seine ironische Toleranz einlassen und seine Komik genießen zu können, musste ich zu vieles von dem ausblenden, was unübersehbar war, zu vieles von dem abwerfen, was mich ausmacht – mein Geschichtsbewusstsein, ja sogar die einfachsten Vorstellungen von den Möglichkeiten, die der Mensch hat. Die Bewunderung für Narayan gab ich nicht auf, aber ich merkte, dass seine Komik und Ironie nicht genau das waren, wofür ich sie gehalten hatte, dass sie zu einer hinduistischen Reaktion auf die Welt gehörten, die ich nicht länger teilen konnte. Und seither ist mir klar geworden – besonders bei diesem letzten Besuch und einem bedächtigen Wiederlesen seines 1949 erschienenen Romans *Mr Sampath. The Printer of Malgudi* –, dass Narayans Geschichten bei aller Freude an wunderlichen Charakteren nicht jene reinen Gesellschaftskomödien waren, für die ich sie einmal gehalten hatte, sondern religiöse Bücher, hier und da auch religiöse Legenden, und durch und durch hinduistisch.

Srinivas, der Held des Romans, ist ein kontemplativer Müßiggänger. Er hat sich in mehreren Berufen versucht – in der Landwirtschaft, in einer Bank, als Lehrer, in der Justiz: eben den Berufen des Indiens vor der Unabhängigkeit, wir schreiben das Jahr 1938 – und alle wieder aufgegeben. Er sitzt in seinem Zimmer im Haus der Familie, der indischen Großfamilie, und macht sich Gedanken über das Verstreichen der Zeit. Sein älterer Bruder, ein Rechtsanwalt, versorgt das Haus und das heißt, er versorgt Srinivas samt seiner Frau und seinem Sohn. Die Tatsache, dass Srinivas Familie hat, ist ebenso überraschend wie sein Alter: Er ist siebenunddreißig.

Eines Tages sitzt Srinivas in seinem Zimmer bei der Lektüre der *Upanischaden*. Sein älterer Bruder kommt herein und sagt: »Was willst du eigentlich genau im Leben tun?«

Srinivas erwidert: »Siehst du nicht? Es gibt zehn bedeutende *Upanischaden*. Ich möchte sie alle lesen. Dies ist die dritte.« Aber er versteht den Wink mit dem Zaunpfahl. Er beschließt, nach Malgudi zu gehen und eine Wochenzeitung zu gründen. In Malgudi wohnt er zur Miete in einem erbärmlichen Zimmer an einer verkehrsreichen Straße, wäscht sich an einem gemeinschaftlich benutzten Wasserhahn und findet in einer Mansarde einen Büroraum für seine Zeitung.

Jetzt steht Srivinas mitten in der Welt, mit neuen Verpflichtungen und neuen Beziehungen – sein Vermieter, sein Drucker, seine Frau (»er wunderte sich selber, dass er in ihren Ehejahren so wenig von ihr wahrgenommen hatte«) –, aber immer deutlicher sieht er, wie vollkommen das Nichtstun ist. »... während er gegen kommunale oder gesellschaftliche Missstände wetterte, fragte eine Stimme immer wieder: ›Leben und Welt und all das geht vorüber – warum regst du dich über irgendwas auf? Vollkommenes und Unvollkommenes sind einfach dasselbe. Warum regst du dich eigentlich auf?‹«

Diese Überlegungen scheinen eher müßig zu sein und werden halb ins Lächerliche gezogen, doch drängen sie ihn weiter in den Quietismus hinein. Eines Tages hört er von seinem kleinen Zimmer aus das Rufen einer Frau, die auf der Straße Gemüse verkauft. Als Srinivas ins Grübeln über sie und ihre Kunden und über die »großen menschlichen Kräfte« kommt, die tagtäglich aufeinandertreffen oder aneinandergeraten, ahnt er, »wie mannigfaltig und grenzenlos das Gesamtbild des Lebens ist«, und wird davon überwältigt. In diesem »ganzheitlichen Bild«, denkt er, muss Gott zu sehen sein und später entdeckt er in diesem Bild ein wunderbares Gleichgewicht. »Könnte man die Menschheit nur als ganze sehen, so bekäme man auch eine korrekte Ansicht von der Welt: Man sähe, dass eigentlich nichts falsch oder richtig ist, sondern alles sich gegenseitig im Gleichgewicht hält.« Es gibt keinerlei Grund einzugreifen, irgendetwas zu tun. Und von hier aus kommt Srinivas eines Tages ganz von selbst, nach einer Kabbelei mit seiner Frau, zu einem tieferen Verständnis der Gewaltlosigkeit im Sinne Gandhis: »Gewaltlosigkeit in allen Dingen, kleinen wie großen, persönlichen wie nationalen, führt offenbar zu unbewegter, ungestörter Ruhe sowohl in der eigenen Person als auch in der Gesellschaft.«

Aber diese Gewaltlosigkeit, dieses Nichtstun, ist darauf angewiesen, dass die Gesellschaft fortbesteht, dass andere etwas tun. Als der Drucker sein Geschäft schließt, muss Srinivas das Erscheinen seiner Zeitung einstellen. Durch Vermittlung des Druckers (der niemand anderes ist als die Titelfigur Mr Sampath) wird er engagiert als Drehbuchautor für einen religiösen indischen Film. Damit steht Srinivas mehr denn je mitten in der Welt und entdeckt, dass sie chaotisch und moralisch verderbt ist. Reine Ideen werden entstellt; auf eine Geschichte von Hindugöttern werden Sex und grobe Komik, Gesang und Tanz und lateinamerikanische Musik aufgepfropft. Der Drucker, mittlerweile so etwas wie ein Filmproduzent, verliebt sich in die Hauptdarstellerin. Auch ein Maler ist in sie verliebt. Aber der Drucker bleibt Sieger und der Maler wird buchstäblich wahnsinnig. Alles endet im Chaos; der Film wird nie gedreht.

Schließlich zieht sich Srinivas zurück. Er findet einen anderen Drucker und gibt seine Zeitung wieder heraus, die nun nicht mehr das komische Etwas ist, das sie anfangs zu sein schien. Srinivas ist im Grunde zu sich selbst und seinem kontemplativen Leben zurückgekehrt. Aus dieser Position der Sicherheit (und unterstützt durch seinen Bruder, der ihm ein paar Rupien schickt – immer die Rupien, immer braucht er sie) betrachtet Srinivas »Erwachsensein« als »Kinderei« – aber ohne die Unschuld oder reine Freude des Kindes –, das nur durch »kommerzielle Werte« den Anschein von etwas Wichtigem bekommt.

Bleibt noch der Maler, den die Liebe und seine Begegnung

mit der Welt der Kindereien wahnsinnig gemacht haben. Er soll geheilt werden und ein am Ort lebender Magier weiß, was zu tun ist. Der Mann wird bestellt und dann beginnen die altertümlichen Riten, die damit enden, dass der Maler in einer feierlichen Zeremonie geschlagen wird. Stammesriten, so geht es Srinivas durch den Kopf: Sie könnten sich allesamt im zwanzigsten Jahrhundert vor Christi Geburt befinden. Aber die Beklemmung, die er verspürt, hält nicht an. Beim Gedanken an die Urvergangenheit sieht er in einer plötzlichen Vision die jahrtausendealte Geschichte Indiens vor sich und alles, was an dieser Stelle, wo sie stehen, geschehen sein mag.

Hier, wo damals Urwald gewesen sein muss, erscheint ihm als filmische Rückblende eine Episode aus dem Hindu-Epos *Ramayana*, die unter anderem die Besiedlung Indiens durch die Arier (vielleicht 1000 v. Chr.) wiedergibt. Später tritt dann auch Buddha (etwa 560–480 v. Chr.) auf und verspricht einer Frau, deren Kind gestorben ist, Trost, »wenn sie ihm aus einem Haus, das den Tod noch nicht kennt, eine Handvoll Senfkörner bringt«. Dann gründet der große Philosoph Shankaracharya (Schankara, 788–820 n. Chr.), der in ganz Indien das Vedanta predigt, einen Tempel, nachdem er mit angesehen hat, wie ein laichender Frosch von seiner natürlichen Feindin, der Kobra, vor der Sonnenhitze geschützt wird. Und schließlich kommen die Missionare aus Europa und nach ihnen die Kaufleute und Soldaten und Mr Shilling, der Geschäftsführer der britischen Bank, die nun weiter unten in derselben Straße steht.

»Dynastien erlebten Aufstieg und Niedergang. Paläste und Herrenhäuser kamen und gingen. Das ganze Land wurde vernichtet durch Feuer und Schwert der Invasoren, dann aber reingewaschen, als der Fluss Sarayu über die Ufer trat. Doch stets wurde es wiedergeboren und wuchs.« Was ist, verglichen damit, der Wahnsinn eines einzelnen Menschen? »Zur Hälfte war dieser Wahnsinn sein eigenes Werk, er war nichts anderes als sein Mangel an Selbsterkenntnis, sein Verrat an den eigenen Künstlerinstinkten, so war er zum Schlachtfeld geworden. Früher oder später würde er den Wahnsinn abschütteln und seiner wahren Identität innewerden – wenn auch nicht in einer einzigen Geburt, so doch in mehreren hintereinander … Wahnsinn oder Gesundheit, Leid oder Glück, alles schien ein und dasselbe … im Brausen der Ewigkeit war nichts von Bedeutung.«

Also wird der Maler geschlagen, ohne dass Srinivas eingreift, und als der Zauberer dann befiehlt, er solle zu einem weit abgelegenen Tempel gebracht werden und dort eine Woche lang vor dem Eingang sitzen, denkt Srinivas bei sich, es sei doch unerheblich, ob der Vater des Malers in dieser Zeit versorgt wird oder nicht, ob er am Leben bleibt oder stirbt. »Selbst der Wahnsinn geht vorüber«, sagt Srinivas in seiner religiösen Hochstimmung. »Nur das Dasein behauptet sich.«

Aus einer oberflächlichen Deutung der Vergangenheit, aus dem sentimentalen Glauben daran, dass Indien ewig ist und immer wieder zum Leben erwacht, erwächst also nicht etwa Furcht vor weiterer Unterwerfung und Zerstörung, sondern Gleichgültigkeit gegen beides. Irgendwie wird Indien schon für sich selbst sorgen; der Einzelne ist frei von jeder Verantwortung. Und in der umfassenden Gleichgültigkeit entsteht auch Gleichgültigkeit gegenüber dem Schicksal eines Freundes: Es wäre Wahnsinn – so der Schluss, den Srinivas zieht –, wenn er sich für den Hüter des Malers hielte.

Die Ereignisse des Romans sind nur zwanzig Jahre nach Gandhis erstem Aufruf zum zivilen Ungehorsam angesiedelt. Aber bei Srinivas ist Gandhis Gewaltlosigkeit schon fast zum Gegenteil dessen verkommen, was eigentlich mit ihr intendiert war. Bei Narayan ist Gewaltlosigkeit keine Form des Handelns, nichts, was das soziale Gewissen stimuliert. Sie dient nur dazu, ungestörte Ruhe zu verschaffen; sie ist Nichtstun, Nichteingreifen, soziale Gleichgültigkeit.

Sie verschmilzt mit dem Ideal der Selbstverwirklichung, der Treue zur eigenen Identität. Hinter diesen Wörtern mit ihrem modernen Klang, die Srinivas mit der schrecklichen Lage des Malers versöhnen, verbirgt sich die Hinnahme des Karmas – dieser tödliche Hindu-Gleichmut –, jenes Karmas, demzufolge wir in diesem Leben für das bezahlen, was wir in früheren Leben getan haben: sodass alles, was wir sehen, gerecht und ausgewogen ist und das Elend, das wir sehen, als religiöses Schauspiel, als Mahnung an unsere Pflichten gegen uns selbst, gegen unsere zukünftigen Leben, freudig hingenommen werden muss.

Srinivas' Quietismus – ein Amalgam aus Karma, Gewaltlosigkeit und einem Bild von der Geschichte als stetig fortgesetzter religiöser Legende – ist in Wirklichkeit eine Form der Selbstliebe inmitten allgemeinen Elends. Er ist parasitär: angewiesen auf die kontinuierliche Tätigkeit anderer, auf das Fahren der Züge, das Drucken der Presse, die Rupien, die von irgendwoher kommen. Er braucht die Welt, aber ihre Organisation überlässt er anderen. Er ist eine religiöse Reaktion auf weltliche Niederlagen.

Da wir an Romane herantragen, was wir selbst von ihnen erwarten, entdecken wir in ungewöhnlichen und originellen Werken oft nur das, womit wir ohnehin rechnen; alles, wonach wir nicht suchen, bleibt beiseite oder geht uns verloren. Dennoch staunte ich, wie vieles ich zwanzig Jahre zuvor, als ich noch nie in Indien gewesen war und *Mr Sampath* allein von meiner Kenntnis der indischen Gemeinschaft in Trinidad und meiner Lektüre anderer Bücher her las, übersehen oder missdeutet hatte, sodass ich dieses eigentlich rätselhafte Buch nur als Komödie des Kleinstadtlebens und als pikareske, hierhin und dahin schweifende Erzählung wahrnahm.

Jetzt, bei der erneuten Lektüre von *Mr Sampath*, stückweise gelesen an Regennachmittagen während dieses endlosen Monsuns, der gar nicht aufhören wollte wie der Ausnahmezustand selbst – bei der Lektüre in Bombay mit Blick auf das unruhige Meer und die imperiale Rhetorik des ab 1911 von den Briten erbauten Gateway of India, neben dem die weißgekleidete Menschenmenge so winzig erschien; im vorstädtischen, verschwiegenen Neu-Delhi beim Blick über den aufgeweichten Tennisplatz des Hotels hinweg zum Rastplatz der Sikh-Taxifahrer unter den tropfnassen Bäumen; auf der Dachveranda des Circuit House in Kota, wo ich bei der Betrachtung des Parks im Mango- und im Bananenbaum die Originale der stilisierten Vegetation erkannte, wie sie auf den Miniaturen der Radschputen-Fürsten zu sehen ist, jener Herrscher, deren Ruhm längst erloschen war, deren große Festungen, heute verlassen und leer, keinerlei Schutz mehr boten und von deren Land nur Bauernland blieb; im südindischen Bangalore, einer ehemaligen britischen Garnisonsstadt, mit dem Blick über den Exerzierplatz, der jetzt von Mannschaften der indischen Armee zum Polospielen genutzt wurde –, bei der Lektüre also im mehr als nur politischen Ausnahmezustand des Landes sah ich in *Mr Sampath* einen Vorboten der Spannungen, die Indien zwangsläufig erfassen mussten, dieses Indiens, das philosophisch nicht für Unabhängigkeit und Handeln, sondern für Niederlagen und Rückzug (jeder Mensch eine Insel) gerüstet und jetzt hin- und hergerissen war zwischen dem Wunsch, zu bewahren und psychisch in Sicherheit zu sein, und der Notwendigkeit, den Knoten zu lösen.

Aus dem *Indian Express*:

> Neu-Delhi, 2. September … In ihrer Eröffnungsrede zur hiesigen 13. Konferenz der Vorsitzenden und Mitglieder der bundesstaatlichen Sozialausschüsse sagte Mrs Gandhi, die Betonung des Individuums sei sowohl Indiens Stärke als auch seine Schwäche. Sie habe dem Volk innere Stärke verschafft, aber zugleich den Einzelnen von den anderen Mitgliedern der Gesellschaft wie durch einen Schleier

getrennt ... Nach Mrs Gandhis Worten kann ein sozialstaatliches Programm nur gelingen, wenn sich die geistige Grundhaltung ändert ... »Wir müssen in der heutigen Zeit leben«, betonte sie und fügte hinzu, das heiße nicht, dass wir mit der ganzen Vergangenheit »aufräumen müssen«. Die Menschen, so Mrs Gandhi, müssten über die Vergangenheit Bescheid wissen und zugleich in die Zukunft fortschreiten.

Zwischen beiden Gedanken – Verantwortung und Vergangenheit – bestand scheinbar kein Zusammenhang. Aber in Indien gab es ihn. Die Rede hätte als Kommentar zu *Mr Sampath* dienen können. Was an Narayans Roman versponnen und komisch, ziellos und »russisch« wirkte, erwies sich als etwas anderes, als Ausdruck eines fast hermetisch abgeschlossenen philosophischen Systems. Der Roman, den ich als Roman gelesen hatte, war zugleich eine Legende, eine klassische Darstellung des hinduistischen Gleichgewichts, die den Schock einer fremden Kultur, einer fremden literarischen Form, einer fremden Sprache überlebt hatte und selbst jene neuen Begriffe, die sie bereitwillig aufzunehmen schien, unschädlich machen konnte. Identität wurde zu einem Aspekt des Karmas und Eigenliebe fand ein Stützpolster im Ideal der Gewaltlosigkeit.

3

Es ist eine Sache, dieses Gleichgewicht theoretisch zu begreifen – wie es manche Geisteswissenschaftler tun, die vor allem von hinduistischen Texten aus arbeiten –, eine ganz andere, sich hineinzudenken, wenn man mit der Realität Indiens konfrontiert ist. Die Hippies Westeuropas und der Vereinigten Staaten scheinen es geschafft zu haben, aber das stimmt nicht. Aus einer Position der Sicherheit, der geistigen Trägheit oder intellektuellen Magersucht kultivieren sie einfach nur die Verwahrlosung. Aber ihre Ruhe kann leicht in Panik umschlagen. Wenn der Ölpreis steigt und die heimischen Wirtschaftssysteme ins Wanken geraten, räumen sie zusammen und nehmen Reißaus. Sie huldigen einem seichten Narzissmus; sie brechen genau an dem Punkt ab, wo der Hindu beginnt: beim Wissen um den Abgrund, bei der Hinnahme des Elends als Conditio humana.

Erst aus der endgültig zerschlissenen menschlichen Anteilnahme – und nicht aus dem sentimentalen Schwelgen der Hippies und anderer Indien-»Liebhaber« – ergibt sich der Ansatz eines verschwommenen Begreifens. Er gelingt immer dann, wenn ungeachtet all dessen, was seit der Unabhängigkeit getan wurde, der Eindruck entsteht, als könne nie genug getan werden; wenn die Verzweiflung in Erschöpfung umschlägt und der Gedanke ans Handeln verblasst. Einen solchen Augenblick erlebte ich dieses Mal im Norden von Bihar. Bihar, jahrhundertelang das kulturelle Kernland Indiens (»Bihar« von *vihara*, buddhistisches Kloster) und jetzt ohne intellektuelle Potenz oder führende Köpfe: im Süden ein Land der Dürre, des Hungers und der Überflutung, im Norden ein grünes, gut bewässertes Land mit Jute (wie hochgewachsenes Schilf) und Reis und Fischteichen.

In dem Dorf, zu dem ich fuhr, besaß nur eine von vier Familien Land; nur eins von vier Kindern ging zur Schule; nur einer von vier Männern hatte Arbeit. Für einen Lohn, der gerade so kalkuliert war, dass der Beschäftigte Nahrung für den Tag hatte, an dem er arbeitete, verrichtete er praktisch ohne jede technische Fertigkeit, mit den einfachsten Werkzeugen und mitunter auch ganz ohne Werkzeug die einfachste Landarbeit. Arbeit für Kinder, und da Kinder billiger waren, wurden sie lieber genommen, sodass – nach einer selbstmörderischen Logik – in einer Übervölkerung, die niemand zur Kenntnis nahm (nach Aussagen der Dorfbewohner war die Bevölkerung zuerst 1935 durch ein Erdbeben und dann noch einmal 1971 durch eine Überschwemmungskatastrophe dezimiert worden), Kinder eine Quelle des Reichtums darstellten, weil sie vom achten Lebensjahr an als Arbeitskräfte herangezogen werden durften, für fünfzehn Rupien, also einen Dollar fünfzig, im Monat – wenn die Zeiten gut waren.

Hier folgten die Generationen schnell aufeinander, die Menschen waren so leicht ersetzbar wie ihre Hütten aus Gras, Lehm und Matten (goldfarben, wenn sie neu waren, dann rasch in ein Grauschwarz übergehend). Grausamkeit bedeutete nichts mehr; sie war das Leben selbst. Die Menschen wussten, wozu sie geboren waren. Jedermann kannte seine Kaste, seinen Ort; jede Gruppe lebte in ihrem ureigenen, seit undenklichen Zeiten festgelegten Gebiet und die Parias, die Abfallsammler, lebten am Ende des Dorfes. Über die Hütten erhob sich das weitläufige, aus Backstein gebaute zweistöckige Herrenhaus der Familie, der früher einmal alles gehört hatte, das Land und die Menschen: Vornehmheit, die keine war, sondern gleichsam ein Teil der Verwahrlosung und Unterwerfung, aus der sie sich erhoben hatte. Mittlerweile war die Familie partiell enteignet worden, aber als Politiker übten ihre Mitglieder immer noch die Kontrolle aus. Nichts hatte sich geändert oder schien sich ändern zu können.

Während der ganzen restlichen Tagesfahrt wiederholte sich Nord-Bihar: zusammengedrängte grauschwarze Hütten; grüne Reisfelder, deren Üppigkeit und frühlingshafte Frische die Luftfotografen täuschen und dazu führen können, dass die Erträge überschätzt werden; Männer mit nacktem Rücken, die an beiden Enden einer langen Holzstange, die sie auf den Schultern balancierten, Lasten trugen, wobei ihre Anstrengung sich in den schnellen Trippelschritten verriet, die ihnen etwas sonderbar weiblich Geziertes verliehen; überfüllte Busse in staubigen Kleinstädten – oder eigentlich nur Barackensiedlungen –, wo die Kinder sich in der Hitze des

Tages in schlammigen Teichen vergnügten und Fische fingen; Kinder und Männer, die auf triefnassen Jutehalmen herumstampften, um die Fasern herauszuholen, die dann, auf Ochsenkarren geladen, wie dicke blonde Zöpfe und unendlicher Reichtum aussahen. Jeder Gedanke an die Möglichkeiten, die der Mensch hat, schwand dahin; Nord-Bihar schien eins geworden mit der Welt; anders, als man es hier sah, konnte niemand leben.

Dieselbe Erschöpfung hatte ich einige Wochen zuvor schon einmal empfunden: in der Bundi-Kota-Region in Rajasthan, knapp dreizehnhundert Kilometer weiter westlich. Während in Nord-Bihar der Mangel an intellektueller Potenz und Kreativität einherging mit dem fast völligen Fehlen einer staatlichen Verwaltung, war hier in Rajasthan ein gewaltiger Unternehmungsgeist am Werk. In dieser Landschaft, die von Schluchten zerschnitten und unbebaubar gemacht war, gab es Dämme und ein großes Projekt zur Bewässerung und Urbarmachung von Boden.

Das Bewässerungsprojekt, das zwanzig Jahre zuvor mangelhaft – ohne Entwässerungsanlage und ohne Rücksicht auf die Bodenbeschaffenheit – konzipiert worden war, hatte zu Wasserstau und Versalzung geführt. Das wurde derzeit, weil es dringlich war, in Ordnung gebracht. Es gab einen Sonderbeauftragten und er und seine Stellvertreter brachten ein Höchstmaß an Tatkraft mit. Die technischen Probleme waren lösbar. Die Schwierigkeiten lagen – in diesem Bundesstaat mit seinen Wüstenfestungen, seinem Feudaladel und einem Bauernstand, der ausschließlich Gefolgstreue gelernt hatte und für wenig anderes gerüstet war – bei den Menschen: nicht nur beim »Mittelmaß auf jeder Ebene«, das der Bevollmächtigte nach seinen Worten im Verwaltungsapparat vorgefunden hatte, sondern auch bei den Menschen darunter, denen das Projekt eigentlich zugute kommen sollte. Wie konnte man sie, die seit Generationen an so wenig gewöhnt waren und sich damit begnügten, Glanz nur im

Glanz ihrer Herrscher zu suchen, dazu bewegen, fast von einem Tag auf den anderen zu wünschen und zu handeln?

Der Sonderbeauftragte hatte umfangreiche Vollmachten, aber er mochte nicht wie ein Despot regieren; er wollte »institutionalisieren«. Eines Abends setzten wir uns im Schein einer Glühlampe – elektrischer Strom in einem Dorf! – mit den Bewohnern an die Hauptstraße eines »Modelldorfes« in seinem Zuständigkeitsbereich. Die Straße war ungepflastert und die Dörfler, die uns willkommen hießen, hatten im Nu kleine Baumwollteppiche auf dem Boden ausgebreitet, der vom Vormittagsregen aufgeweicht, von der Nachmittagshitze halb gehärtet und dann von den in der Dämmerung zurückkehrenden Rindern zertrampelt und gedüngt worden war. Die Frauen hatten sich zurückgezogen – unter ihren roten und orangefarbenen Rajasthani-Tüchern sah man, dass viele noch Mädchen waren: Kinder, aber selbst schon mit Kindern. Wir blieben mit den Männern sitzen und bis zum erneuten Heranbrausen des Regens unterhielten wir uns.

So stattlich waren diese Männer in Rajasthan und so beherrscht, dass ich erst nach einer Weile begriff: Sie waren nur Bauern und hatten ihre Grenzen. Felder, Wasser, Ernte, Vieh: Hier begann ihr Sinnen und Trachten und hier endete es. Sie gehörten zu einem Modelldorf und so sahen sie sich auch. Es gab kaum etwas, was sie zusätzlich brauchten, und ich sah erstmals, dass meine Ideen vom Fortschritt im Dorf Phantasiegebilde waren. Nichts, was über die Ernährung – und das Überleben – hinausging, war zum Gegenstand ehrgeiziger Wünsche geworden; nur einer der Männer sagte ins Blaue hinein, er hätte gern ein Telefon, um den Getreidepreis in Kota herauszubekommen, ohne eigens hinfahren zu müssen.

Die Probleme mit dem Bewässerungsprojekt waren nicht nur Versalzung oder die Schluchten oder die Planierung des Landes. Sie lagen, wie der Bevollmächtigte deutlich sah, in der Frage, wie man die Menschen umkrempeln sollte. Das hieß nicht bloß, sie zum Wünschen zu bewegen, sondern vor allem, sie von Selbstschädigung und besonderer Verschwendung abzubringen, wie sie mit gewohnheitsmäßiger Armut immer einhergehen. Wir saßen unter Männern, die noch bis vor kurzem nur die äußerste Spitze der Zuckerrohrhalme abgeschnitten hatten und die ganze restliche Pflanze, also den Hauptteil der Ernte, verfaulen ließen. Deshalb war dieses Interesse an Düngemitteln und Erträgen, diese Aneignung eines Wesenszuges, den ich zunächst für ein schlicht bäuerliches Merkmal gehalten hatte, bei den Dorfbewohnern ein unermesslicher Fortschritt.

Während sich in dem »Modelldorf« – in der Nähe des schnell zur Industriestadt anwachsenden Kota – etwas bewegt hatte, schien uns Bundi am nächsten Tag wieder in die Vergangenheit zurückzuholen. Bundi und Kota: Für mich waren sie bis zu dieser Reise nur schöne Namen gewesen, Namen für verwandte, aber deutlich unterschiedene Malerschulen in Rajasthan. Bundi hatte mit seinem künstlerischen Ruhm den Anfang gemacht, im ausgehenden siebzehnten Jahrhundert. Und nach den flachen, mit Wasser vollgesogenen Feldern, auf denen die blasse Reisbepflanzung hier und da zu Sumpfland ausdünnte, nach der Trostlosigkeit der von Kota kommenden Landstraße, den überschwemmten Deichen, den gelegentlichen Fahrradrikschas, den durchnässten Gruppen der auf den Bus wartenden Bauern mit ihren bunten Turbanen – nach all dem wirkte das auf seinem Hügel liegende Schloss von Bundi richtig überwältigend, seine wuchtigen Mauern sahen aus wie das Werk von Riesen, wie die phantastische Schöpfung von Menschen, die einst viel zu verteidigen gehabt hatten.

Alte, furchtlos ausgefochtene Kriege, aber meistens ging es um kaum mehr als die Ehre und den lokal begrenzten Ruhm eines einzelnen Herrschers. Mittlerweile hatten die Befestigungsanlagen jeden Nutzen verloren, der Palast war leer. Ein dunkler, staubiger Raum enthielt alte Fotografien und Überreste von viktorianischem Nippes. Der kleine französische Garten im Innenhof verfiel und die den Hof umgebenden gleichförmig-dekorativen Bundi-Wandgemälde aus dem neunzehnten Jahrhundert waren zu Blau-, Gelb- und Grüntönen verblasst. In den vor der Sonne geschützten Innenräumen hielten sich leuchtendere Farben und ein paar wunderschöne Paneelen. Aber alles wartete auf den Verfall. Die Feuchtigkeit des Monsuns ließ den Putz abblättern; in unterirdischen Gewölben sickerte Wasser durch grünlichschwarze Risse und überall lag der scharfe Geruch von Fledermauskot in der Luft.

Dieser Palast auf dem Hügel hatte alle Lebenskräfte aufgesogen und heute waren sie gänzlich aus Bundi verschwunden. Das sah man an der heruntergekommenen Stadt, die am Hang unterhalb des Schlosses lag; man sah es an den Feldern; man sah es an den Menschen, die müder waren als in dem nur knapp hundert Kilometer entfernten Kota, weniger offen für die Ideen des Bevollmächtigten und eher geneigt, sich zu beschweren. Sie beschwerten sich selbst dann, wenn sie gar keinen Grund hatten; es war, als täten sie es, weil sie meinten, man erwarte es von ihnen. Ihre gespielte Aggressivität und Verwegenheit hatte wenig von wirklicher Verzweiflung und Rebellion. Sie war eine rituelle Bezeugung ihrer Ehrerbietigkeit gegenüber der staatlichen Autorität, eine Bekundung ihrer totalen Abhängigkeit von ihr. Der Beamte lächelte und lauschte und hörte allen zu und ihr Eifern ließ nach.

Später saßen wir zusammen mit denen, die »auf Dorfebene« arbeiteten, im Schatten eines kleinen Baumes im Hof einer Frau. Diese Funktionäre waren die letzten Glieder in der Befehlskette; von ihnen hing viel vom Erfolg des Projektes ab. Während der Vormittagstour war ganz deutlich geworden, dass nicht alle ihre Pflicht getan hatten. Aber sie schämten sich keineswegs; als sie da nebeneinander auf einem Gurtbett saßen, nicht gekleidet wie Bauern (die sie doch fast waren), sondern wie Beamte in Hemd und Hose, sprachen sie von ihrem Bedürfnis nach Beförderung und Prestige. Sie waren weit weg von den Sorgen des Bevollmächtigten, von seinem Blick auf das, was mit ihrem Land getan werden könnte. Sie lebten richtig in Frieden mit der Welt, die sie kannten. Wie die Frau, in deren Hof wir saßen. Sie begegnete uns freundlich, aus ihrer kleinen Ziegelhütte hatte sie Gurtbetten für uns herausgezogen; aber sie tat es ein wenig herablassend. Es gab einen Grund dafür. Sie war nämlich glücklich, sie hielt sich für gesegnet. Drei Söhne hatte sie geboren und wegen dieser Leistung strahlte sie.

Das ganze Rittertum von Rajasthan war hier zu nichts zerronnen. Der Palast stand leer; die kleinen Fürstenkriege waren in die Sage eingegangen und ließen sich nicht mehr datieren. Alles, was blieb, war das, was der Besucher sehen konnte: winzige, kümmerliche Felder, Menschen in zerlumpter Kleidung, Hütten, Monsunschlamm. Doch gerade dieser jämmerliche Zustand barg Sicherheit. Wo die Welt geschrumpft und jede Vorstellung von den Möglichkeiten, die der Mensch hat, ausradiert war, konnte die Welt als vollendet gelten. Die Menschen hatten sich in ihre letzte, uneinnehmbare Bastion zurückgezogen: ihr Wissen, wer sie sind, welches ihre Kaste, ihr Karma, ihr fester Platz in der Ordnung der Dinge ist – ganz ähnlich ihrem Wissen von den Jahreszeiten. Rituale markierten den Ablauf eines jeden Tages, Rituale markierten jedes Stadium im Leben eines Menschen. Das Leben selbst war zum Ritual geworden und alles, was jenseits dieser vollendeten und sakrosankten Welt lag – in der ein Mann oder eine Frau so mühelos Erfüllung finden konnte –, war eitel und trügerisch.

König- und Kaiserreiche, Projekte wie das des staatlichen Beauftragten: Sie kamen und gingen. Das Land war verschandelt durch die Denkmäler, die Ehrgeiz und Rastlosigkeit hinterlassen hatten, viele von ihnen aufgegeben oder zerstört, viele unvollendet, das Werk einer plötzlich durch andere verdrängten Dynastie. Indien lehrte, dass jedes Handeln eitel ist, und der Besucher war entsetzt über die Verschwendung und alles, was das Vorhaben des Bevollmächtigten jetzt offenkundig bedrohte.

Aber Indien bot jenen, die sich seine Philosophie des Elends zu eigen machten, immer auch dauerhafte Sicherheit, nämlich sein Gleichgewicht, jenes Bild einer bestens ausbalancierten Welt, das dem Protagonisten von *Mr Sampath* vor Augen stand, jene »von den Göttern getroffene Anordnung«. Nur Indien mit seiner großen Vergangenheit, seiner Kultur, seiner Philosophie und seiner fast heiligen Armut hatte diese Wahrheit zu bieten; Indien *war* die Wahrheit. Dergestalt konnte es sich in den Augen der Inder vom Rest der Welt abheben. Die Welt ließ sich aufteilen in Indien und Nicht-Indien. Und trotz seiner vielen sichtbaren Schrecken konnte es ohne jede Arglist oder Herzlosigkeit für vollkommen erklärt werden. Nicht nur von den Armen, sondern auch von den Fürsten.

4

Betrachten wir einen dieser Fürsten, in einem anderen Teil des Landes, weit weg von den Schlössern von Rajasthan. Andere Landschaft, andersartige Vegetation; nur der Regen blieb derselbe. Zur Zeit der Briten hatten die indischen Fürsten – in deren Zahl und Verschiedenartigkeit sich viel von dem Chaos spiegelte, das mit dem Auseinanderbrechen des Mogulreiches über das Land gekommen war – ihre reale Macht verloren. In Generationen langer müßiger Knechtschaft bildeten sie schließlich nur noch ihren speziellen Stil aus. Unechter Glanz, den man löschen konnte: Mit der Unabhängigkeit im Jahr 1947 verloren sie ihre Staaten und 1971 schaffte Mrs Gandhi, ohne dass sich ein öffentlicher

Schrei der Entrüstung erhob, ihre Privatschatullen und Titel ab. Die Macht dieses Fürsten blieb bestehen; er war ein tatkräftiger Unternehmer geworden. Doch in seinen und den Augen derer, die ihm dienten, war er ein Fürst geblieben. Und vielleicht weinte er seinem Titel so besonders nach und bestand so besonders auf seiner Würde, weil sein Staat im Grunde ganz klein gewesen war: ein Lehen, nicht größer als mehrere hundert Quadratkilometer, das einer seiner Vorfahren drei Jahrhunderte zuvor für Söldnerdienste erhalten hatte.

In seinem hoch geschlossenen indischen Gewand saß der Fürst wie ein Autokrat an der Abendtafel, über deren Mitte ein Arrangement aus Chiffon lief, in dem Rosen steckten, und erst nach einer Weile merkte ich, dass er in betrunkenem Zustand zu unserem alkoholfreien Dinner heruntergekommen war. Ganz unaufgefordert sagte er, er »beobachte« die Krise der indischen Demokratie mit »Interesse«. Indien brauche indische Regierungsformen; Indien sei nicht *ein* Land, sondern bestehe aus Hunderten kleiner Länder. Ich dachte, er wolle ein Plädoyer für die eigene autokratische Herrschaft vortragen. Doch seine Gesprächsführung – fast ein Monolog – war viel haltloser.

»Was hält ein Land zusammen? Nicht die Ökonomie, sondern Liebe. Liebe und Zuneigung. So läuft es bei uns in Indien ... Sie können meinem Hund Futter geben, aber er wird Ihnen nicht gehorchen. Er gehorcht mir. Wo bleibt da das Ökonomische? Es ist Liebe und Zuneigung ... Bis 1947 habe ich achtundzwanzig Jahre lang diesen Staat regiert. Macht über Leben und Tod. Hätte einen Mann hängen lassen können und keiner hätte mir was anhaben können ... Jetzt haben sie mir meine Ehre, mein Privileg geraubt. Ich bin niemand mehr. Ich bin wie alle anderen ... Macht über Leben und Tod. Aber noch immer kann ich draußen rumlaufen. Keiner versucht mich umzubringen wie Kennedy. Das hat nichts mit Ökonomie zu tun. Das ist unsere Liebe und Zuneigung ... Wo ist die Herzlosigkeit, von der Sie reden? Ich sage Ihnen, wir sind *glücklich* in Indien ... Was soll das Gerede von Patriotismus? Habe keinen Grund, es zu sein. Haben alles weggenommen. Ehre, Titel, alles geraubt. Ich bin kein Patriot, aber Inder. Reden Sie mit den Leuten draußen. Sie sind arm, aber keine Unmenschen, wie Sie sagen ... Ihr müsst uns in Ruhe lassen. Ihr dürft nicht herkommen und uns erzählen, wir wären Untermenschen. Wir sind zivilisiert. Sind die Leute denn glücklich, da, wo Sie herkommen? Sind sie glücklich in England?«

Gegen meinen Willen stieg Ärger in mir hoch. »In England sind sie sehr glücklich«, sagte ich. Er brach das Gespräch ab und lachte. Aber gesprochen hatte er im Ernst. Er schauspielerte ein bisschen, aber er glaubte alles, was er sagte.

Von seinem Staat – oder dem, was sein Staat gewesen war – blieb nur ein kümmerliches Etwas: gerade mal das Schloss (eher ein Herrenhaus mit einem Park) und die Bauern. Von der wirtschaftlichen Entwicklung (in die er investiert hatte) war noch nichts zu sehen. Morgens sah ich im Regen kleine Kinder arbeiten: Mit bloßen Händen schaufelten sie Kies auf einen durchweichten Weg. Erdnüsse waren hier die einzige Proteinquelle, aber die Bauern zogen es vor, ihre Ernte zu verkaufen, und ihre Kinder waren körperlich verkümmert und geistig deformiert, jetzt schon Sklavenmaterial und von der Schulbildung, wo sie zur Verfügung stand, nicht zu erreichen.

(Die Wissenschaft freilich unterrichtete mich nur wenig später ganz anders. Aus dem *Indian Express*: »Neu-Delhi, 2. November ... In der Dankesrede, die Dr. Kamala Rao bei der gestrigen Verleihung des Dr.-V. N.-Patwardhan-Preises im Indian Council of Medical Research hielt, sagte der Preisträger, unterernährte Kinder seien dank hormoneller Umstellungen in ihrem Körper imstande, die normalen Körperfunktionen aufrechtzuerhalten ... Nur überschüssige und verzichtbare Körperteile seien von Unterernährung betroffen. Solche unterernährten Kinder sind zwar kleinwüchsig, aber ansonsten wie ›Taschenbuchausgaben‹, die das ganze Material des Originals bewahren und nur das losgeworden sind, was an der gebundenen Ausgabe verzichtbar war.«)

Der Fürst hatte Reisen ins Ausland gemacht. Er war in der Lage zu vergleichen, was er außerhalb Indiens gesehen hatte und was er in seinem eigenen Staat sehen konnte. Doch die Vergleichsfrage stellte sich nie. Die Welt außerhalb Indiens sollte nach ihren eigenen Maßstäben beurteilt werden, Indien dagegen gar nicht. Es konnte nur erlebt werden, und zwar auf indische Art. Und wenn der Fürst vom Glück seines Volkes sprach, so war das weder Provokation noch Rückschau. Als Unternehmer und beinahe Industrieller hielt er sich für einen Wohltäter. Wenn er von Liebe und Zuneigung sprach, so übertrieb er nicht: Er brauchte Liebe ebenso sehr wie Ehrerbietung. Er empfand echte Verbundenheit mit seinem Volk. Und seine Verbundenheit mit dem Land ging noch darüber hinaus.

Mehrere Kilometer entfernt, in den unbesiedelten waldigen Hügeln, stand ein alter Tempel. Er war klein und unscheinbar. Seine Skulpturen waren zu unkenntlichen Buckeln und Einkerbungen verkommen; der Tempelteich war überwuchert und voller Schilf, die breiten Steinstufen waren im milchig-grünen Schlamm versackt. Aber dem Fürsten war der Tempel wichtig. Seine Vorfahren hatten die Tempelgottheit als persönlichen Gott übernommen und die Familie hielt sich weiterhin einen Priester. Es war eine uralte Stätte; sie hatte ihren Schutzgeist; noch immer war das Ganze ein Kultort. Indien bot dem Fürsten nicht nur die Beweise für sein Fürstentum, sondern zugleich diese bleibende Wahrheit seiner Beziehung zur Erde, zum Weltall.

Diese Fähigkeit, Indien von dem zu trennen, was nicht Indien ist, teilte der Fürst mit der jungen (und vermutlich reichen) Frau aus dem Mittelstand, die ich bei einer Abendgesellschaft in Delhi kennenlernte. Sie war mit einem Ausländer verheiratet und lebte im Ausland. Dieses Leben im Ausland war von einem gewissen Glanz umgeben. Als sie davon sprach, schien sie auf die typisch indische Art aufzuschneiden, indem sie sich vom übrigen Indien abhob. Doch für Inderinnen ist eine Eheschließung im Ausland selten etwas Positives, sondern häufiger ein Akt der Verzweiflung oder Verwirrung. Sie führt zum Verlust der Kaste, zum Verlust der Gemeinschaft, zum Verlust eines bestimmten Ortes in der Welt, und damit werden nur wenige Inder fertig.

In sozialer und intellektueller Hinsicht war diese junge Frau außerhalb Indiens eine Ignorantin. Für die fremde Gesellschaft fehlte es ihr an Urteilskriterien; sie lebte in einem Vakuum. Sie brauchte Indien samt seiner ganzen Rückversicherung und kam her, wann immer sie konnte. In Indien streite man nicht, sagte sie. Und dann, als ihr wieder das Aufschneiden einfiel, setzte sie hinzu: »Ich beziehe mich nur auf meine Familie.«

Diese Sicherheit! Inmitten des weltweiten Wandels blieb Indien, selbst im Ausnahmezustand, unverändert: Die Rückkehr nach Indien war die Rückkehr zu einem Wissen von der fundamentalen Ordnung der Welt, in der alles fixiert und sakrosankt und jedermann sicher war. Wie eine Schlafwandlerin bewegte sie sich unberührt zwischen ihren beiden entgegengesetzten Welten. Aber die Straßen Bombays müssen doch bestimmt einen Eindruck hinterlassen? Was hat sie gesehen, als sie ankam?

Sie antwortete hintergründig, tonlos und aufrichtig: »Ich sehe Menschen, die einfach leben.«

II Die zerberstende Welt

1

»Indien wird weiterbestehen«, hatte der Romancier R. K. Narayan im Jahr 1961 gesagt. Und für den Fürsten mit seinen frommen Bindungen an die Vorfahren, für die junge Frau mit ihrer Auslandsehe, für den Bauern in Bihar oder Bundi mit seinem Wissen vom Karma bestand Indien weiter: Das hinduistische Gleichgewicht hielt sich noch immer. Vom Ausnahmezustand im Jahr 1975 waren sie genauso weit entfernt wie Narayan von den politischen Unsicherheiten des Jahres 1961.

Damals war Narayan in den Fünfzigern. Als in Indien lebender Schriftsteller, der auf Englisch für ausländische Verlage schrieb und Romancier in einer Gesellschaft war, die den Roman nicht kannte und wenig Verständnis für ihn aufbrachte, hatte er lange auf Anerkennung warten müssen. Als er Indien zum ersten Mal verließ und ins Ausland reiste, befand er sich schon in der Lebensmitte, hatte seine besten Bücher geschrieben und seine Romanwelt aufgebaut, und als ich ihm in London begegnete, schien es, als habe ihm diese späte Reise keinerlei Schocks beschert.

Gerade hatte er die Vereinigten Staaten besucht und kehrte nun frohgemut nach Indien zurück. Er müsse unbedingt wieder seine Nachmittagsspaziergänge machen und sich unter seinen Romanfiguren aufhalten, unter den Menschen, über die er schrieb. Die Literatur selbst interessierte ihn gar nicht so sehr. Wie sein Held in *Mr Sampath* ließ er seine Gedanken ins Unendliche schweifen; inmitten von Tätigkeit und Erfolg schickte er sich nach Hindu-Manier zum Rückzug an. Er habe begonnen, mit Hilfe eines Pandits heilige Sanskrit-Texte zu lesen. Er wirkte, als lebe er in Frieden mit seiner Welt, in Frieden mit Indien und der Romanwelt, die er aus dem Land destilliert hatte.

Doch aufgebaut hatte Narayan diese Romanwelt in den dreißiger Jahren, noch vor der Unabhängigkeit: die friedliche südindische Kleinstadt, die kleinen Leute mit ihren kleinen Projekten, die Komödie eines eng begrenzten Lebens und hoch philosophischer Spekulation, während die wirkliche Macht seit langem an die britischen Besatzer abgetreten ist, die weit weg sind und nur undeutlich wahrgenommen werden. Doch mit der Unabhängigkeit wurde die Welt, die Narayan umgab, größer. Die Macht rückte näher, die kleinen Leute mussten wachsen. Narayan selbst erfuhr nun Anerkennung und reiste ins Ausland, und obgleich auf dem roten Land rund um Bangalore, einer der Städte, in denen Narayan seine Kindheit verbracht hatte, das bäuerliche Leben weiterging wie immer, wurde Bangalore selbst zu einem Zentrum indischer Industrie und Wissenschaft.

Narayans Kleinstadt ließ sich nur schwer von der größeren, nicht still stehenden Welt isolieren, sie konnte nicht länger als fertig und vollendet gelten und in den wohl definierten Grenzen, die diese Art von Humor erforderte, erhalten bleiben. Bald schon stellten sich, nach dem Sicherheitsgefühl von 1961, bei Narayan offenbar Zweifel ein. Bereits 1967 erschien ein Roman, in dem seine Romanwelt aufgebrochen und ihre Fragilität endlich offengelegt wird, sodass das – in *Mr Sampath* so vertrauensvoll gewahrte – hinduistische Gleichgewicht kollabiert und in etwas mündet, das wie Verzweiflung wirkt.

Der Roman heißt *The Vendor of Sweets (Der Süßigkeitenverkäufer)*. Er gehört nicht zu Narayans besseren Büchern, aber Narayan ist ein geborener Schriftsteller, der sich treu an das hält, was er erlebt und empfindet, und deshalb liefert dieser Roman ganz ebenso den Schlüssel zur moralischen Konfusion von heute, wie ihn *Mr Sampath* zur Sterilität des hinduistischen Verhaltens in der ersten Zeit der Unabhängigkeit lieferte. Wie dieser ist auch *The Vendor of Sweets* eine Legende und im Großen und Ganzen wiederholt das Buch die Thematik des früheren: Ein Mann wagt sich in die Welt der Tat und am Ende zieht er sich zurück.

Der Süßigkeitenverkäufer ist Jagan, ein reicher Mann, der täglich gewissenhaft seinen häuslichen Geldschatz vermehrt (das »Schwarzgeld« Indiens), aber zugleich ist er Gandhi-Anhänger, ein versponnener Mensch, den die Idee der Reinheit verfolgt. Seine Kunden behandelt er anständig; er betrügt aber die Regierung eben des Landes, für das er zur Zeit der Briten die Schläge der Polizeiknüppel und die Haft in einem unhygienischen Gefängnis erduldete. »Hätte Gandhi irgendwann gesagt: ›Bezahle deine Umsatzsteuer ohne Murren‹, so wäre er seinem Rat gefolgt, aber Gandhi hatte, soweit Jagan wusste, nirgendwo von der Umsatzsteuer gesprochen.«

(War Jagan also ein Freiheitskämpfer, dem die politische Demütigung seines Landes zu schaffen machte, oder war er nur Jünger eines Heiligen, im Sinne der alten Hindu-Tradition? Die hinduistische, um Selbst und Selbstverwirklichung kreisende Moral hat ihre ganz eigene soziale Unredlichkeit: Wie viele Jagans haben – allein im Gedanken an ihre von Gandhi erlernte Frömmigkeit, ihre persönliche Tugend – jene Unabhängigkeit, für die sie nach eigenem Bekunden gewirkt haben, lächerlich gemacht und untergraben! Aber diese Frage wirft Narayan nicht auf. Er macht nur den Scherz über Gandhi und die Umsatzsteuer; er steht auf Jagans Seite.)

Jagan ist Witwer mit einem Kind, einem Sohn, den er abgöttisch liebt. Doch der Junge ist verschlossen und spricht kaum mit seinem Vater. Eines Tages verkündet er, dass er die

Schule aufgibt: Er will Schriftsteller werden. Später entdeckt Jagan, dass der Junge mit Geld aus dem häuslichen Schatz eine Überfahrt in die Vereinigten Staaten gebucht hat, wo er an Kursen für kreatives Schreiben teilnehmen will. Jagan schluckt seine Enttäuschung hinunter; der Junge geht fort. Die Zeit verfließt rasch. Und dann, fast ohne Vorwarnung, kommt der Junge zurück. Er ist nicht allein. Mit ihm kommt eine Frau, anscheinend seine Ehefrau, die – wie schockierend für diese südindische Umwelt! – halb Koreanerin, halb Amerikanerin ist. Sie haben gemeinsame Pläne und brauchen Jagans Geld. Sie sind nach Indien gekommen, um in Zusammenarbeit mit Amerikanern eine Fabrik zu gründen, in der Maschinen hergestellt werden sollen, die Geschichten schreiben. Erfunden hat sie jemand in Amerika und ganz wie Amerikaner wuselt das Paar geschäftig in der heruntergekommenen kleinen Stadt umher.

Die Satire ist zu grob, die Neulinge im Geschäft sind zu wunderlich geraten. Die Komödie geht daneben und die Romanwelt des Autors bricht zusammen, aus denselben Gründen, aus denen auch Jagans Welt zusammenbricht: Beide werden beschädigt durch das Eindringen fremder Elemente. Ein Schock folgt auf den anderen. Der Junge macht Theater, weil kein Telefon da ist, er fährt mit einem Moped herum (während Jagan sich mit Laufen begnügt) und lässt abfällige Bemerkungen über den Süßigkeitenladen fallen. Außerdem stellt sich heraus, dass er gar nicht mit der Frau verheiratet ist, und diese hat, als Nicht-Inderin und Kastenlose, in Jagans Welt keinen Platz. Alle Regeln sind verletzt worden; Jagan ist hilflos. Ohne Vorstellung von der Zukunft bleibt ihm nur noch, sich in die Betrachtung der geliebten Rituale aus der jüngeren, geordneten Vergangenheit zu vertiefen: seiner Kindheit, seiner Ehe, seiner Wallfahrt zu einem Tempel.

Er hält sein Heim für »beschmutzt« und am Ende weicht er zurück. Er schottet sich gegen das Paar ab; mit »eigenartiger Erregung« geht er an seine Selbstreinigung. Er beginnt, seine Süßigkeiten billig an die Armen zu verkaufen, und verprellt damit die anderen Ladeninhaber; er ruft sein Personal zusammen und liest die *Gita* vor. Zuletzt beschließt er, aus der Stadt weg in die Wildnis zu gehen und neben einem zerstörten Heiligtum zu leben. Dort, bar aller Besitztümer, schaut er zu, wie ein Bildhauermeister, der wie ein »Mann aus dem vorigen Jahrtausend« ist, das alte unvollendete Bildnis einer fünfköpfigen Gottheit vollendet – »das Licht, das selbst noch die Sonne erhellt«.

Doch bevor er sich zurückziehen kann, reist die Koreanerin wieder ab. Jagans Sohn, der mit seinen Geschäftsideen nicht weiterkommt, schickt sie fort. Dann wird er verhaftet, weil er eine Flasche Alkohol in seinem Auto hat. Wegen der Prohibitionsgesetze muss er mit zwei Jahren Gefängnis rechnen. Für Jagan ist das der letzte Schlag: weniger die drohende Haftstrafe als vielmehr die Nachricht, dass sein Sohn trinkt. Er weint; natürlich bezahlt er Anwälte für seinen Sohn, aber mehr denn je ist er entschlossen, der Welt zu entsagen. »Ein bisschen Gefängnisleben tut niemandem weh«, meint er, »mit welchem Recht sollten wir ihn raus- oder reinschaffen?« Und dann nimmt er den Bus, der aus der Stadt fährt, und begibt sich in sein Dschungelversteck.

Aus lauter Tugendhaftigkeit lässt Jagan also seinen Sohn im Stich, genauso wie Srinivas, der Held von *Mr Sampath*, in Hochstimmung gebracht durch seine Ewigkeitsvision, den Freund im Stich lässt. Aber Srinivas zieht sich nur aus der Welt des Kommerzes und der »Kinderei« zurück. Jagans Flucht sieht anders aus als dieser Rückzug und ist das Gegenteil der vom Hinduismus vorgeschriebenen ruhigen Entsagung, mit der der Hausvater nach getaner Arbeit den Weg für seine Nachfolger frei macht und sich einem Leben in Meditation zuwendet. Dieser Akt der Entsagung setzt eine geordnete, beständige Welt voraus. In Jagans Welt herrscht das Chaos; sein Tun ist ein Akt der Verzweiflung; weinend läuft er davon.

»Das ganze Land wurde vernichtet durch Feuer und Schwert der Invasoren … Doch stets wurde es wiedergeboren und wuchs.« So sah im Indien vor der Unabhängigkeit der Protagonist von *Mr Sampath* den Lauf der indischen Geschichte: Wiedergeburt und Wachstum als reinigendes, ewig neues indisches Wunder, das allein durch die Übung der Selbsterkenntnis ermöglicht wird. Aber im unabhängigen Indien haben Wiedergeburt und Wachstum eine andere Bedeutung bekommen und erfordern andere Anstrengungen. Die moderne Welt lässt sich weder durch Karikatur noch durch Beschwörung beiseite schaffen; es gibt keine Wiederherstellung einer idyllischen Vergangenheit.

Bangalore, die Hauptstadt des Bundesstaates, zu dem auch Narayans fiktive Kleinstadt gehört, ist zugleich die Hauptstadt der indischen Wissenschaft. Im Jahr 1961, als Narayan mir sagte, Indien werde weiterbestehen, arbeiteten in Bangalore vielleicht zwei renommierte Wissenschaftler. Heute sind es, wie ich gehört habe, zwanzig. In Bangalore wurde der erste indische Weltraumsatellit gebaut (und nicht zufällig nach einem Hindu-Astronomen des Mittelalters benannt): Als wissenschaftliche Leistung war er, so heißt es, beeindruckender als die indische Atombombe und zeigte deutlicher, welche technologischen Potenzen Indien seit der Unabhängigkeit entwickelt hat. Der engagierte Verwaltungschef des Bundesstaates, der aus bescheidenen Verhältnissen stammt, sieht sich und seine Familie als Produkt nicht nur der Unabhängigkeit, sondern auch der industriellen Revolution in Indien. Dieser Revolution hat er sich verschrieben; den von ihr hervorgebrachten Wandel nennt er »grundlegend«.

Von Bangalore aus führt eine etwa achthundert Kilometer lange Schnellstraße über die Hochebene von Dekkan nach Poona, der Industriestadt am Rand der östlich von Bombay gelegenen Hochebene. Auf dieser Schnellstraße fahren fast keine Autos, aber viele Ochsenkarren, viele Lastwagen. Die Lastwagen sind grauenvoll überladen, das Profil ihrer Reifen ist fast abgefahren und oft kippen sie einfach um. Aber durch das ganze alte Leid des bäuerlichen Indiens fließt beständig der Industrieverkehr. Bei Menschen wie Jagan ist der Wandel definitiv angekommen; ihre Welt kann nicht wieder klein gemacht werden.

Doch was für den Staatsbeamten grundlegender – und dringend benötigter – Wandel ist, lässt sich auch als gewaltsamer Übergriff sehen. Narayan ist ein Autor, der spontan und ungekünstelt schreibt: Im Fehlen der Balance, im Verlust der Ironie und in der allzu groben Satire über die »moderne« Zivilisation spricht *The Vendor of Sweets* aus, wie tief die Gewalt geht, die Narayan zufolge diese Zivilisation – in ihrer indischen Ausprägung – einem Menschen wie Jagan antut. Und wie zerbrechlich die Welt des Hinduismus dann doch ist! Von außen gesehen dauerhaft und unbeugsam, kann sie schon beim ersten, von innen kommenden Angriff zerbröckeln: beim entschlossenen Auftritt eines Sohnes, der die größere Welt und eine andere, nicht-hinduistische Vorstellung von den Möglichkeiten des Menschen kennengelernt hat und sich nicht mehr damit begnügt, einfach mitzuschwimmen, einfach Teil des hinduistischen Kontinuums zu sein.

Manches an der Auflehnung mag lächerlich wirken – Auto fahren, Fleisch essen, Alkohol trinken –, aber für Jagan ist das alles folgenschwer. Wo das Ritual den Willen steuert und ein Großteil des Verhaltens im Zeremoniell besteht, ist jede Geste wichtig. Eine einzige rebellische Handlung, so scheint Narayan sagen zu wollen, zieht andere nach sich und schon bald addieren sie sich zur Ablehnung von Gottgefälligkeit und kultischer Verehrung, die die Gesellschaft bisher zusammenhielten, zur Ablehnung des Karmas. Was für eine zerbrechliche Welt, wo Rebellieren so leicht ist: nichts als der Verzicht auf ein Ritual! Es ist, als brauche das hinduistische Gleichgewicht eine Welt, die so klein und so restriktiv ist wie die in Narayans frühen Romanen, wo die Menschen nicht größer werden können, wo sie viel reden und wenig tun und von Grund auf gehorsam sind, zufrieden damit, dass andere in allen Dingen über sie bestimmen. Sobald diese Welt expandiert, bricht sie in Stücke.

The Vendor of Sweets, dieser wehmütige und grob vereinfachende Roman, der in der Jagan-Figur Reinheit und alte Tugend feiert, ist ein verstörtes Buch und seine Verstörung hat viel von der im heutigen Indien herrschenden Verstörung. Jagan – anders als der Held von *Mr Sampath* im Indien vor der Unabhängigkeit – hat keine Argumente. Sein Verhaltenskodex hält einer Prüfung nicht stand.

Alles ruht auf dem Gandhianismus. Jagan war, wie uns oft in Erinnerung gerufen wird, zu Gandhis Zeiten einer seiner »Freiwilligen« und Freiheitskämpfer, und einmal, während einer Demonstration, ließ er sich von Polizisten bewusstlos schlagen. Das war Gandhis Genius: Intuitiv erkannte er, wo genau Hindu-Tugenden wie Quietismus und religiöse Selbstliebe in ein selbstloses Handeln von überwältigender politischer Kraft verwandelt werden konnten. Als Jagan sich schlagen ließ, als er in der ihm angetanen Gewalt einen Beweis der eigenen Tugend sah, betrachtete er sich als *satyagrahi*, der »gegen die Briten für die Wahrheit kämpft«. Die Betonung lag auf dem Kampf für die Wahrheit und nicht auf dem Kampf gegen die Briten. Jagan führte einen heiligen Krieg; vor sich hatte er die Vision seines gesäuberten und rein gewordenen Landes – und nicht die politische Vision seines erneuerten Landes.

Jagan gewinnt seinen Krieg. Aber da sein Sieg ihn blind macht für die eigene weltliche Unredlichkeit (eben jene, die, millionenfach vervielfältigt, seinem Land in der Zeit der Unabhängigkeit einen neuen und anderen politischen Kollaps beschert hat) und seine gandhischen Triebkräfte zu Eigenliebe, Versponnenheit und sozialer Gleichgültigkeit verkommen sind, versucht Jagan nur noch, die Stabilität seiner Welt zu retten; sonst ist er zu nichts mehr fähig. Rein sein im »Schmutz dieser Erde«, sicher sein inmitten des Elends: Das ist alles, was er will. Als seine Welt in Stücke bricht, kann er sich nicht zur Wehr setzen; er hat nichts zu bieten. Ihm bleibt nur fortzulaufen. Ein weiterer hinduistischer Rückzug: wie das Königreich Vijayanagar im Jahr 1336; wie die Anbetung der Pilger in den Ruinen der Hauptstadt Vijayanagar im Jahr 1975; wie das Mantra, das gesungen und fünfzig Millionen Mal aufgeschrieben wird, um dem neuen Götterbild des im letzten Krieg entweihten Tempels Leben einzuhauchen.

Jagan wählt den äußersten hinduistischen Rückzug, denn er zieht sich aus einer Welt zurück, von der wir wissen, dass sie endlich zusammengebrochen ist. Es ist buchstäblich ein Rückzug in die Wildnis, dorthin wo »die Grenzen der Wirklichkeit zu verschwimmen begannen«: keine Rückkehr in reinere Arier-Vergangenheit, wie Jagan sich einbilden mag, sondern ein Rückzug aus Zivilisation und Kreativität, aus Wiedergeburt und Wachstum hin zu Magie und Beschwörung, ein Rückfall in nahezu afrikanische Finsternis, in den bis heute anhaltenden Primitivismus etwa des Kongo, wo selbst nach der Zeit der arabischen Sklavenhändler und der Belgier die Vergangenheit noch immer als *le bon vieux temps de nos ancêtres* herbeigesehnt wird. Es ist der Tod einer Kultur, der endgültige sittliche Verfall des Hinduismus.

2

Mit dem Ausnahmezustand kam das große »Aufräumen«. Und genau darauf – statt auf die politische Krise – konzentrierte sich die zensierte Presse.

Die ehemalige Maharani von Jaipur saß im Gefängnis, angeklagt diverser Wirtschaftsvergehen und offenbar ohne Aussicht auf einen schnellen Prozess. Die Häuser der einstigen Herrscherfamilie von Gwalior wurden nach unversteuerten Schätzen durchsucht. In Bombay kam es zu Razzien in den Wohnungen von Regierungsbeamten, Bankbeamten und Geschäftsleuten – Wohnungen, die die Zeitungen als »hochfeudal« bezeichneten –, und ihr Inhalt wurde taxiert. Irgendwo anders fand man, wie einen Anflug von Hollywood-Indien, eine mit Opium gefütterte Kobra, die (erfolglos) einen vier Kilogramm schweren Schatz aus Gold und Goldschmuck bewachte. Überall wurden Banden »ausgehoben«: Devisenhandel, Schmuggel, Schwarzmarkt, Ankauf von Stahl durch eine Scheinfabrik, Abschieben dringend gebrauchter Eisenbahnwaggons auf Nebengleise, wo sie als Lager für gehortete Waren dienten.

Es herrschte allgemeine Panik, aber nicht jeder verlor den Kopf. Ein Geschäftsmann aus Delhi (bei dessen Bruder bereits eine Razzia stattgefunden hatte) übergab seinem Chauffeur, der ihm mitteilte, er stünde als Nächster auf der Liste, sämtliche Wertsachen zur Verwahrung und der Chauffeur verschwand auf Nimmerwiedersehen. Tag für Tag brachte die zensierte Presse Kommuniqués über Durchsuchungen, Verhaftungen, Amtsenthebungen und Zwangspensionierungen. Bis in die dritte Augustwoche hatte man, wie es hieß, allein 1500 Schmuggler aufgegriffen. In dieser ungünstigen Zeit eröffnete im Oberoi-Sheraton-Hotel in Bombay ein teurer neuer Juwelierladen und kündigte dies mit großen Anzeigen in der Zeitung an. Fast umgehend, und als hätten sie nur abgewartet, bis das Geschäft aufmachte, ließen die Behörden die Türen versiegeln.

Es war willkürlicher Terror, der Hohe und Niedrige gleichermaßen traf: den leitenden Ingenieur einer Stahlwerkabteilung, der Ausgabequittungen ausstellte und die Lagerbestände des Werks verkaufte; den Steuerinspektor, der sich von einem kleinen Geschäftsmann mit fünfhundert Rupien (fünfzig Dollar) bestechen ließ; den Bahnangestellten, der »illegal« Reis in einem Speisewagen transportierte; den Briefträger, der verdächtigt wurde, ein Paket aus dem Ausland geöffnet zu haben. Und nach der Unruhe und Ziellosigkeit der vorangegangenen Jahre brachte er Indien für einen Augenblick Frieden.

Aber es war nur Terror und er kam vermischt mit einer politischen Krise, von der jeder wusste. Er verschaffte der Gesellschaft kein neues moralisches Gerüst; er verhieß keine besser geregelte Zukunft. Wenn er überhaupt irgendetwas tat, dann verstärkte er das stets mit Verzweiflung verbundene Selbstgefühl des Hindus, das Gefühl einer ihn umgebenden äußeren Bedrohung, das Bedürfnis nach Verstecken und Horten. Im hohen Hindu-Ideal der Selbstverwirklichung – das so viele Formen annehmen konnte, sogar die Form weltlicher Unredlichkeit – gab es keine Vorstellung vom Vertrag zwischen den Menschen. Das war der große Schwachpunkt des Hinduismus nach tausend Jahren Niederlage und Rückzug. Und jetzt war die Gesellschaft zusammengebrochen. Genau darum ging es letztlich in der Presse und nicht um großes Aufräumen oder Ausnahmezustand, um eine vorübergehende Krise, die entweder Mrs Gandhi oder die Opposition schon würden bewältigen können.

Was immer die unmittelbaren politischen Auslöser für den Ausnahmezustand waren, er bildete nur die formelle Anerkennung eines Zusammenbruchs, der schon seit einiger Zeit im Gange war; er erforderte mehr als politische Entschlusskraft. Im Jahr 1975 wurde die Verfassung suspendiert, aber bereits 1974 hatte sich Indien in seinen Kampagnen für zivilen Ungehorsam, in seinen Streiks und Studentenunruhen, offenkundig festgefahren. Es gab reale politische Probleme, aber sie verdeckten die umfassendere Krise. Die Korruption, von der die Opposition sprach, und die Disziplinlosigkeit, von der die Regierung sprach, waren nur zwei Seiten ein und desselben moralischen Chaos, das bis zu den Anfängen, bis zum Beginn der Unabhängigkeit zurückreichte.

Die hinduistische Gesellschaft, die Gandhi im Kampf für die Unabhängigkeit sichtlich geadelt hatte, begann zu zerfallen, sobald die Unabhängigkeit ihre Art von Wiedergeburt und Wachstum brachte. Ein Journalist sagte einmal, die Probleme – er nannte es Verrat – hätten begonnen, als Nehru, der Premierminister, einen Tag nach der Unabhängigkeit in das ehemalige Haus des britischen Oberkommandos in Neu-Delhi umzog. Aber die Probleme lagen viel eher in der besonderen Natur der Bewegung, die Nehru an die Macht brachte, jener Bewegung, der Gandhi gleichsam mit magischen Mitteln eine Massenbasis verschafft hatte. Viele Jagans, Nationalisten, aber als Kämpfer in einem heiligen Krieg, hatten dem Land die Unabhängigkeit gebracht. Eine Vielzahl von Jagans, erstmals in der Verantwortung, aber ohne eine Idee des Staates – Geschäftsleute, die Geld horteten, aber stets gottgefällig lebten; Politiker in Gandhi-Kappe und Gandhi-Gewand –, hatte daran mitgewirkt, diese Unabhängigkeit zugrunde zu richten. Jetzt aber stießen die Jagans erstmals auf Ablehnung und Indien entdeckte, dass es kein Gandhi-Indien mehr war.

Überraschen konnte das kaum: Das Letztere war in kürzester Zeit entstanden. In nur elf Jahren, von 1919 (als die erste von Gandhi initiierte Agitation in Madras mit der Verteilung von Süßigkeiten in einem Tempel endete) bis 1930 (als am Ende des Salzmarsches die Gruppen aus disziplinierten Freiwilligen eine nach der anderen die brutalen Prügel der Polizisten über sich ergehen ließen), verschaffte Gandhi Indien eine neue Vorstellung von sich selbst – und zugleich der Welt eine neue Vorstellung von Indien. In jenen elf Jahren konnte der Eindruck entstehen, Gewaltlosigkeit sei eine uralte vielseitige indische Wahrheit, eine ewige Quelle hinduistischen Tuns. Jetzt aber blieben vom Gandhianismus nur Embleme und Tatkraft. Und die Tatkraft war heimtückisch geworden. Indien brauchte einen neuen Verhaltenskodex, aber es hatte keinen. Es gab keine Regeln mehr und so musste Indien – dieses so oft überfallene, eroberte, geplünderte Land, wo ein Viertel der Bevölkerung als Kastenlose in permanenter Unfreiheit lebte, als Menschen, die kein Land, nur Herren hatten – wieder einmal entdecken, dass es grausam und schrecklich gewalttätig war.

In einer Rede noch vor dem Ausnahmezustand sagte Jaya Prakash Narayan, der angesehenste Oppositionsführer: »Was die Integrität unserer Nation so sehr gefährdet, ist nicht die Tatsache, dass es Kontroversen und Streitereien gibt, sondern die Art, in der wir sie austragen. Oft benehmen wir uns wie Tiere. Gleichgültig ob es sich um eine Dorffehde, einen Studentenverband, einen Arbeitskampf, eine religiöse Prozession, eine Grenzstreitigkeit oder ein Problem der großen Politik handelt – immer ist die Wahrscheinlichkeit groß, dass wir aggressiv, barbarisch und gewalttätig werden. Wir morden und brennen und rauben und mitunter begehen wir sogar noch schlimmere Verbrechen.«

Die Gewalt des Aufruhrs konnte sich totlaufen, sie konnte auch, wie zum jetzigen Zeitpunkt, durch Notstandsmaßnahmen unter Kontrolle gehalten werden. Aber es gab eine ältere, tiefer reichende indische Gewalt. Sie blieb unberührt von der Fremdherrschaft und überlebte Gandhi. Sie war zu einem Teil der hinduistischen Gesellschaftsordnung geworden und von einem bestimmten Stadium an wurde sie unsichtbar, verschwand im allgemeinen Elend. Jetzt aber, mit dem Ausnahmezustand, lag der Schwerpunkt auf Reformen und auf den »schwächeren Teilen« der Gesellschaft und manche der von der zensierten Presse nun hochgespielten Geschichten schienen aus einem anderen Zeitalter zu stammen. Ein Junge, den ein Geldverleiher auf dem Dorf wegen nicht bezahlter Schulden in Höhe von hundertfünfzig Rupien (fünfzehn Dollar) einsperrt und vier Jahre lang zu seinem Sklaven macht. Im September: Unberührbare, die im südindischen Vellore ihr Dorf verlassen müssen, weil Kasten-Hindus ihre Hütten mit einem Zaun umgeben und ihren Brunnen verschmutzt haben. Im Oktober: eine Terrorkampagne in einem Dorf im westlichen Bundesstaat Gujarat gegen Unberührbare, die sich gegen Zwangsarbeit und den Raub ihrer Ernte auflehnen. Der bei kastenlosen Männern eines nordindischen Bezirks übliche Brauch, ihre Ehefrauen an Bordelle in Delhi zu verkaufen, um kleine Schulden, die sie bei ihrem einer Kaste angehörenden Grundbesitzer haben, abzahlen zu können.

Für die alten Arier waren die Unberührbaren »wandelndes Aas«. Gandhi versuchte, wie andere Reformer vor ihm, sie zu einem Teil des heiligen Hindu-Systems zu machen. Er nannte sie *harijan*, Kinder Gottes. Eine bemerkenswerte sprachliche Koinzidenz: Noch immer sind sie Kinder Gottes wie in dem alten Negrospiritual: selbst in dem am Flussufer bei Ahmedabad gelegenen Satyagraha-Aschram, den Gandhi nach seiner Rückkehr aus Südafrika gründete und von dem aus er 1930 den großen Salzmarsch begann. Heute gibt es nachts im Aschram *Son et Lumière*, veranstaltet vom Tourismusverband, und morgens in einem der Gebäude Schulunterricht für *harijan*-Mädchen. »Geistig zurückgeblieben«, erklärte der alte Brahmane, der plötzlich mein Führer war, andächtig und verwandelte die Mädchen damit in den fernen Gegenstand einer heiligen Scheu. Die uralte Gewalt blieb präsent: bäuerliche Unberührbarkeit als Leibeigenschaft, aufrechterhalten durch Terror und bisweilen durch bewusstes Aushungern. Nichts davon war neu, aber in Indien plötzlich eine Neuigkeit.

Nehru hat einmal geäußert, in Indien bestehe die Gefahr einer Vergöttlichung der Armut. Genau diese Wirkung hatte Gandhis Lehre. Das einfache Leben des Mahatma schien die Armut zu heiligen, machte sie zur Grundlage aller Wahrheit und zum einzigartigen Besitz Indiens. Und dabei war es in zwanzig Jahren Unabhängigkeit mehr oder weniger geblieben. Erst Mrs Gandhi erhob 1971 die Armut zum Thema der Politik. Ihr damaliger Wahlslogan lautete *Garibi Hatao*: Weg mit der Armut! Ihre Gegner, die einen anderen Krieg führten, hatten das zurückgegeben als *Indira Hatao*: Weg mit Indira! Aber seither hat sich in Indien viel bewegt. Es begann ein Wettstreit im Protestieren. Und mit einem Mal entdeckte man einen schier unerschöpflichen Protestgrund in Indiens Armut. Immer schien es noch eine weitere, tiefere Stufe des Elends zu geben.

Die Regierung, die sich mit dem Ausnahmezustand zu radikalen Reformen verpflichtet hatte, sorgte für die Annullierung bestimmter Schulden auf dem Lande. Zwei- oder dreihundert Geldverleiher, die die Bergleute der Kohlenzechen bei Dhanbad in Bihar terrorisiert hatten, wurden verhaftet. Und achtundzwanzig Jahre nach Beginn der Unabhängigkeit wurde Schuldknechtschaft für illegal erklärt. Schuldknechtschaft! Innerhalb von dreizehn Jahren hatte ich Indien drei Mal besucht und alles in allem sechzehn Monate dort verbracht. In vielen Landesteilen hatte ich Dörfer besucht, aber nie hatte ich von Schuldknechtschaft gehört. Ein Leitartikel des in Bangalore erscheinenden *Deccan Herald* nannte den Grund dafür: »Das System ist so alt wie das Leben … Im Land selber war die Sklaverei eine (so) raffinierte Praxis geworden, dass den Opfern das Gefühl eingeimpft wurde, sie seien moralisch verpflichtet, Sklaven zu bleiben.« Karma!

Mit Unabhängigkeit und Wachstum, Chaos und Verlust des Glaubens erwachte Indien zum Bewusstsein seines Elends und der Grausamkeiten, die sich von jeher hinter seiner scheinbaren Stabilität, seiner Fähigkeit, einfach weiterzubestehen, verborgen hatten. Nicht mehr jeder begnügte sich mit dem bloßen Leben. Das alte Gleichgewicht war weg und im Augenblick war alles Chaos. Doch ausgehend von diesem Chaos, vom Zerbröckeln des alten Hindu-Systems und vom Geist des Neinsagens lernte Indien, auf neue Weise zu sehen und zu fühlen.

Ein exponierter Vertreter der »neuen Moral« des nachgandhischen Indien ist der Theaterautor Vijay Tendulkar. Er schreibt in Marathi, der Sprache der Region, in der Bombay liegt, aber er wird auch in andere Sprachen übersetzt. Als ich in Bombay war, kam dort gerade die »Indien-englische« Fassung seines Stücks *The Vultures (Die Geier)* auf die Bühne. Der Titel sagt bereits alles: Tendulkar zufolge ist das industrielle oder sich industrialisierende Indien, das den kleinen Leuten (in seinem Stück eine Familie kleiner Subunternehmer) eine ökonomische Chance bietet, das Instinkte weckt, die die Armut unterdrückt hatte, und das alte religiöse Bindungen auflöst, ein Land von Geiern geworden.

Noch einmal also das Thema von *The Vendor of Sweets*: das Ende kultischer Verehrung, das Ende der Familie, einzelne Individuen, die ihren eigenen Weg gehen, soziales Chaos. Aber Tendulkar ist schonungsloser als Narayan; sein Indien ist ein grausameres, wirklichkeitsnäheres Land. Und obgleich Tendulkar Hindu genug ist, um wie Narayan durchblicken zu lassen, dass das Fallen einer einzigen Schranke rasch zur Auflösung des gesamten Systems führt und dass Reinheit nur derjenige erlangen kann, der sich von allen Dingen fernhält, gibt es für ihn doch keine reine Vergangenheit und keine Zuflucht in der Religion. Bei aller Brutalität ist Tendulkar freilich Romantiker: Der Mann, der sich in *The Vultures* abseits hält, ist ein Dichter, ein unehelicher Sohn, ein Außenseiter.

Natürlich ist Tendulkars Indien dasselbe Land wie bei Narayan, aber ein Land, in dem der Wandel eingesetzt hat. Die Welt öffnet sich nach draußen, die Menschen sind unterschiedlicher und individualistischer geworden; es wütet der Wille. Das Gefühlsleben hat sich verändert. Indien ist weniger rätselhaft: Tendulkars Entdeckungen gleichen denen, die auch anderswo gemacht werden könnten.

Der Held von *Sakharam Binder* – dies war Tendulkars bekanntestes Stück, das ihm 1972, lange vor dem Ausnahmezustand, Probleme mit der Zensur einbrachte und später gleichzeitig an vier Theatern von Bombay in vier verschiedenen Sprachen aufgeführt wurde – ist Handwerker und Angehöriger einer niederen Kaste, der jeden Glauben und jede Bindung an die Gemeinschaft oder die Familie abgelegt hat. Sakharam steht allein. Materielle Sicherheit verschafft ihm seine technische Fertigkeit, der er seinen Nachnamen verdankt: Er ist Buchbinder in einer Druckerei. Heiraten will er nicht (zwar wird es nicht gesagt, aber er könnte nur innerhalb seiner Kaste heiraten und bliebe damit weiterhin klassifiziert und gebrandmarkt); stattdessen lebt er mit den von anderen Männern verstoßenen Ehefrauen zusammen, die er aus Tempeln oder von der Straße rettet (hier tut man einen kurzen Blick in Indiens Abgründe). Sakharam ist weder zärtlich noch besonders talentiert; alles, was er will, wenn er die Tür hinter sich zugemacht hat und seine zwei Zimmer betritt, ist: ein Mensch sein. Der Hinduismus ist bei ihm zusammengeschrumpft auf den Glauben an Redlichkeit und ein Nein zu allem schändlichen Tun. Am Schluss des Stückes geht er zugrunde; aber präsentiert wurde er als Held.

Mit Sakharam sind wir weit weg von der naiven Auflehnung, die Jagans Sohn in *The Vendor of Sweets* versucht und die dort als unindisch und als Mimikry westlichen Verhaltens karikiert werden konnte. Sakharams Auflehnung geht tiefer, ist unmittelbar einsichtig und ganz und gar eine Sache Indiens. Dieses Indien, das erst spät in Situationen kommt, die anderswo bereits durchlebt worden sind, verliert etwas von seiner Rätselhaftigkeit.

Vor nicht langer Zeit erhielt Tendulkar ein Nehru-Stipendium und konnte damit durchs Land reisen, um Material für sein Buch über Gewalt in Indien zu sammeln. Als ich von diesem Projekt hörte – das auf den ersten Blick so bestürzt macht und sich dann als so einleuchtend und richtig erweist –, wollte ich ihn gern sprechen. Ich schätzte ihn auf Ende vierzig, eine Generation jünger als Narayan. Er hatte einen stattlichen Bauch und war überraschend sanftmütig. Aber die Sanftmut täuschte: Wenige Tage vor unserem Treffen war seine Mutter gestorben und die Zensurbehörde hatte gerade einen Film gesperrt, für den er das Drehbuch geschrieben hatte. Er erzählte, seine Reise durch Indien folge keinem vorher festgelegten Plan; hin und wieder gehe er einfach seinem Gespür nach. Er hatte Recherchen über die Naxaliten-Bewegung angestellt, eine Bauernbewegung, die mit Gewalt Landreformen durchzusetzen gesucht hatte, mancherorts zum ländlichen Terror verkommen und binnen kurzem von der Regierung zerschlagen worden war. Gereist war er in den südindischen Bezirk Telengana sowie nach Bihar und Westbengalen im Nordosten des Landes.

Besonders bedrückend fand Tendulkar den Bundesstaat Bihar. Dort hatte er Dinge gesehen, von denen er nicht geglaubt hatte, dass es sie gab. Aber er sagte nichts Genaueres: Es war, als fühle er sich noch immer gedemütigt durch das, was er beobachtet hatte. Er sagte nur: »Die Beziehungen zwischen den Menschen. Sie sind so grauenvoll, weil die Opfer sie hinnehmen.« Neue Wörter, neue Interessen: und doch konnte ein Schriftsteller wie Tendulkar Indien entdecken wie ein fremdes Land. Durch Bihar, sagte er, sei er mit dem Schiff gefahren, den Ganges hinunter. Und dann sprach er nur von der heiteren Gelöstheit, die ihn auf diesem heiligen Fluss der Hindus überkam, und nicht von den Schreckensbildern am Ufer.

Mitten im indischen Leid war sie also immer noch da und würde es weiter bleiben: die Sehnsucht nach Ruhe, den Orten des Rückzugs. Doch neue Gefühle verlernen die Menschen nicht so leicht wieder. Der Rückzug ist kaum noch möglich. Selbst die Aschrams und die Heiligen (mit ihren

Managerjets, ihrer internationalen Anhängerschaft und ihren Public-Relations-Fachleuten) sind nicht mehr, was sie einmal waren.

»Sie müssen mal zum Aschram bei Poona fahren«, sagte die Parsin, die aus Europa auf Urlaub gekommen war, eines Tages in Bombay beim Essen. »Es heißt, man fände dort eine hübsche Mischung aus Ost und West.«

Der junge Mann, den man mir als »kleineren Magnaten« vorgestellt hatte, warf mit unerwartet heftiger Erregung ein: »Es ist grauenhaft da. Es wimmelt von Amerikanerinnen, die nur ihre Orgien feiern wollen.«

Gesicht und Körper des Magnaten hatten etwas Teigiges an sich, das einen Mann verriet, der sich einsamen sexuellen Genüssen hingab. Er sagte, er sei »einer der letzten, jetzt aussterbenden Kapitalisten«; er liebe »leibliches Wohlbehagen«. Das Aschram-Leben sei nichts für ihn: In Indien verdiene man leichter Geld als in irgendeinem anderen Land, mit Ausnahme der arabischen Scheichtümer. »Manchmal denke ich nachts daran, alles hinzuschmeißen. Und dann morgens, wenn ich mir Spekulationen und Manipulationen überlege, frage ich mich, was das nützen soll? Wieso soll ich aufhören?«

Es war nur zur Hälfte ein Scherz. Heute scheint Indien manchmal fähig, die alte Vorstellung von sich selbst zu parodieren.

Eine Parodie, die bisweilen unbewusste Mimikry ist. Im September stand ausgerechnet in der (in Neu-Delhi erscheinenden) *Economic Times* der folgende Leserbrief:

> Solange der Mensch im Wohlbehagen schwelgt, erkennt er sein wirkliches Ziel auf Erden nicht ... Die Wahrheit ist, dass Unglück dem Menschen eine bittere Lektion erteilt, ihm das Rückgrat stärkt und seinen Charakter formt. Mit anderen Worten: Aus dem Unglück, das uns nützt, weil es unser Ich zerstört und uns demütig und selbst-

los macht, entsteht ein von Grund auf neuer Mensch ... Langes Leiden öffnet die Augen, sodass man alles, wonach man in ungebührlicher Weise giert, hassen lernt und am Ende zur Entsagung kommt. Dann dämmert uns, dass ständiges Sehnen uns nur heftigen Schmerz bereitet ... Aber das stoische Gemüt lässt sich von den Wechselfällen des Lebens kaum stören. Wir können es schaffen, das Leid zu besiegen. Es ist ganz einfach: sich loslösen selbst inmitten irdischer Genüsse.

Und das in einem Finanzblatt! Aber Indien ist Indien und der Leserbrief wirkt, mit seinem Plädoyer für das hindubuddhistische Ideal der Nichtverhaftung, erst einmal sehr indisch. Doch der Autor ist auf einem gewundenen westlichen Pfad dorthin gelangt. Vieles an seiner Sprache ist geborgt und seine Haltung ist nicht so hinduistisch oder buddhistisch, wie sie scheint. Jeder kennt das Bildnis des lächelnden Buddha: am Kopf der Schädelwulst des entfalteten Bewusstseins, die lang herabhängenden Ohren des Verstehens und die Weisheitsfalten am Hals. Aber diese ikonographischen Verzerrungen nehmen ihm nichts von seiner Menschlichkeit. Er hat volle Lippen, runde Backen und ein Doppelkinn. Seine Sinne sind keineswegs verkümmert (Buddha hat die Askese ausprobiert und verworfen), er lebt mit ihnen im Frieden. Der Besitz der Sinne ist Teil seiner heiteren Ruhe, seiner Ganzheitlichkeit, und der eigentliche Grund dafür, dass sein Bildnis noch heute, nach zweitausend Jahren, denselben Reiz ausübt. Nicht diese Art der Nichtverhaftung empfiehlt der oben zitierte Briefschreiber, sondern etwas ganz anderes, Westlicheres, nämlich Stoizismus und Entsagung mit mehr als einem Anflug von Bitterkeit: die Klage eines Konsumenten.

»›Warum machst du das Land für alles verantwortlich? Für vierhundert Millionen war es gut genug‹, sagte Jagan in Erinnerung an das Vermächtnis von *Ramayana* und *Bha-*

gavadgita und an alle Prüfungen und Leiden, die er durchmachen musste, um die Unabhängigkeit zu erkämpfen.«

Dieser Gefühlsausbruch stammt aus *The Vendor of Sweets*. Und allzu lange hat man in Indien derlei Selbstzufriedenheit – die sich in diversen Formen äußert, meist in der nichtssagenden Mahnung, zur wahren Religion zurückzukehren, und in der Klage über den entschwundenen Gandhianismus: im mechanischen Drehen der Gebetsmühle – als Denken ausgegeben. Aber der Gandhianismus hatte seine große Zeit und heute reicht ein simples Bestehen auf der indischen Urvergangenheit allein nicht mehr aus. Das Erbe ist da und wird immer Indiens Erbe sein; aber jetzt wird sichtbar, dass es Teil der Vergangenheit, Teil der alten Welt ist. Und das Erbe hat unterdrückt: Für die Millionen war der Hinduismus keineswegs gut genug. Er hat uns tausend Jahre Unterwerfung und Stagnation gebracht. Er hat den Menschen keinerlei Vorstellung vom Vertrag mit anderen Menschen, keine Idee des Staates verschafft. Er hat ein Viertel der Bevölkerung versklavt und dafür gesorgt, dass die Bevölkerung insgesamt zersplittert und angreifbar war. Seine Philosophie des Rückzugs hat die Menschen geistig klein gehalten und sie nicht für Anforderungen gerüstet; sie hat jedes Wachstum im Keim erstickt. So hat sich in Indien die Geschichte endlos wiederholt: Angreifbarkeit, Unterwerfung, Rückzug. Und heute sind es nicht vierhundert Millionen, sondern eher schon siebenhundert Millionen.

Die unbeachteten Millionen haben sich vermehrt und lassen sich heute, wo sie in die Städte strömen, nicht mehr ignorieren. Die illegalen Hüttensiedlungen, in denen sie leben, werden abgerissen; aber sie sind bald wieder da, wie Strandgut, das die tägliche Flut am Rand der Städte und neben den Bahnlinien und den gewerblich genutzten Highways hinterlässt. Es war diese neue Nähe der Millionen, dieses unbekannte Indien auf dem Vormarsch, gepaart mit der Belanglosigkeit des indischen Denkens in nahezu allen Fragen – denn die intellektuellen Mängel der archaischen Kultur sind im Ausnahmezustand endlich offenbar geworden, weil Indien feststeckt, weil es außerstande ist, den Weg zu sehen, der vor ihm liegt, und die Veränderungen, die es zu guter Letzt hervorgebracht hat, in sich aufzunehmen und kreativ zu nutzen –, es war diese große Unsicherheit, dieses Bewusstsein einer elementaren, von unten kommenden Bewegung sowie ein fast abergläubisches Grauen vor diesem Land mit seinen beeindruckenden unvollendeten Ruinen – es war all dies zusammen, was den Akademiker in Delhi sagen ließ: »Es ist schrecklich, wenn man sieht, wie das eigene Lebenswerk zu Asche zerfällt.« Und seine Frau setzte hinzu: »Für den Mittelstand, für Leute, die leben wie wir, ist alles aus. Wir haben das Gefühl, die Welt geht unter.«

ZWEITER TEIL

Ein neuer Anspruch auf Land

III Wolkenkratzer und *chawls*

1

Es heißt, täglich kämen 1500 Menschen, etwa 350 Familien, neu nach Bombay, um sich dort anzusiedeln. Sie kommen vor allem vom Land und besitzen kaum etwas und in Bombay ist kein Raum für sie. Es ist ja kaum Raum für die Menschen, die bereits da sind. Die älteren Mietshäuser sind voll; die neuen Wolkenkratzer sind voll; die kleinen, niedrigen Hütten der illegalen Siedlungen an der Straße zum Flughafen stehen dicht an dicht. Bombay zeigt, dass es überfüllt ist. Die Stadt steht auf einer Insel und hat sich ohne jeden Plan entwickelt. Außer im Sperrgebiet an der Südspitze der Insel gibt es nur wenige Freiflächen; enge Wohnungen und Hitze treiben die Menschen in den vorhandenen öffentlichen Raum, meistens auf die Straßen; wer in Bombay ist, befindet sich daher beständig in einer Menschenmenge. Am Tage sind die Straßen hoffnungslos verstopft; nachts liegen die Gehwege voll mit schlafenden Menschen.

Vom Spätnachmittag bis zur Zeit des Abendessens flanieren im Parterre des Tadsch-Mahal-Hotels, das sich mittlerweile über einen ganzen Straßenblock erstreckt, Mittelstand und Schickeria (eigentlich nicht reich und schon gar nicht so reich wie die ausländischen Touristen) in der milden klimatisierten Luft an den Hotelgeschäften und -restaurants vorbei: eine elegante, beschützte Geschäftigkeit, durch den Hotel-Carport, die strengen Sikh- oder Gurkha-Pförtner, die Straße und die parkenden Autos getrennt vom dichteren Gewimmel der weiß gekleideten Menschenmenge am Gateway of India, wo die Luft voll Feuchtigkeit ist, der verschmutzte Indische Ozean gegen die Steinstufen klatscht und die Ratten unterhalb des großen Tores sich gar nicht verstohlen, sondern zwanglos unter die Menge mischen und bei Anbruch der Nacht miteinander spielen wie kleine Kaninchenjunge.

Manchmal, an Festtagen, sitzen oder stehen entkleidete Taucher, klein und dünn, wie sie sind, auf der Kaimauer und warten darauf, dass jemand sie auffordert, in das ölige Wasser zu tauchen. Manchmal hört man eine kleine Musikgruppe – indische Trommeln, westliche Trompeten – zu einer privaten religiösen Zeremonie aufspielen. Es wird zusehends Nacht; die Lichter der im Hafen liegenden Schiffe leuchten heller; die Lobby des Tadsch Mahal glitzert hinter ihrer Glaswand. Die weiße Menge – mit ihren vereinzelten roten, grünen oder gelben Sari-Tupfern – löst sich auf und dann bleiben rund um Gateway und Hotel nur noch die Schlafenden und die Bettler, genug, um immer mal wieder rasch einen Menschenstau zu schaffen, denn in diesem Stadtteil drängen sich Hotels und schwach erleuchtete Mietshäuser und Geschäfte und Büros und kleine Fabriken zusammen, und die warme Luft wirkt trotz des Meeres immer verbraucht.

Die Armen werden als Arbeitskräfte gebraucht, aber die Stadt wurde nicht gebaut, um sie aufzunehmen. In einem Bericht heißt es, auf den Gehwegen von Bombay schliefen hunderttausend Menschen, aber diese Zahl scheint zu niedrig gegriffen. Und die Bettler: gibt es in Bombay nur zwanzigtausend, wie der eine Zeitungsartikel behauptet, oder gibt es siebzigtausend, wie an einem anderen Tag gemeldet wird?

Wie groß ihre Zahl auch sein mag, heute findet man, dass es zu viele sind. Sogar die Idee des Bettlertums, das den Hindus so viel bedeutet, als einer Art religiösem Schauspiel, in dem das Wirken des Karmas vorgeführt wird, als Mahnung an die Pflicht gegenüber dem eigenen Selbst und dessen zukünftigem Leben, hat an Wert verloren. Und der Bettler in Bombay, der seine ungewöhnlichen Verstümmelungen zeigt – der Bettlermeister, der ihn erwarb, hat sie ihm in der Kindheit beigebracht, als Beweis für die Sünden, die der Junge in einem früheren Leben begangen hat –, muss nun entdecken, dass er unbilligerweise mehr Ärger als Ehrfurcht erregt. Die Bettler selbst vergessen, welche Funktion sie für den Hinduismus erfüllen, und belästigen auch Touristen. Und die Touristen missverstehen das Ganze und sehen im Betteln der wenigen das Betteln aller. Die Bettler sind zu einer Plage und Schande geworden. Da sie zu zahlreich sind, haben sie ihren Platz im Hindu-System eingebüßt und keinerlei Anspruch gegenüber anderen.

In Vijay Tendulkars Bühnenstück *The Vultures* von 1972 tadelt der Dichter seine weichherzige Schwägerin, weil sie ihm Tee bringt, »so verstohlen, wie man einem Bettler Almosen gibt«. Darauf erwidert sie, gekränkt: »An Bettlern vor unserer Tür war kein Mangel, warum sollte ich ihn dir als Almosen bringen.« Aber eine solche ritualisierte Haltung gegenüber dem Betteln scheint bereits in eine ruhigere Welt zu gehören. In Bombay wird davon geredet, man solle alle Bettler zusammentreiben, sie einpferchen, aus der Stadt weisen, irgendwo abladen, wo sie keiner mehr sieht, und sie nicht wieder hereinlassen. Mehr noch: Alle, ob hohen oder niederen Ranges, reden davon, man müsse die Stadt für geschlossen erklären, Arbeitsgenehmigungen ausgeben, Neuankömmlinge draußen halten. Nach allen anderen Großstädten Indiens fühlt sich nun auch Bombay erstmals im Zustand der Belagerung.

Das Gerede von Arbeitsgenehmigungen und Einlassschranken an den Stadtgrenzen ist reine Theorie und jeder weiß das. In ihm äußern sich lediglich Nervosität und Hilflosigkeit: Die Armen sind bereits im Besitz der Stadt und treiben sie in den Ruin. Diese halb indische, halb viktorianisch-neugotische Stadt mit den von den Briten hinterlassenen öffentlichen Gebäuden und Institutionen – neben dem Sportzentrum Gymkhana samt seiner großen Veranda und dem riesigen Kricket-Spielfeld zum Beispiel der Ripon Club, ein Herrenklub im Londoner Ledersesselstil für ältere Parsen (wo noch heute im Sekretariat ein Porträt der Königin Viktoria als junger Windsor-Witwe hängt) –, diese Stadt wurde nicht für die Armen, die Millionen gebaut. Doch ein Blick auf den Stadtplan zeigt, dass es eine Zeit gab, in der man sie hereingebeten hat.

Im Zentrum der Insel, auf der Bombay errichtet wurde, gibt es ein großes Gebiet, das auf dem Stadtplan mit den Worten »FABRIKEN FABRIKEN FABRIKEN« und »*chawls chawls chawls*« gekennzeichnet war. Die Fabriken brauchten Arbeiter – und brauchen sie noch immer und die Arbeiter wohnen oder sind untergebracht in diesen Werkshäusern, die man *chawls* nennt. Die Textilfabriken, von denen viele mittlerweile mit antiquierten Maschinen arbeiten, hätten eigentlich schon vor langer Zeit verlegt werden müssen. Dann hätte Bombay freier atmen können. Aber die stets verfügbaren Massen aus dem Fabrikviertel lassen sich für alle möglichen kommerziellen und politischen Interessen einsetzen und so werden die Fabriken bleiben.

Vor einiger Zeit war die Rede von einer »Zwillingsstadt« auf dem Festland, die Industrie und Menschen aus Bombay abziehen sollte. Der Plan fiel durch. Stattdessen schoss an der Südspitze der Insel, auf neuen, unter großen Kosten aufgeschütteten Flächen, eine Riesensiedlung aus Wohntürmen in die Höhe: phantasielose Betonmauern in einer von keinem Landschaftsgestalter bearbeiteten Wüste, wo an den noch ungepflasterten Straßen bereits die Hütten und Verkaufsstände der von der neuen Entwicklung angesaugten Armen standen. »Hier bist du ... KÖNIGIN FÜR DIE DAUER DEINES AUFENTHALTS«, heißt es im neuesten *Bombay Handbook* des amerikanischen Frauenverbandes AWA. »Dein Traum, Diener zu haben, könnte hier wahr werden.« Unterkunft gibt es nicht für die Armen, aber ständig werden sie gebraucht und immer wieder gerufen, sogar jetzt noch.

Obgleich Bombay von seinen Armen täglich mehr in den Ruin getrieben wird, erweckt der weltstädtische Glanz seiner Hochhäuser den Eindruck, dass es floriert, und besonders bei Nacht bietet es, von der Uferstraße aus gesehen, ein beeindruckendes Bild: Lichtertürme rund um den in der Mitte gelegenen Alptraum des Industriegebietes.

Die dortigen Hauptstraßen sind breit, in der Mitte feucht-schwarz und durch den Verkehr gesäubert, erdfarben dagegen an den Rändern, wo das Leben der Gehwege auf die Straße überschwappt, sogar an einem entspannten Sonntagmorgen noch vor der eigentlichen Hitze und dem gleißenden Sonnenlicht und bevor der Verkehr zunimmt und die heiße Luft vom braunen Qualm der Doppeldeckerbusse ganz körnig ist: Schon spürt man die Massen im Voraus, die emsigen schlanken Beine, die gigantische Rührigkeit der Menschen hinter den ramponierten Geschäftsfassaden, die man sieht, und in den Seitenstraßen, die man nicht sieht, und die Leute, die auf der Suche nach Raum ins Freie kommen.

Zunächst scheint es, als habe diese Gegend einmal bessere Tage gesehen. Die Geschäftshäuser sind groß und sehr stilvoll. Aber trotz aller indischen Verzierung der Fassaden – aufgehende Sonne, indo-arische Swastika für Glück, Sanskrit-Schriftzeichen *om* für Heiligkeit – sollten diese Gebäude nie etwas anderes sein, als das, was sie sind, und nur der Bevölkerung dienen, der sie dienen. Das gilt auch für die *chawls*, die in manchen Straßen an die gediegenen Stadthäuser einer weniger hektischen Zeit erinnern können, aber neuer sind, als sie aussehen; sie wurden zum Teil in den dreißiger und vierziger Jahren gebaut und auch so spät noch als *chawls* konzipiert, als minderwertige Billigunterkünfte für Fabrikarbeiter, ein Raum pro Familie, städtisches Äquivalent der Baracken oder »Wohnketten« auf den Plantagen und im Bombay des zwanzigsten Jahrhunderts das Äquivalent der »back-to-back«-Reihenhäuser in den Arbeitervierteln des frühindustriellen England.

Die *chawls* sind vier oder fünf Stockwerke hoch und jede Etage ist gleich angeordnet: Einraumwohnungen, die auf einen zentralen Gang hinausgehen, an dessen Ende sich Waschgelegenheiten und Toiletten befinden. Indische Familien werden schnell größer und es kann sein, dass in einem Zimmer acht Personen leben; außerdem können, wie in Dostojewskis St. Petersburg, »Ecken« vermietet sein oder Stücke vom Fußboden, oder die Menschen schlafen in Schichten. Ein Zimmer im *chawl* ist nur eine Basis; das *chawl*-Leben spielt sich im Freien ab, in den Räumen zwischen den Gebäuden, auf den Gehwegen, den Straßen. In einem kühleren Klima mag eine gleich große Menschenmenge weniger bedrängend sein, stärker zerstreut und hinter Türen versteckt. Aber die Massen von Bombay zerstreuen sich eigentlich nie.

Freilich: die *chawls* haben WC. In einem *chawl* zu wohnen heißt, etabliert zu sein. Doch in den Nischen und Spalten dieser Industriezone gibt es, wie überall in Indien, eine andere, noch tiefere menschliche Stufe, auf der sich alle, für die kein Raum da ist, selbst ihren Raum geschaffen haben. Sie haben illegale Siedlungen gegründet, Kolonien der Besitzlosen. Und ebenso wie die Bewohner der *chawls* haben sie noch etwas mehr getan: Im Laufe der letzten zehn Jahre haben sie aus den Resten einer zur Legende vereinfachten Vergangenheit und aus dem zerbröckelnden Hindu-System so etwas wie eine neue Religion entwickelt und sich zu Angehörigen einer »Armee« erklärt, und zwar der Shiv Sena, der Shiva-Armee. Nicht des Gottes Schiwa, sondern des Anführers der Marathen-Verbände namens Shivaji, der im 17. Jahrhundert gegen die Mogulherrschaft antrat und die

Marathen, die Bewohner der Region um Bombay, für ein Jahrhundert zu einer indischen Großmacht erhob.

Die Macht der Marathen war im Wesentlichen destruktiv und Teil jenes indischen Chaos, das den Briten im achtzehnten Jahrhundert die Aufrichtung ihrer Herrschaft erleichterte. Doch in Bombay ist sie unumstritten. Shivaji wird heute zum Gott erhoben; er ist der unwirkliche Kriegsgott der *chawls*. Der ihm gewidmete Kult, der in der Shiv Sena seinen Ausdruck gefunden hat, verwandelt den Traum vom Kriegsruhm in ein Zugehörigkeitsgefühl und verschafft denen, die keine Behausungen haben, eine Vorstellung von den Möglichkeiten des Menschen. Und dank der Shiv Sena bringt er ihnen so etwas wie Macht. Die vor kurzem errichtete Reiterstatue, die vor dem Tadsch-Mahal-Hotel steht und am Gateway of India vorbei aufs Meer blickt, stellt Shivaji dar. Sie ist Sinnbild der Macht der Sena, der Macht der *chawls* und der Gehwege und illegalen Siedlungen, der Bewohner der Straßen, die – bis zur Ausrufung des Ausnahmezustands – anfingen, die Straßen zu beherrschen. Auf allen Ladenschildern von Bombay sieht man, wenn sie nicht ohnehin schon in zwei Sprachen verfasst sind, die englischen Namen oder Berufsbezeichnungen in indischer *nagari*-Umschrift. Als die Sena die entsprechende Parole ausgab, war über Nacht alles geschehen; was die Sena sagte, hatte mehr Wirkung als jedes regierungsamtliche Dekret.

Die Sena-»Armee« ist fremdenfeindlich. Ihr zufolge gehört Maharashtra, das Land der Marathen, allein den Maharashtranern. Der Regierung hat sie die Zusage abgerungen, dass achtzig Prozent der Arbeitsplätze den Maharashtranern vorbehalten sind. Nach Ansicht der Regierung soll jeder, der fünfzehn Jahre in Bombay oder Maharashtra gelebt hat, als Maharashtraner gelten. Aber die Sena weist das zurück: Nein, Maharashtraner ist nur, wessen Eltern Maharashtraner sind. Wegen ihrer Fremdenfeindlichkeit, ihrer anfänglichen Verfolgung indischer Siedler in Bombay und des theatralischen Gebarens ihres Anführers – eines gescheiterten Karikaturisten, der angeblich für Hitler schwärmt – wird die Sena häufig als »faschistisch« bezeichnet.

Aber das ist ein allzu bequemer Importbegriff. Die Shiv Sena hat ihre eigenen indischen Vorläufer. In diesem Teil Indiens gab es in der frühen Unabhängigkeitsbewegung der Vor-Gandhi-Zeit einen Shivaji-Kult. Nach der Unabhängigkeit kam es unter den Unberührbaren zu einer Massenkonversion zum Buddhismus. Seinen Stolz bekunden, zum Aussteiger werden, sich zur Gruppe zusammenfinden: Genau diesem Muster folgen solche Bewegungen unter den Enteigneten oder Erniedrigten.

In ihrer heutigen Form ist die Shiv Sena typisch für Indien, für das unabhängige Indien, und typisch für die Industriestadt Bombay. Wie andere in jüngerer Zeit entstandene Bewegungen des Landes ist die Sena, obgleich weitaus positiver als die meisten – unendlich positiver jedenfalls als die heute verbotene *Anand Marg. The Way of Peace*, die Kastenwesen, Hindu-Religiosität und gewaltsame Machtergreifung predigte und das alles mit Ritualmord und Verstümmelung und mit Homosexualität mischte (begehrten Neulingen wurde manchmal eingeredet, sie seien in einem früheren Leben Mädchen gewesen) –, eine große Ausstiegsbewegung: nicht aus Indien, sondern aus einem Hindu-System, das unter heutigen Bedingungen, unter den Bedingungen der Industriestadt Bombay, endgültig als inadäquat empfunden wird. Zum Teil ist sie eine Umarbeitung des Hindu-Systems. Menschen wollen kein Chaos; unaufhörlich versuchen sie, ihre Welt umzugestalten; sie greifen nach den Ideen, die da sind und zu ihren Bedürfnissen passen.

Am besagten Sonntagmorgen fuhren wir zu einer illegalen Siedlung im Gebiet der *chawls*. Irgendwo ließen wir das Auto stehen und fuhren mit dem Bus weiter. Ich hatte Glück mit meinem Führer. Er war eine Ausnahme in Indien, als Mensch mehr noch denn als Ingenieur, der er von Beruf war. Sein technisches Können verband sich mit den Tugenden einer alten Kultur, mit einem philosophisch gestimmten Denken, einem klarsichtigen und nie sentimentalen Interesse am Schicksal seines Landes, einem rückhaltlosen und unindischen Ja zu den Menschen als Menschen.

Aber er war Ingenieur und immer realistisch: Er entwarf kein Bild eines umgestalteten Bombay, kein Bild vom Niederreißen der *chawls* und Hüttensiedlungen und von akzeptableren neuen Behausungen für die Arbeiter. Dazu hatte Indien einfach nicht die Mittel. Die Zukunft seiner Städte hatte schon begonnen und war da, in diesen Hüttensiedlungen, diesen spontan entstandenen Gemeinschaften. Alles, was die Behörden beisteuern konnten, waren Dienstleistungen, Regelungen, die etwas verbesserten, Sicherheitsmaßnahmen. Die Hüttensiedlungen wären dann letztlich geplant. Nur so bekämen die Armen ein Dach über dem Kopf. Aber dass sie dies überhaupt bekommen sollten, wurde in Bombay noch nicht von allen akzeptiert. Der Vorschlag, den Armen in der geplanten Zwillingsstadt etwa fünfundzwanzig Quadratmeter große Baugrundstücke zu geben, war auf den Widerstand von Vertretern der Mittelschichten gestoßen, die ihn mit zweierlei Begründungen ablehnten: einer sozialen – sie wollten die Armen nicht in ihrer Nähe haben – und einer moralischen – die Armen würden die Grundstücke *mit Gewinn* verkaufen und nach dieser unsittlichen Profitmacherei weiter dort leben, wo sie immer gelebt hatten, nämlich auf den Straßen.

Der Ingenieur stammte aus Bombay, war aber kein Maharashtraner und daher eigentlich nicht Anhänger der Shiv Sena. Allein sein Interesse an der Wohnungsbeschaffung für die städtischen Armen hatte ihn bewegt, etwa eine Woche lang bei den illegalen Siedlern der Fabrikzone zu leben und jeden Morgen zusammen mit ihnen Schlange zu stehen, wenn er sein Wasser bekommen und die Latrine benutzen wollte. Dabei hatte er ein paar einfache, aber wichtige Dinge entdeckt. Gebraucht wurden gemeinschaftliche Waschräume: Die Frauen verbrachten eine Menge Zeit mit Kleiderwaschen (vielleicht, weil sie nur so wenige hatten). Unrealisierbar waren private Aborte, aber Gemeinschaftslatrinen (die die Kommune bereitstellen konnte) würden die hygienischen Bedingungen umgehend verbessern, auch wenn die Kinder ihre Notdurft immer noch im Freien verrichten müssten.

Die wichtigste Entdeckung jedoch bestand in Umfang und Art der von der Shiv Sena ausgeübten Kontrolle. Eine illegale Siedlung, ein geduckter, dicht gedrängter Haufen aus Lehm und Blech und Dachziegeln und alten Brettern, mag die Vorstellung von einem zufälligen Dahintreiben menschlichen Mülls auf einer unbebauten städtischen Fläche wecken, aber hier bestand Aussicht auf eine feste Organisation des Ganzen. Die Siedlung, in der der Ingenieur sich aufgehalten hatte und die wir an diesem Morgen besuchten, hatte zahlreiche Sena-»Komitees« und diese Komitees beschäftigten sich, neben der Sena-Politik, auch mit der Selbstverwaltung der Gemeinde: Hier übertrugen Industriearbeiter zum ersten Mal etwas von der Fabrikdisziplin auf ihre Wohngebiete.

Die aus der Mittelschicht stammende Führung der Sena mochte von Kriegsruhm reden und von politischer Macht träumen. Hier, auf der unteren Ebene, wo der Mut der Verzweiflung herrschte, war die Sena etwas anderes geworden: eine Sehnsucht nach Gemeinschaft, ein Ideal der Selbsthilfe, das Tun von Menschen, die Nein zu dem ihnen geltenden Nein sagen. »Ich liebe das Leben in der Gemeinde.« Das hatte Gandhi schon früh gesagt, aber die Gemeindedisziplin gehörte zu jenen gandhischen Themen, die Indien weder mit der Religion noch mit der Unabhängigkeitsbewegung zu verknüpfen verstand und deshalb nie eingefordert hatte. Erst die Sena hatte das Gemeindebedürfnis, das mit der Unabhängigkeit, der industriellen Revolution und dem Druck der Bevölkerung dringlich geworden war, gleichsam ritualisiert.

Der Bus hielt und wir standen direkt vor der Siedlung. Sie lag auf einem kleinen, felsigen Hügel oberhalb eines Friedhofs, der vom Monsunregen über und über grün geworden war; in der Ferne sah man die weißen Wolkenkratzer des südlichen Bombay. Zu beiden Seiten der schmalen Zufahrtsstraße standen Latrinenanlagen und kleine Waschhäuser. Die Ersteren hatten keine Türen und in der Mitte des Betonfußbodens verlief eine weiß geflieste Abflussrinne. Sie seien neu, sagte der Ingenieur: Der verantwortliche Shiv-Sena-Gemeinderat hatte eindeutig etwas erreicht. In einem der Waschhäuser badeten Kinder; im anderen wuschen Frauen und Mädchen Kleidungsstücke.

Die Zufahrtsstraße war mit Absicht schmal angelegt, um Lastkarren und Autos fernzuhalten. Und drinnen wurde mit einem Mal der Raum knapp. Die Behausungen waren niedrig, extrem niedrig, durch kleine Türen ging es in ein einziges winziges, dunkles Zimmer und jeder zweite Bau war offenbar ein kleiner Laden, und hin und wieder erhaschte man einen Blick auf jemanden, der auf einem Gurtbett auf dem blanken Erdboden lag. Die Menschen und ihre Bedürfnisse waren geschrumpft. Aber die kleine Straße war gepflastert und hatte zu beiden Seiten Rinnsteine aus Beton; ohne die Pflasterung – die gleichfalls neu war – wäre diese Straße, die sich den Hang hinunterschlängelte, ein einziger Exkrementenbach gewesen. Und an diesem Sonntagmorgen sahen Straße und Rinnsteine sauber aus. Vieles hing, so der Ingenieur, vom »Eifer« des städtischen Straßenfegers ab. Kasten an diesem Ort! Die Parias der Parias: eine weitere, noch tiefer gelegene menschliche Stufe, die irgendwo versteckt war!

In der Siedlung gab es acht Versammlungsräume für Shiv-Sena-Komitees. Der eine, zu dem wir uns begaben, lag an der Hauptstraße. Es war ein stickiger kleiner Schuppen mit

Wellblechdach, aber die gestampfte Erde, die der Ingenieur in Erinnerung hatte, war mittlerweile einem Betonfußboden gewichen und die früher unverputzten Ziegelwände waren verputzt und weiß getüncht. Ein einziges Porträt hing an der Wand. Und interessanterweise zeigte es weder den Shiv-Sena-Führer noch Shivaji, den Kriegsgott der Sena, sondern den längst verstorbenen Dr. Ambedkar, den politischen Führer der Unberührbaren in Maharashtra und Justizminister der ersten Regierung des unabhängigen Indiens, der die jetzt außer Kraft gesetzte indische Verfassung entworfen hatte. Volksnahe und zumal schwärmerische Bewegungen wie die Shiv Sena verleihen vielen verschiedenen Bedürfnissen rituelle Form. Diese Sena, die einen zornigen und (trotz seiner hohen Stellung) unterlegenen Mann ehrte, schien sehr verschieden von derjenigen, von der die Zeitungen berichteten.

Alle Mitglieder des Komitees waren jung, zwischen zwanzig und dreißig. Die Älteren, so erzählten sie, seien desinteressiert, man könne sie vergessen. Aber noch auffälliger und anrührender als ihre Jugend war ihre Körpergröße. Wie klein sie waren: im Durchschnitt nicht größer als etwa ein Meter fünfzig. Generationenlange Unterernährung hatte Körper und Muskulatur nach und nach reduziert (nur einer der Männer hatte, vielleicht auf Grund seiner besonderen körperlichen Arbeit, einigermaßen gut entwickelte Arm- und Rückenmuskeln).

Der Leiter des Komitees hatte grobe Gesichtszüge und dunkle, fast schwarze Haut. Er arbeitete als Techniker bei Air India und war im Sonntagsstaat. Er trug graue Hosen mit sauberer Bügelfalte und über einem beginnenden kleinen Honoratiorenbauch glänzte ein weißes Synthetikhemd. Sofort nach der Begrüßung erwies er uns die typisch indische Gastfreundschaft und flüsterte einem Gehilfen etwas von »Cola« zu. Und im Nu kamen – zweifellos aus einem der kleinen Läden – zwei warme Colaflaschen. Erneutes

Geflüster, und wenig später tauchten, vielleicht aus irgendeinem Zimmer stiebitzt, zwei mit roten Arabesken verzierte Trinkbecher auf.

Die Cola war ein Getränk mit chemischen Zusätzen, das mehr zur Analyse als zum Verzehr einlud. Aber Verzehr war gar nicht nötig. Schon das erste Schlückchen erfüllte die Höflichkeitsformen und bald waren wir draußen, gingen die Straßen entlang, begriffen die Lilliput-ähnliche Vollständigkeit der Siedlung (in einer der Hütten stand sogar ein handbetriebener Drucker, der Kinokarten ausgab), traten hin und wieder am Hügelkamm ins Freie, blickten hinab auf die Dächer aus rostendem Blech oder rot glänzenden Mangalore-Ziegeln, die wir neben dem Friedhof unter uns liegen gelassen hatten, und schauten zu den fernen Wolkenkratzern hinüber, die allmählich in der zunehmenden Hitze verblassten.

Der Techniker, der Leiter des Komitees, lebte seit fünfzehn Jahren in Bombay und seit zwölf Jahren in der illegalen Siedlung. Als Junge war er vom Land gekommen und hatte zunächst bei einem Bekannten gewohnt und das konnte nur heißen, auch wenn er es nicht sagte, dass er in einem Zimmer ein Stück vom Fußboden bekam. Irgendwo fand er eine kleine Beschäftigung, besuchte die Abendschule und machte »Abitur«. Der große Durchbruch kam, als er danach bei Air India als Bürogehilfe anfing. Diese Fluggesellschaft ist wohl von allen indischen Institutionen die unbürokratischste: Der ehrgeizige Bürojunge wurde ermutigt, eine Technikerlehre zu absolvieren.

Diese fast viktorianische Geschichte von Selbsthilfe und Erfolg wurde während des Gehens vor uns ausgebreitet. Doch eine solche Selbsthilfe war nur denkbar in der Industriestadt, wie schrecklich sie sonst auch sein mochte. Wäre dieser Techniker in seinem Dorf geblieben, so wäre er wahrscheinlich ein Nichts gewesen, ein Mensch ohne Kaste, Fertigkeiten oder Land, ein Gelegenheitsarbeiter, vielleicht sogar an einen Herrn gekettet. So aber verschafften ihm Air India und Shiv Sena gemeinsam Tatkraft und Ziel. Nach seinen Worten hatte er keine persönlichen Ambitionen; er habe nicht vor, die Siedlung zu verlassen. Und dann setzte er, erstmals mit einem Anflug von Phrase, aber vielleicht auch ganz aufrichtig, hinzu, er wolle »dem Volk dienen«. Hier, das müssten wir sehen: An den Straßen hatten die Komitees Papierkörbe aufgestellt. Und er hob einen oder zwei Deckel hoch und zeigte uns, dass sie benutzt wurden.

Doch der Slum war ein Slum. Papierkörbe waren nur Papierkörbe; Latrinen und Waschräume lagen jetzt in der Ferne. Die Schlängelstraßen zogen sich hin, ließen keine Luft herein, stauten die Hitze und der kleine Hang wirkte, nachdem der überraschende Lilliput-Effekt vorbei war, wie ein riesiges Wespennest aus winzigen dunklen Kammern, oftmals nicht mehr als Verschläge mit nichts als einem Bett auf dem nackten Erdboden, hier und da kleine, schwarze Dreckrinnen zwischen ihnen und gelegentlich geschwächte Ratten, die sich mühselig die Rinnsteine hocharbeiteten, denn diese waren an steileren Stellen glitschig, und um Abfall herum, der im Weg lag, bildete sich im Handumdrehen schmutziger Schaum.

Das sei der Sonntag, erklärte der Techniker, die Straßenfeger waren nicht da gewesen. Schon wieder! Die Straßenfeger, die Untersten der Unteren: allein ihre Existenz und ihr Ja zu ihrer Rolle, dieser ureigene Fluch Indiens, der selbst hier – und trotz des Porträts von Dr. Ambedkar, das in dem nun weit unter uns liegenden Versammlungsraum des Komitees hing – den Glauben der Inder, dass Reinigen etwas Unreines ist, bestärkte und zu den grauenhaften Zuständen führte, auf die wir als Nächstes stoßen sollten.

Acht Komitees gab es und auf den ersten Blick schienen das zu viele für diese kleine Siedlung zu sein. Aber acht reichten ganz offenkundig nicht aus. Ein paar Sektoren der Siedlung hatten aus unterschiedlichen Gründen – vielleicht interne politische Ursachen, vielleicht Unverträglichkeit zwischen Personen, vielleicht auch einfach Mangel an interessierten jungen Männern – bislang noch gar kein Komitee. Wir durchquerten sie schweigend, suchten uns vorsichtig unseren Weg zwischen Spritzern, Stumpen und Kringeln menschlicher Exkremente. Reinigen war unrein; unrein war schon die bloße Wahrnehmung des Schmutzes. Das Beseitigen der Exkremente oblag den Straßenfegern, und solange diese nicht kamen, lebten die Menschen bereitwillig inmitten der eigenen Fäkalien.

Jede Freifläche war eine Latrine und an einer solchen Stelle stießen wir plötzlich auf eine Höllenvision. Zwei ausgehungerte Straßenkühe waren dort angebunden und stampften die eigenen Exkremente unter die der Menschen und in diesem Augenblick wurden sie von zwei ausgehungerten Frauen aus der Kloake herausgezerrt, unter den aufmunternden Zurufen vieler Nachbarn, die sich um diese Szene einsamer, schwacher Hysterie scharten, im Theaterrund um eine Kotbühne, auf der die verängstigten Kühe und die hektischen, unterernährten Frauen (nackte Haut und Knochen unter den verrutschten, fleckigen Saris) mit jedem Schritt und jedem Ruck tiefer einsanken. Das Halten von Kühen war hier illegal und angeblich sollte irgendein Inspektor kommen. Ein immer wiederkehrendes Drama: Die Kühe – illegal, aber der einzige Lebensunterhalt der Frauen, die sie hielten – mussten häufig versteckt werden und eben jetzt sollten sie versteckt werden, vorausgesetzt, es gelänge den Frauen, sie rechtzeitig wegzuschaffen, in ihre Wohnräume.

Die Straße machte eine Biegung; die Szene blieb hinter uns. Wir gingen auf der anderen Seite des Hügels wieder hinunter und waren bald in einem Sektor, in dem ein Komitee regierte. Wir überquerten eine Freifläche, einen kleinen Platz. Die Komitees, erklärte der Techniker, wollten diese Flächen unbedingt frei halten; aber man musste sehr aufpassen. Die Hütte eines illegalen Siedlers konnte über

Nacht errichtet sein und dann fiel es schwer – weil ja alle Hütten illegal waren –, ausgerechnet diese abreißen zu lassen. Einmal, so der Techniker, als er nur drei Tage lang nicht in der Siedlung war, hatte man eine kleine Fläche zugebaut. Sie hätten einen Antrag auf Abriss der neuen Behausung gestellt, aber der Übeltäter habe die Komitees so inständig angefleht, dass sie am Ende aus lauter Mitleid die Behausung stehen ließen.

Mittlerweile waren wir wieder dort angelangt, von wo wir gestartet waren, beim Eingang am Fuß des Hügels, bei den kleinen Waschhäusern, in denen es von Frauen und Mädchen, und den Latrinen, in denen es von Kindern wimmelte: von außen, von der breiten Hauptstraße her gesehen nichts als Slumleben, aber wenn man von der anderen Seite kam, fast eine Idylle und ein Beweis für das, was möglich war.

Die Sena-Männer begleiteten uns zur Bushaltestelle. Von dort sah der Hügel mit seinen unterschiedlichen Dächern, die wie ein einziges durchgehendes Dach wirkten, wieder klein aus. Die Siedlung sei voll, sagte der Techniker. Neue Siedler nähmen sie zurzeit nicht mehr auf. Manchmal, aber selten, gehe jemand weg, dann könne man seine Hütte an einen Außenstehenden verkaufen. Der jetzige Preis belaufe sich auf etwa viertausend Rupien oder vierhundert Dollar. Das war viel, aber das Wohngebiet lag zentral und die Siedlung war erschlossen.

Die Mittagssonne stach; die sonntäglich leergefegte Straße glänzte. Der Bus schien lange auf sich warten zu lassen, aber schließlich kam er, heißen braunen Dunst hinter sich her ziehend, ein roter Bombay-typischer Doppeldecker; die untere Partie seiner metallenen Seitenwände war ölbespritzt und voller Staub, hatte tiefe horizontale Schrammen und seltsame Beulen, wie Alufolie, die man erst zerknüllt und dann wieder glatt gestrichen hat.

Dann ging es zurück durch die *chawls*, wo unser Bus sich unter eine immer größere Zahl seiner rauchenden Kollegen mischte, wo die Hauptstraßen schwarz und die Gehwege voller Leben waren, wo die Kinoplakate Phantasiebilder von drallen Frauen und verschneiten Himalaja-Gipfeln präsentierten, wo an den vollgepackten, sonnenbeschienenen Fassaden der Geschäftshäuser zahlreiche Reklameschilder leuchteten, vorbei an den Fabriken und Schornsteinen, über die Stadtautobahnen mit der eher weltstädtischen Reklame (à la: »butter at its buttermost«) bis zu den Wolkenkratzern und zum Meer: hinein ins Bombay der weißen Türme, das wir von jenem Hügel aus, der nun schon ganz weit weg schien, gesehen hatten.

2

Am selben Abend beim Essen – hoch oben in einem der Türme – sprach ein Journalist erregt von vielerlei Dingen (solange die Pressezensur andauerte, wollte er nicht schreiben, und so kam alles mündlich heraus) und berührte dabei auch das Thema Identität. »Inder«, sagte er, sei mittlerweile ein Wort ohne jede Bedeutung. Auch er – ein Mann in den Dreißigern aus der Generation nach der Unabhängigkeitserklärung – wisse nicht mehr, wer er sei; er wisse nichts von den Hindu-Göttern. Seine Großmutter sei, wenn sie die Tempelanlagen von Khajuraho oder einen anderen berühmten Tempel besuche, sofort im Einklang mit dem, was sie sehe; ihr brauche man nicht erst zu erklären, was die Bildwerke bedeuten. Er dagegen sei wie ein Tourist; er sehe einfach nur ein Baudenkmal. Er habe den Schlüssel zu einer ganzen Welt des Glaubens und Empfindens verloren und sei von seiner Vergangenheit abgeschnitten.

Im ersten Augenblick, und vor allem nach meinem Ausflug am Vormittag, wirkte dieses Gerede von der Identität auf mich unernst und narzisstisch. Bombay war schließlich Bombay; jedermann wusste, wie und warum er hierhergelangt war und woher er kam. Aber dann merkte ich, dass ich ein falsches Urteil über den Journalisten gefällt hatte. Was er sagte, war gar nicht unernst; sein Gefühlsausbruch war echt.

Vor langer Zeit, sagte der Journalist und durchschnitt das quer über den Esstisch geführte Gespräch – eine der Frauen kam ohne jeden Anlass auf Flaubert zu sprechen, nur um ihn als unbedeutenden Schriftsteller abzutun; ein geistesabwesender Werbefachmann, jung, aber schon mit einem hübschen Bäuchlein, erwachte zum Leben, um gleichfalls ohne jeden Anlass zu fragen, ob nicht die gemäßigten Klimafreuden Kaschmirs an die von der Sonne ausgedörrten Araber am Persischen Golf »verkauft« werden könnten –, vor langer Zeit, sagte der Journalist, war das indische Dorf autark und wohlgeordnet. Der Ochse zog den Pflug und die Kuh gab Milch und der Kot dieser Tiere düngte die Felder und die Halme, die bei der reichlichen Ernte abfielen, ernährten das Vieh und deckten die Dächer der Hütten. Das war die gute Zeit. Aber die Autarkie hielt sich nicht, weil irgendwann zu viele Menschen da waren. »Es sagt sich nicht leicht«, meinte der Journalist, »aber eben hier kann Freundlichkeit gegen den Einzelnen identisch sein mit Herzlosigkeit gegen das ganze Volk.«

Das erklärte seine Erregung. In seiner Idee von Indien war Indien nicht unterzubringen. Bei aller scheinbaren Größe entsprach sie nur einem persönlichen Bedürfnis: dem Bedürfnis, trotz Indiens verfahrener Lage dennoch Inder zu sein, einem fest gegründeten Land mit einer fest gegründeten Vergangenheit anzugehören. Und der Journalist war unsicher. Er war als Inder noch nicht sicher genug, um die indische Identität als etwas Dynamisches denken zu können, als etwas, das jene Millionen auf dem Vormarsch, jene Menschen, die die Städte in den Ruin trieben, zu integrieren vermochte.

Für den Journalisten – immerhin ein Wirtschaftsfachmann, der gereist war und beruflich mit Entwicklung und Wandel zu tun hatte – war indische Identität nicht etwas, das sich entwickelt und wandelt, sondern etwas Erstarrtes, eine Idealisierung der eigenen Herkunft, der Vergangenheit, die er seiner Ansicht nach verloren hatte. Identität hing zusammen mit einer Reihe von Glaubensüberzeugungen und Ritualen, mit einem Wissen von den Göttern, einem Regelkanon, einer ganzen Kultur. Verlust der Vergangenheit hieß Verlust dieser Kultur, Verlust einer Grundidee von Indien und deshalb – bei einem nationalistisch denkenden Mann – Verlust eines Handlungsmotivs. Dieser Verlust gehörte zu jenem Gefühl der Ziellosigkeit, von dem viele Inder sprachen, zu einer Sehnsucht nach den Tagen Gandhis, als die Idee Indiens Realität hatte und voller Verheißung steckte und sonnenklar schien, was »moralisch« war.

Zu tragen hatte diesen Verlust jedoch der Mittelstand, all jene, deren Nationalismus – nach der jahrelangen Unterwerfung – sie nötigte, eine Idee von Indien zu haben. Weiter unten, in den *chawls* und den illegalen Siedlungen der Stadt, unter den Besitzlosen, ging es um eher elementare Bedürfnisse: Nahrung, Obdach, Wasser, ein Abort. Hier war Identität kein Problem, sondern eine Entdeckung. Identität war das, was die jungen Männer der Sena mit den einfachen Grundsätzen ihrer Politik und mit ihren Heldenfiguren anstrebten (mit Shivaji, dem Kriegerkönig aus dem siebzehnten Jahrhundert, der zum Kriegsgott wurde, und mit Dr. Ambedkar aus dem zwanzigsten Jahrhundert, der jetzt nur als Heiliger unberührbar war). Für die Männer der Sena und die Menschen, die sie anführten, war die Welt neu; sie sahen sich an einem Anfang: als Menschen ohne Unterkunft, die zum ersten Mal Anspruch auf ihr Land erhoben und aus dem Chaos eine eigene Philosophie der Gemeinschaft und Selbsthilfe entwickelten. Für sie war die Vergangenheit tot; sie hatten sie in den Dörfern zurückgelassen.

Und täglich wuchs ihre Zahl in den Städten. Täglich kamen sie aus den Dörfern, dieses unbekannte, nicht anerkannte Indien, obgleich Bombay voll war und man viele illegale Siedlungen, wie etwa jene auf dem Hügel oberhalb des Friedhofs, für geschlossen erklärte.

IV Das Kornhaus

1

Der Ingenieur, der mich zu der illegalen Siedlung in Bombay gebracht hatte, arbeitete auch an einem genossenschaftlichen Bewässerungsprojekt auf der Hochebene von Dekkan, mehrere Kilometer südöstlich von Poona, mit. In Indien, wo fast alle Welt erst einmal auf die Regierung wartet, war ein solches privates Projekt, das die Bauern selbst in die Hand genommen hatten, etwas Neues und Ermutigendes, und irgendwann fuhr ich mit dem Ingenieur dorthin, um es mir anzuschauen.

Ich traf ihn in Poona, wohin ich von Bombay aus mit dem Frühmorgenzug, dem Zug der Geschäftsleute, fuhr, der den Namen Deccan Queen trug. Es gab keinen Waggon mit Klimaanlage; aber an diesem regnerischen Monsunmorgen brauchte man keinen indischen Staub fernzuhalten. Nur wenige der Deckenventilatoren waren in Betrieb und bald schon musste man das aluminiumgerahmte Fenster herunterlassen, um nicht ins Frösteln zu geraten. Regen und Wolkendunst über den Festlandausläufern von Groß-Bombay; Sumpf und frisches grünes Gras in einem Land, das sich offenkundig wieder in Wildnis verwandelte; hier und da Fabrikschornsteine und vereinzelte schwarze Wohnblocks, die in der Feuchtigkeit zu verrotten schienen; die Hüttensiedlungen neben der Eisenbahnstrecke waren völlig durchnässt, als wollten sich die Lehmwände und grauen Reetdächer im Schlamm und in den braunen Pfützen der ungepflasterten

Straßen auflösen, und nur die nackten Glühbirnen an den Ständen, wo es Tee gab, vermittelten so etwas wie morgendliche Munterkeit.

Dann aber verblasste Bombay. Und Sumpf war Sumpf, bis das Land schließlich unebener wurde und in den Senken einzelne Sumpfflächen zu unregelmäßig geformten kleinen Reisfeldern eingedämmt waren. Die Landschaft wurde kahl und stieg über glatte, runde Bergkuppen zur Hochebene an, schwarze Gesteinsbrocken schimmerten durch die dünne Decke aus Monsungrün hindurch, durch jenes feine Gras, das in den ersten drei Regentagen wächst und diesen steinigen, baumlosen *ghats* das Aussehen einer Parklandschaft in gemäßigtem Klima verleiht.

Vom Zug aus ist es nicht zu sehen, aber die Region um Bombay und Poona gehört zu den größten Industriezonen Indiens. Poona, das hoch oben auf den Westghats, am Rande der Hochebene liegt, ist noch heute die Garnisonsstadt, die es schon zur Zeit der Briten und davor, zur Zeit der ruhmreichen Marathen, gewesen ist, noch immer die grüne, belaubte Urlaubsstadt für Menschen, die der Feuchtigkeit des Küstenlandes um Bombay entkommen möchten. Aber zugleich ist es, ganz ohne bedrückend zu wirken, ein expandierendes Industriezentrum. Ordentlich angelegte Industriegebiete breiten sich dort aus, wo ich noch dreizehn Jahre zuvor, bei meiner ersten Reise, unfruchtbare, öde Freiflächen gesehen hatte. In diesen Gebieten hat man ein wenig aufgeforstet und es heißt, die Niederschlagsmenge habe sich verbessert.

Die Hochebene um Poona herum wirkt heute in Teilen wie ein neues Land, ein neuer Kontinent. Sie bietet Raum, der nicht schon vollgestellt ist, und solchen Raum, so sagen die Fabrik- und Maschinenbauer, können sie gut gebrauchen; nach ihren Worten bauen sie für das einundzwanzigste Jahrhundert. Inmitten des allgemeinen Zweifels ist ihr Selbstvertrauen umwerfend. Aber so ist es in Indien: Die Macher sind stets enthusiastisch. Und das industrielle Indien ist Welten entfernt vom Indien der Bürokraten und Journalisten und Theoretiker. Die Menschen, die Maschinen herstellen und benutzen – und Indiens industrielle Revolution ist zunehmend indisch geprägt, weil immer mehr Maschinen im Land selbst produziert werden –, sonnen sich in ihren neuen Fertigkeiten. In Indien ist Industrie nicht das, was sie angeblich in anderen Teilen der Welt ist. Sie hat ihre Schrecken, aber Gandhi zum Trotz fehlt ihr – im indischen Kontext – das Entmenschlichende. Industriearbeit ist in Indien mehr als nur Arbeit. Menschen, die mit neuen Maschinen umgehen und technische Fertigkeiten einsetzen, die für sie etwas Neues sind, können sich als Menschen, als Individuen entdecken.

Sie gehören zu den wenigen Glücklichen. Nicht viele entrinnen der nichtigen Arbeit des vorindustriellen Indiens, bei dem es so viele Hände und so wenig Werkzeug gibt, bei der eine einzige Aufgabe in winzige Anteile aufgesplittert und Arbeit zum sinnlosen Tun werden kann. Der Straßenfeger in der Stadt Jaipur liest mit den bloßen Händen Abfall von der Straße auf und wirft ihn auf seinen Wagen (wobei er wieder auf die Straße zurückweht). Die Frau, die den auf dem großen Damm in Rajasthan angelegten Fußweg sauber fegt, ehe die oberste Betonschicht aufgetragen wird, benutzt dazu einen winzigen Stofffetzen, den sie zwischen Daumen und Mittelfinger hält. Ihr langes Tuch um den Kopf geschlungen, hockend, fast reglos, aber gekommen, um ihre halbe Rupie, ihre fünf Cent zu verdienen – so macht sie mit ihren leichten Tupfern an einem Tag das, was ein Kind mit einem einzigen Besenschwung machen kann. Mehr wird gar nicht von ihr erwartet; sie ist ja eigentlich keine Person. Das alte Indien braucht wenig Werkzeug, wenig Fertigkeiten und viele Hände, viele Arbeitskräfte.

Und dieses alte Indien lag gar nicht weit vom Glitzerglanz des neuen Poona entfernt. Die breite Schnellstraße schlängelte sich durch das sanfte monsungrüne Land. Bangalore lag etwa achthundert Kilometer weiter im Süden, aber bis zu dem Dorf, in das wir fuhren, waren es nur ein paar Autostunden. Dort war die Landschaft weniger grün, eher gelb und braun, und zeigte ihren felsigen Untergrund. Der Monsunregen hatte zwar lange angehalten, aber das Wasser floss in Seen ab. Aus einem dieser Seen sollte es nun hochgepumpt und auf die Felder geleitet werden. Das Rohr würde etwa hundertzwanzig Zentimeter unter der Erdoberfläche liegen; damit wollte man verhindern, dass die Feldarbeit während der Bewässerung beeinträchtigt wurde und zu viel Wasser verdunstete. Schon jetzt am frühen Morgen, noch vor Anbruch der Tageshitze – und trotz der Regenzeit mit einem Himmel voller Wolken, mit fernen Hügeln, die kalt und blau über dem grauen See standen – stiegen Hitzewellen aus dem Gestein auf.

Die staatliche Landwirtschaftsbank hatte den Bauern neunzig Prozent der für das Projekt veranschlagten Kosten als Darlehen gewährt. Zehn Prozent mussten sie selbst aufbringen, in Form von Arbeit, und der Ingenieur hatte ausgerechnet, dass diese Arbeit für jeden Bauern im Ausheben von etwa dreißig Metern Leitungsgraben bestand. Den Verlauf des Grabens hatte man bereits markiert und nun war – mitten auf einem Stück Land, das wie Ödnis wirkte und wo die Gesteinsbrocken trotz des steifen Windes in der Sonne brieten, im Zentrum eines weiten Ausblicks, der sich zum See hinabsenkte – ein Bauer mit Frau und Sohn dabei, seinen Grabenabschnitt auszuheben.

Der Mann war klein und schmächtig. Er hatte irgendein Brustleiden und war sichtlich erschöpft. Mit der Spitzhacke tat er sich schwer; sie drang nicht tief ein und er hielt häufig inne, um auszuruhen. Seine Frau im kurzen grünen Sari hockte auf dem steinigen Boden, als wolle sie ihn durch ihre Gegenwart ermutigen; von Zeit zu Zeit, aber nicht oft, holte sie mit einer Breithacke die Steine heraus, die ihr Mann gelockert hatte. Und neben der Frau stand der Junge mit weißer Kappe und tat gar nichts. Wie ein Bild von Millet: einsame, primitive Arbeit, aber in einer leereren und weniger fruchtbaren Landschaft.

Ein Bild von der Mühsal des alten Indiens, so hätte man meinen können. Aber es steckte so viel Neues darin: der dortige enthusiastische Landwirt, dessen Beispiel die anderen ermutigt hatte, über Bewässerung und bessere Ernten nachzudenken; die Idee der Selbsthilfe, die hinter der Genossenschaft stand; die Bank, die das Geld vorgeschossen hatte; der Ingenieur mit seinem sozialen Gewissen, der fand, dass das kleine Projekt die Mühe wert sei, und jede Woche die weite Fahrt von Bombay hierher machte, um zu beaufsichtigen, Ratschläge zu geben und zuzuhören. Es sei nicht leicht, so der Ingenieur, qualifizierte Leute zu überreden, aus der Stadt herzukommen und das Projekt zu begleiten; er habe vor Ort Helfer heranziehen und schulen müssen.

Mit dem Ausheben des Grabens hatte man vor einer Woche begonnen. Zu diesem Anlass wurde ein Baum gepflanzt, nicht weit von einem Tempel – dreihundert Jahre alt, erzählten die Dorfbewohner –, der oben auf einer felsigen Anhöhe lag. Die Säulen des Tempelvorbaus waren roh behauen; das Drei-Kuppel-Dach mit Laterne hatte man aus schweren, grob zugeschnittenen Steinplatten aufgebaut. Hier, auf der felsigen Hochebene, waren alle Gebäude aus Naturstein. Die Menschen benutzten ihn mit instinktivem, zwanglosem Geschick und das Dorf wirkte beständig und solide und wie mehrfach überbaut. In der kahlen Leere der Hochebene ähnelte es einer noch lebenden historischen Stätte. Alte, sogar uralte Bautraditionen – wie etwa das laternengekrönte Dach des Tempels – mischten sich mit neuen und in den Mauern waren vereinzelte Bruchstücke alten, verzierten Gesteins zu sehen.

Auf dem unregelmäßig geformten Hauptplatz trafen vier

Straßen aufeinander. Zwei Ecken waren mit je einem Tempel besetzt. Und auf dem Platz stand, leicht zur einen Seite hin verrückt, auf einem kreisrunden Sockel mit Steinmauern ein Baum. Leute, die – was für ein Luxus! – auf den Vormittagsbus warteten, saßen oder hockten auf der Mauer unter dem Baum sowie auf den Steinstufen, die den etwas erhöhten freien Vorplatz des einen Tempels säumten. Auf diesem Vorplatz stand eine einzelne, unübersehbar alte Säule mit mehreren Armleuchter-ähnlichen Auswüchsen, wie ein steinerner Kaktus. Sie war typisch für die Tempel in Maharashtra, aber die Menschen hier wussten ebenso wenig wie anderswo, was sie zu bedeuten hatte. Einer sagte, die Arme seien für Lampen da; ein anderer meinte, es seien Sitzstangen für die Tauben. Die Säule gehörte einfach zum Tempel; sie war Teil der Vergangenheit, unerklärlich, aber notwendig.

Das Postamt gehörte zur Gegenwart: ein ockerfarbener Schuppen mit großer offizieller Tafel, auf der eine schlichte rote Inschrift zu sehen war. An einer anderen Seite des Platzes hing über einem dunklen, schmalen Eingang ein kleineres, farbenfroheres Schild. Dies war das Dorfrestaurant und die Helfer des Ingenieurs sagten, man könne es nicht mehr empfehlen. Der Wirt, der sein Geschäft mit Essen und Trinken unbedingt noch ausweiten wollte, war dazu übergegangen, einige Dorfbewohner mit Wasser zu versorgen. Leute, die zu arm waren, um ihm Geld dafür zu geben, bezahlten mit *chapatti*, mit ungesäuertem Brot, und diese *chapatti* – »Schuldscheinentwerter« der Allerärmsten und mehr Stein als Brot – bot der ehrgeizige, aber kurzsichtige Wirt nun zu seinen Menüs an. Dadurch verlor er sämtliche Helfer des Ingenieurs, die sonst zweimal täglich zu ihm gekommen waren. Sie begannen, sich ihr Essen in einem unteren Raum im Büro des Bewässerungsprojekts selbst zu kochen. Und nun sprang ein gewisser unausgesprochener Groll wie ein Ball hin und her über den friedlichen kleinen

Platz, bisweilen auf beiden Seiten begleitet von den Rauchzeichen der Unabhängigkeit und der Verachtung.

Der Bus kam und nahm seine Fahrgäste mit, dann sank der Staub wieder zu Boden. Um elf Uhr – eher am späten Morgen, wie es schien – tauchten Schulkinder auf, die Jungen in khakifarbener Hose und weißem Hemd, barfuß, aber mit weißer Gandhi-Kappe, die Mädchen in weißer Bluse und langem, grünem Rock. Als Schule diente das zweistöckige Gebäude des *panchayat* oder Dorfrates, das in einer der Seitenstraßen des Platzes, hinter dem zweiten Tempel lag und eine breite, ebene Veranda mit Steinfußboden hatte, deren Holzpfeiler, die das Dach trugen, auf behauenen Steinsockeln ruhten. Überall gab es Bildwerke; überall waren Eingänge mit Skulpturen geschmückt. Vor jeder Tür hing ein Korb oder ein irdener Topf, in dem Basilikum oder *tulsi* wuchs, ein für Hindus heiliges Kraut.

Selbst ohne das Bewässerungsprojekt hatte eine verbesserte Landwirtschaft schon Geld ins Dorf gebracht. Viele Häuser wurden renoviert oder modernisiert. Ein neues Dach aus roten Mangalore-Ziegeln an einem Terrassen-Weg zeigte einen frischen Neubau an. Das Haus war eine Miniatur, ganz schmal mit nur zwei Zimmern – eins vorn, eins hinten –, und in die dicken Steinmauern hatte man Konsolen und bogenförmige Nischen eingelassen. Eine Miniatur, aber für das Dach wurden tausend Ziegel gebraucht, eine Rupie pro Ziegel, also tausend Rupien oder hundert Dollar allein für das Dach. Dieselbe sagenhafte Summe freilich hatte ein anderer Mann ganz in der Nähe für die geschnitzte Holztür seines neuen Hauses ausgegeben; es war viel größer und schon zur Hälfte fertig, die Steinmauern wuchsen gerade um die eingelassenen Konsolen aus neuem Holz herum, das wunderschön behauene und zum Spitzbogen geformte Gestein des Eingangs brachte die bereits eingehängte Holztür vorteilhaft zur Geltung, denn Holz war in dieser Landschaft aus Stein etwas besonders Wertvolles, und das Behauen, das Verfertigen von Mustern, galt selbst in diesem Land der Dürre und des Hungers noch immer als unverzichtbar.

Der Ingenieur war in seinem Büro geblieben. Mein Führer war nun der *sarpanch*, der Vorsitzende des *panchayat*, des Dorfrates, und als er begriff, dass ich mich für Häuser interessierte, schlug er den Weg zu seinem eigenen Haus ein.

Er war ein rundlicher Mann, der *sarpanch*, sichtlich ungewaschen und unrasiert; aber sein Haar war ordentlich geölt. Er kaute einen roten Mund voll Betelnuss und trug, wie es sich gehörte, schmuddelige Kleidung, ein angegrautes cremefarbenes Hemd mit langen Schößen, das über noch angegrauteren grün gestreiften, lockeren Pyjamahosen herabhing. Die Schmuddeligkeit war gewollt und sie gehörte sich so, denn jeder Versuch, eleganter zu sein, wäre nicht nur unnötig und verschwenderisch, sondern auch nicht gottgefällig gewesen, eine Herausforderung der Götter, die den *sarpanch* bislang gerecht behandelt hatten und es ungern sehen würden, wenn ihr Schützling sich über seinen Stand hinaushob.

Im Dorf fand man sich damit ab, dass der *sarpanch* gesegnet war: Man begegnete ihm mit Misstrauen, Furcht und Neid, denn er war ein erfolgreicher Schurke. Einige Jahre zuvor hatte er Geld für ein genossenschaftliches Bewässerungsprojekt gesammelt. Dieses Geld war einfach verschwunden und niemand konnte etwas in der Sache tun. Seither hatte die Macht des *sarpanch* eher noch zugenommen und die Leute mussten freundlich mit ihm umgehen, wie die staubige kleine Gruppe, die jetzt hinter ihm herkroch. Für jeden, der die Zeichen lesen konnte, war seine Machtstellung deutlich sichtbar. Sie zeigte sich in seinem Mund voll Betelnuss, der es ihm schwer machte zu sprechen, ohne rote, körnige Spucke zu versprühen. Sie zeigte sich in seinem Bauch, der an passenden Stellen durch extra starken Schmutz auf seinem Hemd gleichsam verschattet wurde. Das Hemd mit den langen Schößen, die Pyjamahose: der orientalische Kleiderstil tat kund, dass der *sarpanch* ein Mann der Muße war, in jedem Fall aber ein Mann, der nichts mit körperlicher Arbeit zu tun hatte. In der Tat war er Ladeninhaber und sein Laden stand gleich neben seinem Haus.

Von der Straße aus schienen beide Gebäude nicht miteinander verbunden zu sein. Der Laden war schmal, sein kleiner Vorderraum mit den Waren gut einsehbar. Das erheblich breitere Haus hatte eine fensterlose Vorderfront mit einer niedrigen, schmalen Tür in der Mitte. Drinnen befand sich ein Innenhof, umgeben von einer breiten, erhöhten und überdachten Veranda. An der Rückseite, angrenzend an die Veranda und immer gegen die Sonne geschützt, lagen die persönlich genutzten Räume. Nach dem Staub und der Gesichtslosigkeit der Straße war das überraschend: dieser geordnete private Hof, die Inszenierung eines kleinen Raumes, das Bewusstsein von Altehrwürdigkeit und Vollendung, eines perfekt konzipierten Gebäudes.

Der Baustil des Hauses war uralt, ein Stil, den viele alte Kulturkreise teilen, und hier – abgesehen von den Dachziegeln und dem Holz der Verandapfeiler – ganz und gar in Naturstein ausgeführt. Die ganze Anlage war über viele Jahrhunderte hinweg entwickelt worden; jetzt war ihr nichts mehr hinzuzufügen. Nicht ein einziges Detail hatte man vergessen. Der Verandaboden, dessen Steinfliesen vom Gebrauch blank gescheuert waren, war zum Hof hin leicht geneigt, sodass Wasser problemlos abfließen konnte. Am Rand des Hofes waren Metallringe zum Anbinden von Tieren angebracht (obgleich es schien, als besitze der *sarpanch* kein Vieh). In einer Hofecke stand der Wasserbehälter, ein Tongefäß in einem festen quadratischen Mauerwerk, eine Vorrichtung, die an die Theken der Tavernen von Pompeji erinnerte. Alles Notwendige hatte seinen Platz.

Ein seitlicher Durchgang führte zu einem kleineren, gepflasterten Hof. Er lag hinter dem Laden, der einer Mitteilung zufolge, die in Englisch auf der Innenwand stand, »hypothekarisch belastet« war – und das klang in dieser Umgebung sehr scharf –, verpfändet an eine Bank. Dann standen wir wieder auf der Straße.

Ein Mann mit Eigentum also, ein Mann, der sich mit Banken auskannte, und als Vorsitzender des Dorfrates ein Politiker und so etwas wie Beamter: Deshalb meinte ich, der *sarpanch* müsse der wichtigste Mann des Dorfes sein. Aber es gab einen noch Größeren: den Patel. Der *sarpanch* war Ladenbesitzer, ein Mann des Geldes; der Patel war Grundbesitzer, der größte Grundbesitzer des Dorfes. Er besaß etwa zwanzig Hektar guten Boden, und obgleich er keine Menschen sein Eigen nannte, hing das Schicksal ganzer Familien von dem Patel ab. Und für diese Menschen war er buchstäblich der Herr.

Wir begaben uns daher, offenbar auf plötzlichen allgemeinen Wunsch und in einem ebenso plötzlich entstandenen Menschenzug, zum Haus des Patel. Der Ingenieur war wieder da und dann versank die Gruppe um den *sarpanch*, der während unseres Marsches etwas zurückzufallen schien, in einer größeren Menge. Vielleicht war irgendwo darin der Patel. Schwer zu sagen. In der Eile war niemand vorgestellt worden und unter den älteren, Turban tragenden Männern, die alle wie Bauern aussahen, wie Männer, die mit Landarbeit zu tun hatten, stach keiner besonders hervor.

Tatsächlich war sein Haus das größte des Dorfes: zweistöckig und gestrichen. In leuchtenden Farben hatte man die zwei in Stein gehauenen Pfauen über der Tür bemalt. Die fensterlose Hausmauer zur Straße hin war sehr dick. Eingelassen in diese Mauer, führten (wie bei einigen Häusern in Pompeji) Steinstufen zum Obergeschoss, zu einer Galerie, in der sich die erhöhte Veranda, die im Erdgeschoss den Hof umgab, wiederholte. Der Fußboden bestand aus gestampfter Erde, die mit einer Mischung aus Lehm und Kuhdung verputzt war. Als wir eintraten, sahen wir zur Linken, auf der erhöhten Veranda, die fast schon ein Podium war, zwei Möbelstücke stehen: ein Bett mit einer alten gestreiften Tagesdecke, auf die der Name des Dorfes in *nagari*-Schriftzeichen gestickt war, und ein neues Sofa im »heutigen« Stil mit unverkleideten Holzbeinen und einem Bezug aus glänzend blauem Synthetikstoff: das westliche Sofa, das in dem traditionellen Haus einfach nur dastand und die beabsichtigte Wirkung tat, ein Symbol für Reichtum und Modernität, ganz wie die Neonröhre über dem Eingang.

Dieser Teil der Veranda mit Bett und Sofa diente dem Empfang von Besuchern. Besucher gingen nicht weiter, nicht in den Hof hinein, außer man lud sie eigens dazu ein. Auf der Veranda rechts vom Eingang standen keine Möbel, sondern vier mit Korn gefüllte Säcke, ein älteres und echteres Reichtumssymbol in diesem Land aus Felsen und Dürre. Es war ein Haus des Überflusses, ein Haus voll Korn. Im sonnenbeschienenen Hof lag Korn ausgebreitet zum Trocknen und in den offenen Räumen auf beiden Seiten standen Getreidesilos aus Weidengeflecht, Silos, die wie riesige, mannshohe Körbe aussahen und deren Geflecht verputzt war, um die Ratten abzuhalten, verputzt wie der Fußboden mit Lehm und Kuhdung.

Nach der Einladung, uns umzuschauen, mit der wir nun eher als Gäste und nicht als offizielle Besucher behandelt wurden, gingen wir an dem im Hof trocknenden Korn vorbei zur Küche im hinteren Teil des Hauses. Das Dach war hier tief herabgezogen; nach dem Sonnenlicht im Hof war es dunkel. Zur Linken stand eine Frau, die saure Milch zubereitete, über einem hohen Tongefäß und arbeitete mit einem der ältesten von zivilisierten Menschen gemachten Werkzeuge; es war ein zweimal um einen Stab gewundenes Seil, an dessen Enden sie abwechselnd zog, jener Seilbohrer des altägyptischen Zimmermanns und gleichzeitig das zum

Buttern verwendete Gerät, abgebildet auf den im hohen indischen Norden des achtzehnten Jahrhunderts angefertigten Miniaturen, in denen der dunkelhäutige Gott Krischna den blassen Mägden seine übermütigen Streiche spielt. Im Dämmerlicht der Küche glühte zur Rechten eine *chulha*, eine irdene Feuerstelle: Während ich das noch romantisch fand, sagte der Ingenieur, eine einfache Dachklappe würde den Rauch abziehen lassen und die Augen der Frau schonen.

Unser Besuch kam unerwartet, aber die Küche war sauber und aufgeräumt wie für die Inspektion; auf einer der Konsolen glänzten Gefäße aus Messing, Silber und Gusseisen; auf der Konsole darunter standen säuberlich aufgereiht Konservendosen. Und an einem Nagel in der Wand hing – als weiteres Zeichen der Moderne, des neuen Zeitalters – ein Transistorradio an seinem Riemen.

Die Frau – oder das Mädchen – an der Feuerstelle erhob sich, höflich und wohlerzogen in der typisch indischen Art, und legte die Handflächen aneinander. Sie war die Schwiegertochter des Patel. Und dieser (noch immer inkognito) war zu vornehm, um sich mit ihren Kenntnissen zu brüsten. Das konnte er anderen überlassen, seinen Bewunderern und Anhängern. Und diese anderen gaben weiter, was sie von der Schwiegertochter des reichen Mannes wussten. Sie war eine Studierte! Obwohl sie da allein und bescheiden im Dämmerlicht der Küche stand und sich über das Feuer und den Rauch beugte, war sie eine Studierte!

Die Hintertür der Küche führte auf den Hinterhof hinaus und dort standen wir wieder im hellen Sonnenlicht, im Staub, am Rande des Dorfes, und vor uns erstreckte sich die felsige Landschaft. Wie so oft in Indien war die Ordnung, ja sogar Pingeligkeit, dort zu Ende, wo auch das Haus zu Ende war. Auf dem Hinterhof häufte sich allerlei Kram, er war übersät mit allen möglichen Dingen aus dem Haushalt, die zwar hinausgeworfen, aber nicht gänzlich aufgegeben worden waren. Doch selbst hier gab es etwas zu zeigen. Nur wenige Schritte von der Hintertür entfernt stand ein Brunnen, der eigene Brunnen des Patel, mit hohen Mauern, einem erst kürzlich betonierten Sockel und einem längeren Seil, das von einer am Ende beschwerten Stange, einem behauenen, von der Rinde befreiten Ast, herabhing. Ja, er war ein reicher Mann, dieser Patel, mit einem eigenen Brunnen! Er hatte es nicht nötig, dem Wirt Wasser abzukaufen und Korn für *chapatti* zu verschwenden, die keiner wollte. Und noch etwas hatte der Patel, das niemand sonst im Dorf besaß: ein Außenklo, einen Abort! Da stand er, in sicherer Entfernung. Weder er selbst noch ein anderes Mitglied seiner Familie brauchte sich im Freien hinzuhocken! Es wirkte fast extravagant und wir standen und staunten.

Dann gingen wir zurück ins Haus mit dem Korn und dem Essen und der studierten Schwiegertochter – die noch immer am Feuer stand – und um das trocknende Getreide im Hof zurück zur Vorhalle. Wir stiegen die in die vordere Mauer eingelassenen Stufen zum Obergeschoss empor. Dort wurde gerade der Fußboden erneuert: ein Geflecht von Holzstreifen über den Balken, darauf Lehm und auf diesen dünne Steinfliesen, sodass der Fußboden dort, wo er fertig und auf den ersten Blick aus Stein war, gleichwohl federte.

Niedrige, kleine Türen führten zu einem schmalen Balkon, in dessen Mitte, wie in einem als Wandvertiefung angelegten Schrein, farbig bemalte Steinbüsten der Eltern des Patel standen. Um dies zu sehen, hatte man uns, als Gäste, in das unfertige Obergeschoss steigen lassen. Die *nagari*-Inschrift unter den Büsten besagte, dass dieses Haus der Mutter des Patel gehörte. Das Dorf ehrte ihn als Reichen und als Herrn; er erwies sich der Huldigung als würdig und vermied jede Hybris und zugleich sicherte er die Verehrung ab, indem er sie gleichsam nach rückwärts, an seine Vorfahren weitergab. Wir alle standen vor den Büsten – die leuchtende Farbe verflachte die Gesichtszüge zur Karikatur – und schauten. Mehr wurde nicht verlangt; mit dem Schauen erwiesen wir unsere Reverenz.

Selbst jetzt war ich noch immer nicht sicher, wer von den älteren Männern, die bei uns waren, der Patel sein könnte. So viele von ihnen schienen für ihn zu sprechen, sich in seinem Ruhm zu sonnen. Als wir hinabstiegen, fragte ich den Ingenieur: »Welchen Wert hat das Haus? Ist das eine gute Frage?« Er erwiderte: »Eine sehr gute.« Er stellte sie für mich. Es war eine Frage, die nur der Patel beantworten konnte.

Und der Patel offenbarte sich, als er die Stufen hinabstieg, mit seiner ganzen Besonderheit, indem er der Frage auswich. Wenn der obere Fußboden, sagte er über die Schulter hinweg, in der jetzigen Weise – Holz, Lehmverputz, Steinfliesen – abgeschlossen würde, hätte er allein sechzigtausend Rupien oder sechstausend Dollar gekostet. Und dann im Erdgeschoss, wo er uns als seine Gäste auf der Besucherplattform, auf dem blau bezogenen modernen Sofa und dem Bett mit der gestickten Tagesdecke, Platz nehmen ließ, schien er den Rest der Frage vergessen zu haben.

Es wurde Tee bestellt und er kam fast im Handumdrehen. Die studierte Schwiegertochter in der Küche kannte ihre Pflichten. Der Tee war auf indische Art gebrüht, Zucker und Teeblätter und Wasser und Milch zusammen gekocht, sodass ein dickes, heißes und süßes Gebräu entstand. Er kam in angeschlagenen Porzellantassen und zuerst für die Gäste. Wir tranken bedächtig, reichten dann unsere Tassen hin, um sie zurückzugeben – jetzt hob sich der Patel, in seiner ruhigen Gastgeberrolle, deutlich von seinem eifrigen Gefolge ab –, und sogleich waren sie wieder da, gereinigt und mit dem milchigen Tee für die Geringeren gefüllt.

Und unterhalb von uns, in der Vorhalle, saß der Patel und sah aus wie so viele der Dorfbewohner, ein schmächtiger, runzliger Mann mit einem Bauern-Turban, mit *dhoti* und *koortah* und braunem Wollschal, alles leicht angegraut, aber hauptsächlich von Staub und Schweiß und nicht so gewollt schmutzig wie das Hemd und die lockere Pyjamahose des *sarpanch*. Aber als er da so saß, nun nicht mehr inkognito, sondern ein Mann, der seinen Wert unter Beweis gestellt hatte, unser Gastgeber, der den Tee ausschenkte (noch immer wurde er geschlürft und beseufzt) und das Haus besaß (war der Preis für den neuen Fußboden nur Aufschneiderei?), bekam seine Persönlichkeit deutlichere Kontur. Die schmalen, blinzelnden Augen, die in diesem runzligen Kopf auf den ersten Blick wie bloße Bauernaugen hätten wirken können, immer bereit, Respekt und Unterwürfigkeit, gepaart mit Zweifel, zu zeigen – diese Augen ließen sich jetzt einem Mann zuordnen, der gewohnt war, eine besondere Art der Autorität auszuüben, eine Autorität, die für ihn und die ihn umgebenden Menschen realer und weniger trügerisch war als die Autorität der Städter, die von außen kamen. Sein Gesicht war das Gesicht des Herrn, des Mannes, der andere Männer – und ganze Familien – von ihrer Geburt bis zum Tod nur als Knechte kannte.

Als er von den hohen Kosten des neuen Fußbodens sprach (und dabei noch immer der Frage auswich, welchen Wert das Haus hat), sagte er, er glaube nicht, dass Borgen gut sei. Andere schon, aber er nicht. Er mache erst dann etwas, wenn er Geld dafür habe. Habe er in einem bestimmten Jahr genug Geld, dann könne er eben das eine oder andere tun. Diesem Grundsatz sei er sein Leben lang gefolgt; so wolle er es auch mit dem neuen Fußboden halten, Jahr für Jahr und Stück für Stück. Und doch war er – ebenso wie der *sarpanch* und vielleicht noch mehr als der *sarpanch* – mit fast hundertprozentiger Sicherheit ein Geldverleiher. Viele von denen, die ich an diesem Morgen gesehen hatte, mussten Schulden bei dem Patel gehabt haben. Und in solchen Dörfern waren die Zinsraten so hoch (zehn Prozent oder mehr pro Monat), dass Schulden, wenn man sie erst einmal hatte, nie wieder zurückgezahlt werden konnten. Schulden gehörten hier zum Leben dazu; auch Zinsen als eine Form des Tributs.

Aber ebenso sehr traf zu, dass der Patel, als er vom Borgen sprach, nicht log. Es war eine besondere Gelegenheit. Wir waren Außenstehende; er hatte uns als Gastgeber in seinem Haus willkommen geheißen und nun äußerte er sich, gleichsam in öffentlicher Audienz, zu seiner bewährten Weisheit. Diese Weisheit erhob ihn ja über seinesgleichen und seine Anhänger erkannten sie mit seligem Lächeln und langsamem, zustimmendem Wiegen des Kopfes an, auch wenn sie zugleich davon ausgingen, dass das, was für den Patel galt, für sie selbst nicht gelten konnte.

Da wir jetzt beim Thema Geld waren und dabei, dass heute alles so viel kostete, sprachen wir auch vom elektrischen Strom. Da hing die Neonröhre, ein wenig schief und in einem Kabelwirrwarr, in der Vorhalle: Sie war nicht zu übersehen. Vor fünf Jahren, so der Patel, habe die Regierung Elektrizität bis ins Dorf legen lassen und er denke, dass vierzig Prozent des Dorfes heute Strom hätten. Es war interessant, dass er die offizielle Gewohnheit übernommen hatte, in Prozentzahlen zu sprechen und nicht in den altmodischen Zahlen. Doch der Prozentanteil, den er nannte, schien hoch gegriffen, denn die Anschlussgebühr betrug 275 Rupien, also mehr als 27 Dollar, zwei Monatslöhne eines Arbeiters, und der Strom war so teuer wie in London.

Elektrizität war nicht für die Armen gedacht. Aber man hatte sie auch nicht in erster Linie über die Hochebene hergeleitet, um die Dörfer zu beleuchten. Ihr oberster Zweck war die Entwicklung der Landwirtschaft; ohne elektrischen Strom wäre das Bewässerungsprojekt nicht möglich gewesen. Auf Strom zählten vor allem diejenigen, die bebaubares Land besaßen. Zur Beleuchtung blieb er eher ein Spielzeug. Selbst im Haus des Patel war das nicht anders. Die Neonröhre in der Vorhalle, weit weg von der Küche und den Innenräumen an der Veranda, war die einzige elektrische Lichtquelle im ganzen Haus. Immer noch gab es Öllampen und sie wurden offenkundig jeden Tag benutzt.

Ebenso wie das glänzend blaue Sofa für Besucher diente auch die Neonröhre nur zum Schmuck, als moderne Zugabe. Sechzig Prozent des Dorfes hatten keinerlei elektrischen Strom und das gesamte Dorfleben bezog seinen Rhythmus nach wie vor aus der immer gleichen Länge des Tropentages. Auf zwölf Stunden Helligkeit folgten zwölf Stunden Dunkelheit; die Menschen standen auf, wenn der Morgen dämmerte, und zogen sich zurück, wenn der Abend dämmerte; jeden Tag, seit undenklichen Zeiten, senkte sich die Finsternis auf das Dorf, wie um es dumm zu halten.

Das Dorf hatte von jeher so wenig gehabt, war so lange sich selbst überlassen gewesen. Nach zwei Jahrzehnten der Anstrengungen und Investitionen waren einfache Dinge da, aber noch immer ungenutzt für den Alltag, weil ihnen keine gewohnheitsmäßigen Bedürfnisse entsprachen. Elektrisches Licht, ständig verfügbares Wasser, ein Außenabort: der Patel war der Einzige im Dorf, der dies alles besaß, und nur das Wasser hätte als unbedingt notwendig gegolten. Alles Übrige war eher etwas zum Vorzeigen, Beweis für den sozialen Stand des Patel, seine Ausnahmestellung, die er doch, weil er die Götter fürchtete, so angestrengt hinter seiner Person, hinter dem grauen Einerlei und der Anonymität seines bäuerlichen Äußeren zu verbergen suchte.

Man musste hier im Dorf sein, den Patel und sein Gefolge mit eigenen Augen sehen, um zu begreifen, wie die Macht dieses einfachen Mannes beschaffen war, wie leicht ein solcher Mensch, wenn er wollte, das aus Delhi stammende Gerede von Mindestlöhnen, von der Abschaffung der Unberührbarkeit und der ländlichen Schuldknechtschaft durchkreuzen konnte. Wie sollte man hier dem Gesetz Geltung verschaffen? Wer würde im Dorf den Polizisten abgeben?

Der Patel war mehr als der größte Grundeigentümer. In diesem Dorf, in dem die Bedürfnisse noch so elementar waren, herrschte er mit seinem korngefüllten Haus; er herrschte dank Gewohnheit und Zustimmung. Seine Autorität, die er, gottesfürchtig wie er war, auf seine Vorfahren zurückwendete, hatte fast religiöses Gewicht.

Das Bewässerungsprojekt war eine genossenschaftliche Unternehmung. Aber das Dorf war keine Gemeinschaft selbstständiger Bauern. Es war aufgeteilt in Menschen, die Land hatten, und solche, die keines hatten, und die Ersteren teilten sich auf in solche, die Herren waren, und andere, die es nicht waren. Der Patel war oberster Herr im Dorf. Die landlosen Arbeitskräfte, die er beschäftigte (jetzt irgendwo draußen auf seinen Feldern) waren seine Knechte und viele von ihnen als seine Knechte geboren. Er sah ein, dass er ihnen gegenüber diese oder jene Verpflichtung hatte. Er lieh ihnen Geld, damit sie imstande waren, für ihre Töchter eine angemessene Hochzeitszeremonie zu veranstalten; in Zeiten der Not konnten sie sich, wie sie wussten, an ihn wenden; in Zeiten des Hungers hatten sie, wie sie wussten, Anspruch auf das Korn in seinem Haus. Ihre Schulden würden sich um sie schlingen und niemals enden und auf ihre Kinder übertragen werden. Aber einen Herrn zu haben beinhaltete eine Form von Sicherheit. Von den Fesseln befreit zu werden hieß womöglich, hilflos sich selbst überlassen zu sein.

Und der Patel war ein Mann des Fortschritts, ein guter Landwirt. Seinen Reichtum verdankte er verbesserten Anbauverfahren (und der Steuerfreiheit für Agrareinkommen). Und er begrüßte neue Methoden. Nicht jeder in seiner Position war so. Es gab Dörfer, so erzählte der Ingenieur später, als wir wieder auf der Schnellstraße waren, die nicht in das Bewässerungsprojekt integriert werden konnten, weil die dortigen Großgrundbesitzer den Gedanken nicht mochten, dass viele Menschen mehr verdienen würden. Der Patel war da anders und der Ingenieur hütete sich, seine Kreise zu stören. Er wusste, dass er im Dorf nichts ohne die Mitwirkung des Patel tun konnte. Als Ingenieur sollte er helfen, die Nahrungsmittelproduktion zu steigern, und so behielt er seine Gedanken über Schulden und Knechte und Schuldknechtschaft für sich.

Das Land wurde beherrscht von einem ganzen Netzwerk aus Männern wie dem Patel. Verbunden waren sie durch Kaste und Eheschließung. Die Schwiegertochter des Patel – die vielleicht nicht im Wortsinn eine Studierte war, vielleicht hatte sie nur ein paar Jahre lang die Oberschule besucht – wird aus einer vergleichbaren Familie eines anderen Dorfes gekommen sein. Sie wird das eine Kornhaus mit einem anderen vertauscht haben; trotz ihrer traditionellen Küchenpflichten muss sie sich ihrer Beziehungen bewusst gewesen sein. Die Entwicklung hatte den Menschen Ungleiches beschert. Den einen verschaffte sie den Blick in eine neue Welt; die anderen band sie noch fester an die alte. Die Entwicklung hatte Reichtum und traditionelle Autorität des Patel vermehrt; sie vergrößerte die Kluft zwischen Landbesitzern und Landlosen. Hinter sich Leute wie den *sarpanch*, kleinere Politiker und kleinere Beamte, und hofiert von Staatsbeamten und größeren Politikern, hielten Männer wie der Patel die Zügel fest in der Hand, und nichts konnte ohne sie getan werden. In den Dörfern diktierten sie das Gesetz.

Aus der *Times of India* vom 2. September 1975:

> Der Ministerpräsident von Maharashtra, S.B. Chavan, räumte am Montag ein, ihm sei bekannt, dass Großgrundbesitzer in den ländlichen Regionen mit Unterstützung der örtlichen Polizei arme Bauern von ihrem Land vertreiben, vor allem während der Erntezeit. Polizei und Grundbesitzer, so setzte er hinzu, bedienten sich dabei scheinbar legaler Methoden, um ihr Ziel zu erreichen.

Auf dem Rückweg nach Poona machten wir halt beim Tempel von Zezuri, der wie eine Mogulfestung oben auf einem schwarzen Hügel liegt. Verstümmelte Bettlerkinder – einem Mädchen hatte man erst unlängst ein Loch ins Bein geschnitten – wurden nach draußen auf die unteren Treppenstufen gescheucht und dort in Bitthaltung aufgestellt. Der ganze Weg zum Tempel gesäumt von grell bemalten, safrangelben und roten kleinen Schreinen samt ihren geduldigen Hütern; Torweg um Torweg mit Stuckverzierungen aus dem 18. Jahrhundert, die über Backstein zerbröselten; unterschiedlich große und alte Säulen mit Armen; auf den Steinstufen abgetretene eingemeißelte Inschriften, die Generationen von Pilgern in verschiedenen Schriftzeichen hinterlassen hatten. Von oben, auf dem zugigen Wehrgang, ein Blick durch Fensterbögen im Mogulstil auf die zwei Wasserspeicher der Stadt (der eine zusammengefallen und leer) und die monsungrüne Hochebene in einem wolkenverhangenen Sonnenuntergang.

Aber derselbe Regen, der die Hochebene begrünte, hatte am nächsten Morgen die Außenbezirke von Poona verdreckt: Wo sich Barackenbüros von Transportunternehmern und Hofgaragen von Kfz-Mechanikern aneinanderreihten, war alles zu einer Schlammlache geworden. Die verkehrsreiche, schlecht gebaute Straße zwischen Poona und Bombay hatte Spurrillen und Schlaglöcher. Nach einer Weile, auf der Fahrt hinunter von der Hochebene, kamen wir in die sanften, runden Parklandschaft-ähnlichen Hügel, die permanent vom Regen und vom hin- und herziehenden Wolkendunst umspielt wurden: während der Monsunmonate eine Ferienlandschaft für Menschen von der Küste, dann wieder ausgedörrt und unfruchtbar, sodass Tiere kaum etwas zum Weiden finden. In Lonavala, wo wir unsere Reise unterbrachen, sang ein Büffelhirt im Regen. Wir hörten ihn singen, bevor wir ihn sahen: Auf einem Hügel trieb er die Tiere vor sich her. Er war halb nackt und hielt einen geöffneten schwarzen

Regenschirm über sich. Wenn der Regen schräg fiel und er seinen Schirm zur Seite neigte, war er von seinen Büffeln kaum zu unterscheiden.

Aber obgleich die Gegend unfruchtbar war und nichts oder nur wenig zu bieten hatte, war sie nirgendwo menschenleer. An der ganzen Strecke von Poona aus – nur nicht in bestimmten Sperrzonen – standen überall verstreut, in kleinen, dicht gedrängten Haufen, afrikanisch anmutende, durchweichte Hütten: Siedlungen von Menschen, die aus den Dörfern flüchteten, die hinausgedrängt worden waren und keinen anderen Ort hatten als diesen neben der Schnellstraße, in der Nähe der Städte, sodass sie die eine Nichtigkeit gegen die andere tauschten; Menschen, die nicht nur vor der Landlosigkeit, sondern auch vor der Willkürherrschaft flohen, jener Herrschaft, wie sie Männer wie der Patel und der *sarpanch* in Tausenden Dörfern ausübten.

2

In einigen Teilen des zentralen und nordwestlichen Indiens können sich ausgegrenzte oder erniedrigte Menschen in Bergschluchten zurückziehen und Banditen, Outlaws, Räuber werden. Es bilden sich ganze Verbrechergemeinschaften. Sie werden gejagt und zur Strecke gebracht und manchmal gelangt ein Kommuniqué der betreffenden Bezirkspolizei in die indische Presse (»Erfolgreiche Operation gegen Banditen«: *Blitz*, 4. Oktober 1975). Dies gehört zur Tradition: Banditenführer und »Banditenkönigin« sind fast schon Gestalten der Volkserzählung. Aber vor einigen Jahren geschah etwas, das größer angelegt war. Vor einigen Jahren kam es im nordostindischen Bengalen und im südindischen Andrha zum tragischen Versuch einer Revolution.

Gemeint ist die Bewegung der Naxaliten. Der Name geht zurück auf Naxalbari, einen im hohen Norden von Bengalen gelegenen Bezirk, wo 1968 alles anfing. Der Aufstand war weder spontan, noch gab es lokale Führer; er wurde von außerhalb, von den Kommunisten organisiert. Man besetzte Land und tötete Grundbesitzer. Die unsichere, halb populistische Regierung des Bundesstaates handelte zu langsam; die Haltung der Polizei könnte sogar ambivalent gewesen sein und so breitete sich der »Naxalismus« aus und flammte vor allem in weiten Teilen des südindischen Bezirks Andrha auf. Jetzt erst handelte die Regierung. Die Aufstandsgebiete wurden abgesperrt und unter strengste Polizeikontrolle gestellt. Und die Bewegung zerbröckelte.

Doch sie bestand lange genug, um Sympathien bei der Jugend an den Universitäten zu wecken. Viele junge Leute gaben ihr Studium auf und wurden Naxaliten, sehr zum Kummer ihrer Eltern. Viele wurden getötet, viele sitzen noch heute im Gefängnis. Jetzt ist die Bewegung tot, nur in Städten erinnert man sich noch an sie. Man redet nicht oft von ihr, aber wenn, dann nennt man sie eine Tragödie des Mittelstandes – und weniger der kleinen Bauern. Irgendjemand fasste es in große Worte: Er sagte, in der Naxaliten-Bewegung habe Indien den besten Teil einer ganzen Generation verloren, die gebildetsten und idealistischsten Jugendlichen.

In Naxalbari selbst ist nichts davon zu sehen und nur wenig wird erinnert. In der grünen wohlhabend wirkenden Landschaft, die hier und da – obgleich die Himalaja-Berge nicht weit weg sind – an die tropische Üppigkeit der Karibik erinnert, geht das Leben weiter wie zuvor. Die Stadt ist die typische indische Provinzstadt, baufällig und staubig, mit ihren kleinen Läden und Verkaufsständen, ihren überfüllten Bussen, Fahrradrikschas, Handkarren. Dort, in den stickigen Straßen – nach den ordentlich bestellten und bewässerten Feldern, nach der Empfindung der Weite und der nahen kühlen Berge – ist die Übervölkerung zu sehen. Und das, obwohl die Landschaft, ganz ungewöhnlich für

Indien, nicht »alt« ist. Bis ins letzte Jahrhundert hinein standen hier Wälder, dann legten die Briten Teeplantagen oder Tee»gärten« an und schafften Kontraktarbeiter herbei – vor allem aus weit abgelegenen Siedlungen der vorarischen Ureinwohner –, die in den Gärten arbeiten sollten.

Heute gehören die Teegärten Indern, aber kaum etwas hat sich geändert. Das indische Kastenverhalten passt perfekt zum Plantagenleben und zur Klanstruktur der Pflanzerklubs und die indischen Teepflanzer, nunmehr Klubmitglieder inmitten der Ureinwohner, haben, fast als Kastenmerkmal und nicht mehr in bewusster Mimikry, den Kleidungsstil ihrer englischen Vorgänger übernommen: Hemd, Shorts und Socken. Die Teearbeiter bleiben Analphabeten, Alkoholiker, hilflose Menschen, ein Gemisch verschiedener Stämme ohne Traditionen und heute sogar (wie auch manchmal in der Karibik) ohne eigene Sprache, noch immer Fremde im Land, die (auch dies wie in den alten Plantagen der Karibik) nicht in festen Dörfern leben, sondern in Baracken, die aufgereiht an den Plantagenstraßen stehen.

Nicht für jeden gibt es Arbeit. Viele werden nur von Fall zu Fall beschäftigt, aber diese Möglichkeit der Gelegenheitsarbeit reicht aus, um die Menschen an die Teegärten zu binden. In den Tageslichtstunden huschen die Arbeiter, Tragekörbe auf dem Rücken wie natürliche, weiche Schildkrötenpanzer, im Schatten hoch gewachsener Regenbäume (aus der Karibik importiert als Schattenspender für den Tee) um die niedrigen Teebüsche herum: wie geschützte Wildtiere, emsig, aber scheu, die sich bei einem plötzlichen Regenschauer oder beim Pfeifen der Fabriksirene hastig zurückziehen, aber immer wieder zurückkommen, um abzugrasen und zu rupfen, an den endlosen Reihen von Teebüschen herumzupflücken, mit jedem Griff zwei zarte junge Blätter samt einer Blattknospe abzuknipsen, denn nur sie können fermentiert und zu Tee getrocknet werden. Tee gehört zu den wichtigsten Exportgütern Indiens, er bringt permanent Einnahmen und man hätte erwarten können, dass die Teearbeiter zu den besonders abgesicherten Landarbeitern gehören. Stattdessen werden sie besonders unterdrückt und – obgleich die Plantagenbetreiber sagen, heutzutage nähmen sie schlechte Behandlung sehr übel – besonders dumm gehalten.

Aber nicht wegen der Teearbeiter und ihrer besonders schlimmen Notlage haben die Revolutionäre sich Naxalbari ausgesucht. Die Teearbeiter blieben vielmehr sich selbst überlassen. Ausgewählt wurde der Bezirk Naxalbari von Männern, die die Handbücher der Revolution gelesen hatten, wegen seines Terrains: weil er so abgelegen war und mit seinen noch immer geschlossenen Waldstücken gute Deckung bot. Die Bewegung, die dort begann, zog rasch weiter; die eigentlichen Nöte Naxalbaris berührten sie kaum, und heute ist dort nichts zu sehen.

Die Bewegung ist tot. Die Vergeltungsmaßnahmen von staatlicher und privater Seite gehen weiter. Von Zeit zu Zeit erscheint in der indischen Presse noch eine Meldung über die Tötung oder Gefangennahme von »Naxaliten«. Aber soziale Ursachenforschung gehört nicht zur indischen Tradition; der Journalismus galt in Indien immer als angenehme Form der Schreibstubenarbeit; bereits vor dem Ausnahmezustand und der Zensur hinterfragte die indische Presse selten den Inhalt der Ansprachen oder Kommuniqués oder der dürftigen Agenturmeldungen, die sie als Nachrichten abdruckte. Und das Wort »Naxalit« kann heute in der indischen Presse alles Mögliche bedeuten.

Die Kommunisten oder vielmehr die kommunistische Gruppe, die die Bewegung trug, interpretieren die Ereignisse auf ihre Weise; sie haben ihr eigenes Vokabular. Hin und wieder bringen sie Meldungen über die »Hinrichtung« von »Bauernführern« in Umlauf. Die Naxaliten-Bewegung war – trotz all ihres taktischen Widersinns – der

Versuch einer maoistischen Revolution. Aber war sie eine »Bauern«bewegung? Gelang es den Revolutionären, Menschen, die gewohnt waren, einen Herrn zu verehren, und seit Jahrhunderten mit der Idee des Karmas lebten, ihre komplizierte Theologie beizubringen? Oder predigten sie etwas Einfacheres? Sie mussten Menschen zu Gewalttaten bewegen. Haben die Revolutionäre daher – wie es ein kommunistischer Journalist mir gegenüber als Pflicht der indischen Revolutionäre bezeichnete – einfach nur die Idee des Feindes gepredigt?

Der auf Marathi schreibende Bühnenautor Vijay Tendulkar, der dieses Thema als Sympathisant des von den Naxaliten verfolgten Ziels einer Landreform (mit dem die meisten Inder sympathisieren) studiert hat, vertritt die These, der in Bengalen entstandene Naxalismus habe sich nach und nach mit dem Kali-Kult vermischt; Kali ist »die Schwarze«, die kohlrabenschwarze Gottheit der Ureinwohner, die im Hinduismus als Sinnbild weiblicher Zerstörungslust fortlebt, immer abgebildet mit einer Girlande aus menschlichen Schädeln, immer mit heraushängender Zunge nach frischem Blut lechzend und trotz endloser Opferungen unersättlich. Viele der Morde, die die Naxaliten in Bengalen begingen, hatten Tendulkar zufolge etwas Ritualistisches. Der Maoismus diente nur dazu, das Opfer auszuwählen. Bestimmte Menschen, die nicht unbedingt reich oder mächtig sein mussten, konnten als »Klassenfeinde« betrachtet werden. Neu aufgenommene Mitglieder wurden dann der Sache – der Kali, des Naxalismus – verpflichtet, indem sie der Tötung dieser Klassenfeinde beiwohnten und ihre Hände in deren Blut tauchten.

Schon in der Frühzeit, als die Bewegung noch weit weg war und revolutionär und aufrüttelnd wirkte, veröffentlichte die Presse in Kalkutta grausige und detaillierte Meldungen über die Morde: In diesen immer wiederkehrenden Berichten entdeckte Tendulkar den Ritualismus des Kultmordes. Aber als die Bewegung sich der Stadt näherte, bekam die Presse Angst und zog ihr Interesse ab. Erst als willkürlich gemordet wurde und die neu Angeworbenen in der Mehrzahl Teenager waren, erreichte die Bewegung auch Kalkutta, wurde zu einem Teil der Gewalttätigkeit dieser grausamen Stadt und löste sich dann allmählich auf. Die – in Bengalen auf jeden Fall – gute Sache war schon längst im Kali-Kult verloren gegangen. Die Neueinsteiger verfielen der Verzweiflung, ihr Leben war endgültig zerstört, das alte Indien hatte die Menschen einmal mehr in die Barbarei zurückgezwungen.

Aber die erklärten Ziele der Bewegung hatten die Besten unter den jungen Indern wachgerüttelt. Die Besten verließen die Universität und gingen weit weg, um für die Landlosen und Unterdrückten und für Gerechtigkeit zu kämpfen. Sie zogen in eine Schlacht, von der sie wenig wussten. Sie kannten die Lösungen besser als die Probleme, besser als das Land. Indien ist den Indern noch immer so wenig bekannt. Die Menschen sind einfach uninformiert. Geschichtswissenschaft und Sozialforschung samt den mit diesen Disziplinen verbundenen Analyseverfahren stehen der indischen Tradition viel zu fern. Der Naxalismus war eine geistige Tragödie, eine Tragödie des Idealismus, der Unwissenheit und der Mimikry: Nach dem von Gandhi angestoßenen Umbruch war das mittelständische Indien nicht in der Lage, eigene neue Ideen und Institutionen zu schaffen; immer wieder musste es in der Welt der Moderne an Kunst, Wissenschaft und Denken anderer Kulturen herangeführt werden und nicht immer begriff es, welche Folgen das hatte, und in diesem Fall borgte es etwas Tödliches, die Revolutionsidee eines anderen.

Aber die Alarmglocke hat schon geschrillt. Die Millionen sind auf dem Vormarsch. In den Städten und Dörfern wird ein neuer dringlicher Anspruch auf Land angemeldet und jede Vorstellung von Indien, die diesen Anspruch nicht mitbedenkt, ist wertlos. Die Armen eignen sich nicht länger als Objekt von Sentimentalität und heiligen Gaben; Landreform ist keine Sache des religiösen Gewissens mehr. So wie Gandhi gegen Ende seines Lebens abgeschnitten war von der politischen Bewegung, der er Realität verschafft hatte, so ist mittlerweile das, was bis in die Gegenwart als Politik und Führungsstil des unabhängigen Indiens galt, von den unkontrollierbaren Millionen überholt worden.

DRITTER TEIL

Nicht Ideen, sondern Obsessionen

V Ein Sehfehler

1

Im Jahr 1888, als Gandhi fast neunzehn war und schon beinahe sechs Jahre verheiratet, ging er zum Jurastudium nach England. Das hatte etwas Gewagtes. Gewagt war nicht das englische Recht – das ließ sich ja, gleichgültig, wie fremd es einem Hindu von 1888, wie losgelöst es von seinen komplizierten Riten und seinem magischen Tun sein mochte, einfach büffeln wie eine Reihe neuartiger Mantras –, sondern die Reise selbst. Das hinduistische Indien, das seit Jahrhunderten zerfiel, das sich immer wieder in ein archaisches Land verwandelte, hatte sich abgeschottet, und die geltenden Vorschriften der Händlerkaste, denen die Gandhis in Gujarat angehörten und die einst eine Kaste der großen Reisenden war, verboten Reisen in fremde Länder. Für strenggläubige Hindus galten fremde Länder als Verunreinigung und kein Angehöriger der Kaste war jemals in England gewesen.

Um seiner Mutter einen Gefallen zu tun, hatte Gandhi ihr in einem Gelübde zugesagt, er werde im Ausland weder Wein noch Fleisch noch Frauen anrühren. Aber dieses Gelübde stellte nicht alle zufrieden. Ein Teil der Kaste schloss den jungen Mann in aller Form aus. Aber der eigentlich schüchterne Gandhi blieb stur. Aus einem Grund, den er nie richtig erklärt – er war ziemlich ungebildet und hatte noch nie eine Zeitung gelesen –, hegte er den leidenschaftlichen Wunsch, nach England zu gehen. Bald packte ihn die Angst, dass die Kaste sein Fortgehen verhindern könnte; deshalb ging er zwei Monate früher als geplant an Bord eines Schiffes, das von Bombay nach Southampton fuhr.

Und so erinnert sich Gandhi in seiner Autobiographie, die er fast vierzig Jahre später schrieb, als er schon der Mahatma war – und die unter dem Titel *The Story of My Experiments with Truth* von seinem Sekretär Mahadev Desai ins Englische, dann 1960 aus dem Englischen erstmals ins Deutsche übersetzt und 1982 unter dem Titel *Eine Autobiographie oder Die Geschichte meiner Experimente mit der Wahrheit* überarbeitet und neu herausgegeben wurde –, an das große Abenteuer:

> Ich fühlte mich überhaupt nicht seekrank ... Ich hatte keine Ahnung von Messer und Gabel ... Deshalb nahm ich mein Essen nie an der Tafel ein, sondern immer in meiner Kabine, und meine Mahlzeiten bestanden hauptsächlich aus Süßigkeiten und Obst, die ich mitgebracht hatte ... Wir befuhren den Golf von Biskaya, doch ich begann weder nach Fleisch noch nach Alkohol Verlangen zu verspüren ... Indessen erreichten wir Southampton, wie ich mich erinnere, an einem Sonnabend. Auf dem Schiff hatte ich einen schwarzen Anzug getragen; der weiße aus Flanell, den mir meine Freunde beschafft hatten, war speziell für die Landung reserviert worden. Ich hatte mir gedacht, ein weißer Anzug werde mir beim Betreten der Küste besser stehen, und so ging ich dann in weißem Flanell an Land. Es waren die letzten Septembertage und ich bemerkte, dass ich der Einzige mit einer derartigen Kleidung war.

Das ist die Reise: ein inneres Abenteuer aus empfundenen Ängsten und verzehrten Speisen, ohne ein einziges Wort über etwas Gesehenes oder Gehörtes, das nicht unmittelbar das körperliche oder seelische Wohlbefinden des Autors betrifft. Verbissene Konzentration aufs Innere, komplette Selbstversenkung. Southampton verliert sich in peinlichen

Gefühlen (und Wut) wegen des Flanellanzugs. Der Name des Hafens wird einmal genannt, das ist alles, als sei der Name Beschreibung genug. Dass es Ende September war, ist nur deshalb von Bedeutung, weil es die falsche Jahreszeit für einen weißen Flanellanzug war; es ist keine Bemerkung über das Wetter. Obgleich Gandhi drei Jahre in England war, enthält seine Autobiographie nichts über Klima oder Jahreszeiten, die sich doch so sehr von Hitze und Monsunregen in Gujarat und Bombay unterscheiden, und das nächste präzise Datum, das er nennt, ist die Zeit seiner Abreise.

Beschrieben wird nicht ein einziges Londoner Gebäude, keine Straße, kein Raum, keine Menschenmenge, kein öffentliches Verkehrsmittel. Das London des Jahres 1890, die Hauptstadt der Welt – die für einen jungen Mann aus einer indischen Kleinstadt überwältigend gewesen sein muss –, müssen wir uns erschließen: aus seiner pausenlosen inneren Verstörung, seinen Verlegenheiten, seiner fortgesetzten religiösen Selbstsuche, seinen Versuchen, sich korrekt zu kleiden und englische Manieren zu lernen, und vor allem aus den Problemen und gelegentlichen Befriedigungen, die ihm das Essen bereitet.

Sir Edwin Arnold, der die bekannte Versübertragung der *Gita* angefertigt hat, wird zwar erwähnt, aber eben nur erwähnt und nie beschrieben, obgleich Gandhi ganz geblendet von ihm gewesen sein muss und der Dichter seine Zeit damit vergeudete, Vizepräsident eines vegetarischen Klubs zu sein, den Gandhi gründete und für eine Weile im Londoner Stadtbezirk Bayswater betrieb. Einmal berichtet er amüsant von einem denkbar kurzen Besuch, den er zusammen mit einem nach England gereisten indischen Schriftsteller bei Kardinal Manning machte. Doch im Allgemeinen sind Engländer in Gandhis London weit weg. Es gibt keinen Hinweis auf ein Theaterstück (ein Bericht über den Besuch eines namenlosen Theaters entpuppt sich letztlich als Anekdote über ein nicht verzehrtes Abendessen).

Außer einem Satz über Kardinal Manning und den Londoner Dockarbeiterstreik kommt nichts über Politik oder Politiker vor. Die einzigen Menschen, die aus der Leere heraustreten und einen schwachen Eindruck hinterlassen, sind Spinner, Theosophen, vegetarische Proselytenmacher. Und obgleich diese offenbar eine herausragende Rolle gespielt haben (Dr. Oldfield, Herausgeber des *Vegetarian*; Dr. Allinson, »der berühmte Vegetarier«; Mr Howard oder Mr Howard Williams, Autor der *Ethics of Diet*; Mr Hills, Puritaner und »Eigentümer der Thames Iron Works«), werden sie kaum einmal als Menschen betrachtet oder in ein Interieur gesetzt. Sie sind nichts als ihr Name, ihre soziale Stellung (Gandhi gibt immer ganz pingelig die Titel wieder) und ihre Überzeugung.

Und dann, urplötzlich, ist Gandhi Rechtsanwalt und das Abenteuer England ist vorbei. So eilig er es hatte, nach London zu fahren, so eilig hat er es nun, wieder abzureisen. »Ich bestand meine Prüfungen, wurde am 10. Juni 1891 als Rechtsanwalt zugelassen und am 11. ins Register des High Court eingetragen. Am 12. Juni reiste ich nach Hause ab.«

Und doch war es seltsamerweise wieder ein Wunsch nach Reisen und Abenteuer, der Gandhi zwei Jahre später nach Südafrika drängte. Er fuhr als Jurist für eine Firma und wollte ein Jahr dort bleiben. Er blieb zwanzig Jahre. England hatte ihn nur deshalb verunsichert, weil es nicht Indien war. Aber in England hörte Gandhi auf, ein instinktgeleitetes Wesen zu sein; seine dortige Verunsicherung machte ihn, im Verein mit seiner konsequenten Selbstsuche, zum Vegetarier und Hindu aus Überzeugung. In Südafrika traf er auf direkte Rassenfeindschaft und Gandhi, stur wie immer, zog daraus neue Stärkung als Hindu und Inder. In Südafrika wurde er zum Mahatma, zur großen Seele; auf dem Wege über die Religion gelangte er zur politischen Aktion als Führer der dort lebenden Inder und dann über die politische Aktion wieder zurück zur Religion. Das Abenteuer fand stets im

Innern statt; so jedenfalls ergibt es sich aus der Biographie. Und genau dies erklärt die erstaunlichste Leerstelle in Gandhis Bericht über seine zwanzig aktiven Jahre in Südafrika: die Afrikaner.

Afrikaner kommen nur flüchtig zur Zeit eines »Aufstandes« vor, als Gandhi sechs Wochen lang ein indisches Ambulanzkorps leitete und mit einem Mal verwundete Zulus pflegen musste. Sein Herz, so schreibt er, sei auf der Seite der Afrikaner gewesen; er war untröstlich, weil sie ausgepeitscht und ohne Not versehentlich angeschossen wurden, und empfand es als »Prüfung«, mit den dafür verantwortlichen Soldaten zusammenzuleben. Aber trotz dieser Erfahrung entschied er sich nicht politisch für die Afrikaner. Er wandte sich nach innen und tat mit siebenunddreißig Jahren etwas, worüber er etwa sechs Jahre lang nachgedacht hatte: Er legte das hinduistische *brahmacharya*-Gelübde ab, er gelobte lebenslange sexuelle Enthaltsamkeit. Und die Logik ging so: Wenn er der Menschheit dienen wollte, wie er damals den Afrikanern diente, war es unerlässlich, dass er sich »die Freuden des Familienlebens« versagte, weil er nicht zugleich »dem Fleisch und dem Geist gemäß« leben konnte. So verschwinden die Afrikaner in Gandhis »Herzensprüfungen«; sie dienen als Beweggrund für ein Gelübde, danach sind sie weg.

Weit, weit entfernt, auf dem russischen Gut Jasnaja Poljana, sagte Tolstoi in seinem letzten Lebensjahr über Gandhi, dessen Arbeit er verfolgte und mit dem er korrespondierte: »Sein Hindu-Nationalismus verdirbt alles.« Das war ein ehrlicher Kommentar. Gandhi gab seiner südafrikanischen Kommune den Namen Tolstoi-Farm; aber Tolstoi hatte einen klareren Blick als Gandhis englische und jüdische Weggenossen in Südafrika, die mit ihm nach der Wahrheit suchten. Im Grunde hatte Gandhi diesen Menschen wenig zu bieten. Seine Experimente und Entdeckungen und Gelübde entsprachen seinem persönlichen Bedürfnis als Hindu, dem

Bedürfnis, inmitten der feindlichen Welt beständig das eigene Selbst zu definieren und zu stärken; sie ließen sich nicht auf alle übertragen.

Gandhis Selbstversenkung war Teil seiner Stärke. Ohne sie hätte er gar nichts getan und wäre vielleicht sogar zugrunde gerichtet worden. Aber seine Selbstversenkung ging immer mit einer Art Blindheit einher. In der Autobiographie hat Südafrika zwangsläufig mehr – und unterschiedlichere – Menschen aufzubieten als England; es geschieht mehr. Doch der Erzählstil ist derselbe. Auch hier sind die Menschen Name und Titel, Handlung oder Überzeugung, Seelenqualität; niemals werden sie beschrieben und nie werden sie zu Individuen. Nirgendwo gibt es den Versuch einer objektiven Weltsicht. Mit zunehmender Zahl der Ereignisse empfindet der Leser immer mehr Unmut über das Fehlen der Außenwelt; sobald er aufhört, Gandhis Überzeugungen zu teilen oder nachzuvollziehen, kann ihn ein Gefühl der Beklemmung befallen.

Landschaft wird nirgendwo beschrieben. Ich mag mich irren, aber in der ganzen dicken Geschichte meiner *Experimente mit der Wahrheit* befinden sich, glaube ich, nur drei unmotivierte Hinweise auf die Landschaft. Als Gandhi 1893 auf dem Weg nach Südafrika ist, bemerkt er die üppige Vegetation von Sansibar; drei Jahre später, bei einem kurzen Besuch in Indien, landet er in Kalkutta und ist »voller Bewunderung für die Schönheit« des Flusses Hooghly. Sein einziges wichtiges Landschaftserlebnis hat er im Alter von 45 Jahren, als er endgültig nach Indien zurückgekehrt ist und sich nach Hardwar, einem Wallfahrtsort der Hindus im Himalaja begibt. »Ich war entzückt von der Landschaft in der Umgebung Rischikeschs und des Lakschman Dschhula und neigte mein Haupt in Verehrung vor unseren Vorfahren ob ihres Sinnes für das Schöne in der Natur und ob ihrer Voraussicht, schönen Offenbarungen der Natur eine religiöse Bedeutung beizumessen.«

Die Außenwelt zählt nur in dem Maße, wie sie die Innenwelt berührt. Das ist Erfahrung nach indischer Art, und was für Gandhis Autobiographie gilt, gilt für viele andere indische Autobiographien, auch wenn die Selbstversenkung meistens weniger Früchte trägt. »Ich sehe Menschen, die einfach leben«: Als die junge Inderin dies über die Menschenmassen in Bombay sagte, die sie nach ihrer Rückkehr aus Europa sah, gab sie sich große Mühe. Sie stand in der indischen Tradition; wie Gandhi 1888 in Southampton war sie außerstande zu beschreiben, was sie nicht aufnehmen konnte. In Indien »bezog sie sich«, wie sie sagte, nur auf ihre Familie. Das Modewort ermöglichte ihr ein modern klingendes Selbstlob, aber dahinter stand auch eine traditionelle Einschränkung, die das Sehen und Reagieren betraf. Dieser Mangel, den sie in Selbstlob umzumünzen verstand, gehört zu dem, was heute jene Heiligen, die »Meditation« predigen und den Gedanken vertreten, die Welt sei nur Trug, als Hindu-Weisheit propagieren.

Meditation und Ruhe können eine Form der Therapie sein. Aber vielleicht ist die echte hinduistische Glückseligkeit – das Selbst fahren lassen – für Hindus leichter erreichbar. Nach den Worten von Dr. Sudhir Kakar, Psychotherapeut an der Jawaharlal-Nehru-Universität in Neu-Delhi und ein Inder, der in Europa und Indien praktiziert hat, ist das indische Ich »unterentwickelt«: »Die Welt des magischen und animistischen Denkens liegt gleich unter der Oberfläche«, und der Inder hat nur einen »relativ dürftigen« Begriff von der Realität. Kakar arbeitet zwar gerade an einem Buch, aber das Folgende stammt aus einem Brief: »In aller Regel scheinen Inder eine andere Beziehung zur äußeren Realität zu haben, als man sie im Westen findet. Bei ihnen weist sie eine größere Nähe zu jenem Kindheitsstadium auf, in dem die äußeren Objekte noch keine separate, unabhängige Existenz besitzen, sondern aufs Engste mit dem Selbst und seinen Affektzuständen verknüpft sind. Zu diesem Zeitpunkt sind sie nichts Eigenständiges, sondern gut oder böse, bedrohlich oder belohnend, hilfreich oder grausam, alles entsprechend den momentan vorherrschenden Gefühlen des Betroffenen.«

Dieses unterentwickelte Ich entsteht Kakar zufolge aus der bis ins Einzelne gehenden sozialen Organisation des indischen Lebens und passt sich in jenes genau ein. »Die Mutter fungiert hier weitaus länger als im Westen üblich als äußeres Ich des Kindes, und viele der auf die Realität gerichteten Ichfunktionen werden später von der Mutter weg auf die Familie und andere gesellschaftliche Institutionen übertragen.« Kaste und Klan sind mehr als nur Gemeinschaften; sie legen das Individuum vollständig fest. Der Einzelne ist nie auf sich gestellt; stets bleibt er im tiefsten Grunde ein Mitglied seiner Gruppe mitsamt ihrem komplexen System aus Vorschriften, Ritualen und Tabus. Jedes Verhaltensdetail ist geregelt – zum Beispiel muss der Darm stets vor dem Frühstück und nicht nachher entleert werden, beim sexuellen Kontakt muss man die linke und nicht die rechte Hand benutzen und so fort. Alle Beziehungen sind kodifiziert. Und die Religion samt ihrer Ausübung – »magisches und animistisches Denken« – weist allem seinen festen Platz zu. So wird das Bedürfnis nach persönlichem Beobachten und Urteilen reduziert und möglich wird ein nahezu reines, instinktgeleitetes Leben.

Die daraus resultierende kindliche Wahrnehmung der Realität hat nichts mit Kindischkeit zu tun – Gandhi beweist das Gegenteil. Sie zeigt aber sehr wohl, dass die Inder so tief in ihre Erfahrungen eingegraben sind, wie es Menschen im Westen nur selten sein können. Für einen Inder ist es weniger leicht, Distanz zu wahren und zu analysieren. Besonders deutlich wird der Unterschied zwischen indischer und westlicher Wahrnehmungsform im Sexualakt. Der westliche Mensch kann den Akt beschreiben; selbst im Augenblick des Orgasmus ist er imstande, sich zu beobachten. Kakars indische Patienten, Männer und Frauen, haben diese Fähigkeit nach seinen Worten nicht, sie sind nicht in der Lage, den Geschlechtsakt zu beschreiben und mehr zu sagen als: »Es ist geschehen.«

Solange seine Welt zusammenhält und er in Sicherheit ist, kann der Inder einfach leben, und um ihn herum sind andere, die ebenfalls einfach leben. Aber sobald Stützen wie Familie, Klan und Kaste wegfallen, machen sich Chaos und Leere breit. Als der noch nicht neunzehnjährige Gandhi 1888 in Bombay das Schiff nach Southampton bestieg, wird er nicht nur im Wortsinn den Boden unter den Füßen verloren haben. Als ich in Delhi mit Kakar zusammentraf, sprachen wir über Gandhi und seinen Englandbericht. Gandhi, so Kakar, hatte vermutlich gar nicht die Möglichkeit zu beschreiben, was er bei seiner Ankunft in Southampton sah: Allzu verbissen konzentrierte er sich auf den Aufruhr im eigenen Innern, allzu sehr mühte er sich, an seiner Vorstellung von dem, was er war, festzuhalten. (Und Kakar hat recht: An einer späteren Stelle der Autobiographie sagt Gandhi von seinem ersten Wochenende in England, das er im Londoner Victoria Hotel verbrachte: »Der Aufenthalt in diesem Hotel hatte mir kaum eine nützliche Erfahrung vermittelt, denn ich war meiner fünf Sinne nicht mächtig gewesen, während ich dort lebte.«)

»Wir Inder«, sagt Kakar, »benutzen die Außenwelt, um inmitten eines ständig wechselnden Flusses von äußeren Ereignissen und Dingen die Kontinuität des Selbst zu wahren.« Deshalb verzichten die Menschen darauf, die Welt aktiv zu erkunden; vielmehr werden sie von ihr definiert. Diese negative Form der Wahrnehmung gehört zur »Meditation«, zum Streben nach dem Unendlichen, zu der Wonne, das Selbst fahren zu lassen; sie gehört auch zum Karma und zur komplizierten Organisation des indischen Lebens. Alles greift ineinander; das eine ist nicht zu trennen vom anderen. In der indischen Umgebung bliebe, wie Kakar sagt, die für den Westen typische »reife Persönlichkeit« mit ihrem individualistischen, selbstbewussten Verhalten außen vor. Damit erklärt sich, warum in den Aschrams, im Klima gemeinschaftlicher Heiligkeit, die Inder aufblühen, während die Besucher aus dem Westen, wie auch die Hippies an anderen Orten Indiens, meist missmutig und etwas unterfordert aussehen.

In einem tätigen, regsamen Land mit viel Engagement und Meinungsstreit fällt es schwer, diese negative Form der Wahrnehmung zu begreifen. Und dennoch ist das die Voraussetzung, wenn man verstehen will, warum Indien so viel geistiges Mittelmaß aufweist. Dieser Umstand bleibt meistens unhinterfragt, doch vielleicht ist er das Bestürzendste und Deprimierendste an dem Land, das die zweitgrößte Einwohnerzahl der Welt aufweist, aber der heutigen Welt außer Gandhis Gedanken der heiligen Armut und den wiederholten verlogenen Auftritten ihrer heiligen Vertreter nichts bieten kann und mittlerweile, während es seine uralte Kultur (und zwar meistens bloß affirmativ, also unwissend oder unwissenschaftlich) vor sich her trägt, in allen praktischen Belangen von anderen, nur mangelhaft begriffenen Kulturen abhängt.

Ein vor kurzem erschienener bemerkenswerter Roman indes bringt uns, ohne allzu viel Mystifikation, der indischen Vorstellung vom Selbst näher. Ich meine den Roman *Samskara oder Was tun mit der Leiche des Ketzers, die uns im Weg liegt und das Leben blockiert*, geschrieben von U.R. Anantha Murthy, einem heute vierundvierzig Jahre alten Hochschullehrer. Thema des Romans ist der Identitätsverlust eines Brahmanen und er unterstreicht vieles von dem, was Sudhir Kakar sagt. Verfasst wurde er ursprünglich in der südindischen Sprache Kannada; sein Indien wird weder mit Erklärungen zugedeckt noch beschönigt noch grob vereinfacht. Das Buch hat mittlerweile in ganz Indien Erfolg gehabt; es hat die Vorlage zu einem preisgekrönten Film abgegeben und eine englische Übersetzung (angefertigt von einem Dichter, nämlich A.K. Ramanujan) wurde Anfang 1976 drei Monate lang in der besten Zeitung Indiens, der *Illustrated Weekly of India*, als Fortsetzungsroman veröffentlicht.

Protagonist ist der Acharya, das geistliche Oberhaupt einer Brahmanen-Gemeinschaft. In frühester Jugend beschloss er, dass er ein »Mann der Güte« sei – dass dies sein ureigenes Wesen, sein Karma war, das, wozu ihn seine früheren Leben bestimmt hatten. Seinem Gedankengang zufolge kann niemand ein Mann der Güte *werden*; er ist es oder ist es nicht, und die »Tölpel«, die »Männer der Dunkelheit«, dürfen sich nicht beklagen, denn sie haben ja von Natur aus kein Verlangen nach Erlösung. Weil er dem »Guten« in seiner Natur folgte, heiratete der Acharya mit sechzehn Jahren ein behindertes zwölfjähriges Mädchen. Dies war sein Opfer; das invalide Mädchen war der »Opferaltar für (seine) Opfergabe«, und auch nach zwanzig Jahren erfüllt ihn dieses Tun noch immer mit Freude, Stolz und Mitleid. Mit jedem Tag, an dem er der verkrüppelten, hässlichen Frau dient, auch während der Unreinheit ihrer Monatsblutungen, rückt er der Erlösung näher und denkt: »Diese Ehe … macht mich reif und bereit.« Jetzt ist er berühmt, der Acharya, berühmt wegen seines Opfers, seiner Güte und der religiösen Weisheit, die er im jahrelangen Studium der Palmblatthandschriften erworben hat; er ist der »Stirnjuwel des Vedanta« und Vedanta bedeutet höchste Weisheit.

Doch in der Brahmanen-Gemeinschaft gibt es einen Gefallenen. Er trinkt; er fängt die heiligen Fische aus dem Tempelteich; er verkehrt mit Muslimen und hat eine kastenlose Geliebte. Er kann nicht aus der Gemeinschaft ausgestoßen werden. Ein Grund dafür ist Mitleid, weil Mitleid zur Güte des Acharya gehört. Aber es gibt noch einen weiteren Grund: Der gefallene Brahmane droht Muslim zu werden, sobald er ausgestoßen wird, und ein solcher Übertritt würde rückwirkend die gesamte Gemeinschaft verunreinigen und dadurch aufbrechen. Dann aber stirbt der sündige Brahmane an der Pest und löst eine Krise aus. Soll die Gemeinschaft die Bestattungsriten vollziehen? Nur Brahmanen können das für andere Brahmanen tun. Aber kann der Tote als Brahmane gelten? Zu Lebzeiten hat er sich vom Brahmanentum losgesagt, aber hat dieses ihn deswegen »entlassen«? Kann die Gemeinschaft die Riten vollziehen, ohne unrein zu werden? Kann eine andere, unter ihr stehende Brahmanensekte dazu veranlasst werden? (Sie sind durchaus bereit dazu, denn die Bitte schmeichelt ihnen: Ihre Brahmanenabstammung wurde irgendwann verunreinigt und das bekommen sie zu spüren.) Aber würde das die Gemeinschaft nicht in Misskredit bringen, wenn sie die Riten für eines ihrer Mitglieder durch eine unter ihr stehende Kaste vollziehen ließe?

All diese Probleme werden dem Acharya, dem Stirnjuwel, dem Mann der Güte, vorgelegt. Die Sache ist dringend. Die Hitze ist groß, der Leichnam verwest, Geier flattern umher, die Gefahr besteht, dass die Seuche sich ausbreitet. Und die Brahmanen, die alles mögliche Getue um ihr Essen machen, bekommen Hunger: Sie dürfen nicht essen, solange die Leiche nicht verbrannt ist.

Aber der Acharya kann keine schnelle Antwort geben. Er kann nicht einfach sein Herz, seine Gottheit befragen. Die Frage nach der Stellung des Toten – Brahmane oder nicht, Mitglied der Gemeinschaft oder Kastenloser – ist keine moralische Frage. Sie ist eine Sache der Unreinheit und deshalb ein Gegenstand der Gesetze, der heiligen Bücher. Der Acharya muss die Bücher konsultieren und keiner kennt sich mit den Palmblatthandschriften so gut aus wie der Acharya. Aber diese Befragung der Bücher braucht Zeit. Die Seuche breitet sich aus; ein paar Unberührbare sterben und werden ohne jedes Zeremoniell in ihren Hütten verbrannt; die Brahmanen sind außer sich vor Hunger und Angst. Und die Bücher geben dem Acharya keine Antwort.

Der Acharya begreift, dass nun sein Ruf als Weiser auf dem Spiel steht; mitten in der Krise erkennt er diesen Überrest persönlicher Eitelkeit. Aber es muss eine Entscheidung getroffen werden, und zwar die richtige. Der Acharya kann nur noch Zuflucht zur Magie nehmen. Morgens begibt er sich zum Tempel des Affengottes und macht sich an die rituelle Waschung des lebensgroßen Götterbildes. Dann legt er ihm je eine Blüte auf die linke und die rechte Schulter. Und entscheidet, wie der Gott antworten soll: Wenn die Blüte auf der rechten Schulter als Erste herunterfällt, dürfen die Brahmanen die Riten für den Toten vollziehen. Aber der Gott gibt keine Antwort. Den ganzen heißen Tag lang, während der Acharya betet und Qualen leidet (und seine behinderte Frau sich mit der Seuche ansteckt), fällt keine der Blüten herunter. Und zum ersten Mal in seinem Leben beginnt der Acharya, der Mann der Güte, an sich selbst zu zweifeln: Vielleicht ist er nicht würdig, von dem Gott eine Antwort zu erhalten.

Erschöpft, gepeinigt verlässt er am Abend den Tempel, um nach seiner Frau zu sehen. Im Wald begegnet er der kastenlosen Geliebten des Toten. Sie gibt ihm zu verstehen, dass ihr viel an ihm liegt; sie hat den Acharya wegen seiner Frömmigkeit angebetet und dann ist ihr der Gedanke gekommen, sie müsse ein Kind von ihm haben. Ihre Brüste berühren ihn und der Augenblick umfängt ihn; gegen Mitternacht erwacht er und sieht sich als Kind, in den Schoß seiner Mutter gekuschelt. Man kann nicht sagen, dass er fällt oder sündigt. Die Wörter sind zu eindeutig. Wie im wirklichen Leben von Sudhir Kakars Patienten ist der sexuelle Augenblick einfach geschehen. »Es war ein heiliger Augenblick. Nichts davor, nichts danach. Dieser Augenblick brachte zum Sein, was niemals gewesen war, und dann verschwand er selbst aus dem Sein. Gestaltlos davor, gestaltlos danach. Dazwischen die Verkörperung, der Augenblick. Das bedeutet, dass ich absolut nicht dafür verantwortlich bin, mit ihr geschlafen zu haben. Für diesen Augenblick nicht verantwortlich. Aber der Augenblick veränderte mich – warum?«

Ein seltsamer Gedankengang, aber dies ist die Krise des Acharya: kein Schuldgefühl, sondern eine plötzliche neurotische Ungewissheit darüber, was er eigentlich ist. Die vorherige Krise ist in den Hintergrund getreten: Den Toten hat dessen Geliebte in der Nacht mit der Hilfe eines Muslims verbrannt. Der Acharya ist nun allein mit seiner neuen Angst. Ist er ein Mann der Güte oder gehörte er im Grunde sein Leben lang zu der anderen, »grausamen« Welt? Die Menschen sind, was sie sind, wozu ihre früheren Leben sie gemacht haben. Aber wie erkennt ein Mensch sein wahres Wesen, seine »Form«?

»Wir nehmen Gestalt an durch unsere Entscheidungen, geben dieser Sache Form und Kontur, die wir unsere Person nennen.« Aber welches war seine ihn definierende Entscheidung: sein langes Leben des Opfers und der Güte oder dieser kaum wahrgenommene sexuelle Augenblick? Er weiß es nicht; ihm ist nur, als habe er »die Form verloren« und als ähnele seine Person »einem dämonischen, frühreifen Fötus«. Wieder ist er ins Rad des Karmas eingespannt; er muss von vorn anfangen und erneut über sein Wesen entscheiden. In der Zwischenzeit ähnelt er einem Geist und ist abgeschnitten von der menschlichen Gemeinschaft. Er hat sowohl Gott verloren als auch die Möglichkeiten, gut zu sein. »Er fühlte sich, als habe er den Halt verloren, sei von den Riten und Handlungen abgefallen, an die er sich bisher geklammert hatte – wie ein Affenbaby, das den Halt am Körper der Mutter verliert.« Denn die Menschen sind nicht, was sie selbst aus sich machen, hier geht es nicht um Glaube oder Überzeugung oder Ideale oder die Perfektibilität des Selbst. Hier gibt es nur einen Wunsch nach Selbsterkenntnis, weil sie allein die Rückkehr zur hinduistischen Glückseligkeit instinkthaften Lebens ermöglicht: »Zu sein, bloß zu sein«.

Formlos, wie er nun ist, mit seiner an der Pest gestorbenen Frau, deren Tod ihn mit dem plötzlichen Ende seiner ureigenen Opfertat konfrontiert, beschließt der Acharya, auf Wanderung zu gehen, sich dorthin zu begeben, wohin ihn seine Füße tragen. Im Grunde will er testen, wie er auf die Welt reagiert; fast könnte man sagen, er versucht, seine neue Form ex negativo zu bestimmen. Was sehen andere Menschen in ihm? Sieht der arme Bauer noch immer den Brahmanen? Sehen andere Brahmanen den Brahmanen oder sehen sie einen Betrüger? Lässt er sich auf einem Wagenfest in Versuchung führen: von der Akrobatin, von den Unreinheiten des Sodawasser- und des Kaffee-Standes, von der Erregung der niederen Kasten beim Hahnenkampf? Zwischen der von Unreinheit freien Brahmanen-Welt und dieser, der »Welt der gewöhnlichen Vergnügungen« und des Dunkels, einer »Dämonenwelt aus drängendem Bedürfnis, Rache und Gier«, gibt es keinen Mittelweg. Hier umgeben ihn die »zielgerichteten Augen. Augen, an Dinge gefesselt … Augen rundherum … Der Einklang, das Einssein von Verlangen und Erfüllung.« Die Menschen sind definiert durch die Welt, durch die Unreinheit, der sie sich aussetzen können.

Den Acharya erfüllt panischer Schrecken; er merkt, wie er »von einem Geist in einen Dämon verwandelt« wird. Aber in neurotischem Zwang stellt er sich weiterhin auf die Probe. Seine Übertretungen der Kastenverbote nehmen zu und er begreift, dass er, indem er sich dem Unreinen ausgesetzt hat, selbst etwas Verunreinigendes geworden ist. Endlich fällt er eine Entscheidung. Er wird in die Gemeinschaft zurückkehren und beichten. Er wird ihnen von seinem sexuellen Abenteuer mit der unberührbaren Geliebten des Toten und von seinem Besuch des Tempelfestes erzählen; er wird ihnen sagen, dass er, obgleich er (nicht zuletzt durch den Tod seiner Frau) unrein war, mit Brahmanen in einem Tempel gegessen und einen Mann aus niederer Kaste zum Mitessen eingeladen hat. Er wird ohne Reue oder Klagen sprechen. Er wird ihnen einfach erzählen, wie die Wahrheit seines inneren Selbst aussieht und wie er sie durch eine Reihe von Zufällen – aber vielleicht gar nicht wirklichen Zufällen – entdeckt hat.

Samskara ist ein schwieriger Roman und es mag sein, dass nicht jeder meiner Interpretation zustimmen wird. Die englische Übersetzung ist nicht immer eindeutig, aber viele Hindu-Vorstellungen sind im Englischen nicht leicht wiederzugeben. Dennoch hypnotisiert einen die Geschichte, und wie brillant das Geschriebene im Kannada-Original sein muss, lässt sich immerhin ahnen. Im Süden gibt es eine starke brahmanenfeindliche – und allgemeiner: gegen Arier und Nordinder gerichtete – Stimmung und manche Leser des Fortsetzungsromans in der *Illustrated Weekly of India* haben in ihm einen Angriff auf die Brahmanen gesehen. Das ist eine politische Vereinfachung, aber sie zeigt, in welchem Maße Inder die Prämissen des Romans, die einem Außenstehenden so viele Probleme bereiten, akzeptieren können: Kaste, Unreinheit, die Idee des durch das Karma vorgegebenen Selbst, die Angst beim Verlust der Kastenidentität.

Der Autor U.R. Anantha Murthy ist ein ernsthafter Literat. Er lehrt Englisch in Postgraduierten-Seminaren an der Universität von Mysore, wo es einen lebendigen Anglistik-Fachbereich gibt, und er hat auch in den Vereinigten Staaten gelehrt. Sein akademischer Beruf scheint Welten entfernt von der Gesellschaft, die er im Roman beschreibt, und wie er zu dieser Gesellschaft steht, lässt sich schwer beurteilen. Wissentlich oder nicht hat Anantha Murthy eine barbarische Kultur beschrieben, in der die Bücher, die Gesetze, sich auf Magie stützen und in der eine übermäßig ausgetüftelte Organisation der Gesellschaft weder durch Verstand noch durch Kreativität noch durch Vorstellungen von moralischer Verantwortung (es sei denn gegenüber dem Selbst auf seinem Weg zum Heil) stimuliert wird. Diese Menschen sind allesamt hilflos, benachteiligt, leicht aus dem Gleichgewicht zu bringen; ihre überkommene Kultur ist längst freudlos geworden; indem sie ein instinktgeleitetes, durch Vorschriften gelähmtes Leben leben (»Als die Frage von Naranappas Todesriten auftauchte, versuchte ich nicht, sie selbst zu lösen. Ich war von Gott, den alten Gesetzbüchern abhängig. Haben wir nicht genau deswegen die Bücher geschaffen?«), schaffen sie sich eine Gesellschaft ohne Kopf.

Da von Autobussen ebenso die Rede ist wie von Zeitungen und der Kongresspartei, heißt das, dass der Roman in der Gegenwart spielen soll. Doch seine Zeit scheint weit zurückzuliegen und Gandhi ist hier offenbar weit weg. Die Sorge um sein wahres Wesen, die den Acharya quält, wird zwar mit religiösen Worten formuliert, ist jedoch verknüpft mit den primitivsten Vorstellungen von Unreinheit und Kaste und Macht. Ein Brahmane muss ein Brahmane sein, so räsoniert der Acharya, sonst würde er ja »den Menschen aus den unteren Kasten die Furcht nehmen, die sie Recht und Sitte achten ließ. Denn in diesem verkommenen Zeitalter hatten die Menschen nur noch aus Furcht vor dem Übernatürlichen einen letzten Rest von Sinn für das Gesetz bewahrt. Wenn diese nun auch noch verloren ging ...?« Zu »Recht und Sitte« gehört auch, dass die Brahmanen-Frau, wenn eine Unberührbare um etwas Tabak bittet, ihn auf die Straße werfen muss, wie man einem Hund etwas hinwirft. So vermeidet man Verunreinigung – und kann Recht und Sitte und Furcht aufrechterhalten.

»Wir Inder benutzen die Außenwelt, um ... die Kontinuität des Selbst zu wahren.« Die Analyse, die Sudhir Kakar von Gandhis Betäubungszustand im England des Jahres 1888 liefert, hat verblüffende Ähnlichkeit mit Anantha Murthys wunderbaren Seiten über die Wanderung, die den Acharya in die Welt führt. Inmitten des Fremden bewahrt Gandhi seine Reinheit, seine Idee des Selbst. Der Acharya sammelt Unreines; der Bericht, den er der Brahmanengemeinschaft geben wird, erzählt nicht von dem, was er gesehen, sondern von den Verunreinigungen, die er erlitten hat. Bei beiden Männern treffen wir auf dasselbe eingeschränkte Sehen und Reagieren, auf dieselbe Versenkung ins eigene Innere.

Dennoch gibt es einen wichtigen Unterschied. Der Acharya ist in seiner toten Kultur gefangen; er kann sich nur in ihrem Rahmen definieren. Nie musste er sich, wie Gandhi in England, seinen Glauben erarbeiten und entscheiden, wo er – in der großen Welt – eigentlich steht. Gandhi, der in fremden Gesellschaften zum Mann heranreift, sich abwehrbereit ins Selbst zurückzieht, in seine mühsam erworbenen Überzeugungen und Gelübde versenkt, mit zunehmendem Alter immer starrköpfiger wird und scheinbar ständig (wenn man seiner Autobiographie glauben darf) auf den Wahnsinn zusteuert, wird durch äußere Ereignisse, durch den Stachel anderer Kulturen regelmäßig gerettet und neu definiert: weil England so schrecklich und fremd ist; weil er unbedingt die Juraprüfung bestehen muss; weil in Südafrika Rassenschranken bestehen; weil die Briten in Indien autoritär herrschen (was ihm erst richtig klar wird nach der Erfahrung der demokratischen Verhältnisse in Südafrika).

Als Gandhi mit Mitte vierzig endgültig nach Indien zurückkehrt, ist er eine fertige Persönlichkeit, und selbst am Ende, als er politisch isoliert und fast gänzlich zum Heiligen geworden ist, bleibt das Muster seines im Ausland geschaffenen Mahatma-Status bestehen. In den Unruhen nach der Unabhängigkeitserklärung – den Morden, der Massenflucht zwischen Indien und Pakistan, dem Kaschmir-Krieg – ist er noch immer, als Achtundsiebzigjähriger, besessen von jenem Enthaltsamkeitsgelübde, das er vierzig Jahre zuvor zur Zeit des Zulu-Aufstands in Südafrika abgelegt hatte. Aber die Hindu- und Muslim-Massaker in Bengalen rütteln ihn auf und er reist in den Bezirk Noakhali. Traurige letzte Wallfahrt: Verbitterte Menschen streuen Glasscherben auf die Straßen, die er gehen muss. Siebzehn Jahre zuvor, auf dem Salzmarsch am anderen Ende Indiens, hatten die

Armen seinen Weg hier und da mit kühlen grünen Blättern bestreut. Jetzt, in Bengalen, hat er nichts zu bieten als seine Gegenwart, und er weiß es. Dennoch hört man ihn immer wieder zu sich sagen: »*Kya karun? Kya karun?* Was soll ich tun?« Selbst in diesem schrecklichen Augenblick sind seine Gedanken aufs Handeln gerichtet und er beweist Größe.

Der Acharya wird diese Qualen der Enttäuschung nie kennenlernen. Wenn er sich auf die »dämonische Welt« einlässt und sein neu entdecktes Wesen ebenso planvoll auslebt wie schon sein altes, hält er an seiner Selbstversenkung fest, und diese Selbstversenkung wird so steril bleiben wie zu der Zeit, als er noch ein Mann der Güte war. Nie wird ihm – wie Gandhi – der Gedanke kommen, dass die Welt unvollkommen ist und irgendwie in Ordnung gebracht werden könnte. Was für eine dekadente Zeit, denkt der Acharya (oder er dachte es, als er noch ein Mann der Güte war). Aber das liegt allein daran, dass die unteren Kasten ihre Furcht verlieren und außer Kontrolle geraten; die einzige Antwort besteht in noch größerer Achtung von Recht und Sitte, in einem weiteren Rückzug auf das Selbst, einer weiteren Abkehr von der Welt und dem Streben nach einem instinkthafteren Leben, in dem die Wahrnehmung der Realität noch schwächer ausfällt und der Geist nichts anderes ist als »das reine Bewusstsein, ein einziges Wunder«.

Auf den Außenstehenden, den Besucher, wirkt es friedlich, dieses Ideal der reduzierten Wahrnehmung. Aber Indien hat in notwendigen Wandel investiert und eine sich wandelnde Gesellschaft braucht etwas anderes. In einer Zeit der Veränderung, so Sudhir Kakar, kann das unterentwickelte Ich »ein gefährlicher Luxus« sein. Die Städte wachsen; die Menschen verlassen die Wohnbezirke ihrer Vorfahren; die Klan- und Familienbande lockern sich. Der Bedarf an schärferer Wahrnehmung nimmt zu und Wahrnehmen muss »eher zu einer individuellen als einer sozialen Funktion« werden.

Dies aber bedroht alles und jedes; es bringt die Menschen

in einer Weise aus dem Gleichgewicht, wie man sie von außen nur schwer nachvollziehen kann. Kaste und Klan, Sicherheit und Glaube und oberflächliche Wahrnehmung: Sie alle gehören zusammen; nicht eines davon kann verändert oder weiterentwickelt werden, ohne die Übrigen in Mitleidenschaft zu ziehen. Wie kann jemand, der von früher Kindheit an die Sicherheit der Gruppe und die Sicherheit eines bis ins Kleinste geregelten Lebens gewöhnt ist, ein Individuum werden, ein eigenständiger Mensch? Er wird untergehen in der riesigen ihm unbekannten Welt; er wird hilflos sein. Er wird sein wie der Acharya in Anantha Murthys Roman, der sich mit seiner Formlosigkeit herumquält: »… ein Stückchen Schnur im Wind, eine Wolke, die sich mit dem Wind formt. Ich bin zu einer bloßen Sache geworden. Durch einen Willensakt werde ich wieder menschlich.«

Für den Acharya gibt es einen sanktionierten Weg, wenn er wieder Mensch werden will; er muss sich nur entscheiden. Aber wie wird jemand zum Individuum, wenn es keinen Weg gibt, ja nicht einmal die Kenntnis des Ziels? Wie lernen Menschen, Mögliches zu denken? Hier können sie nur durch die Geschehnisse hindurchtaumeln und an der Idee des Selbst festhalten. Solange Kaste und Familie alle Beziehungen vereinfachen und die Unantastbarkeit der Gesetze nicht angezweifelt werden darf, solange die Gesetze sich auf Magie stützen und die Einbildungskraft sich mit Epen und Legenden begnügt und die Astrologen ohnehin die Zukunft kennen, fällt es den Menschen schwer, zu beobachten und zu analysieren. Und wie, so könnte mancher fragen, sollen die Inder die Realität ohne den Filter des Glaubens oder der Magie ins Auge fassen? Allzu häufig geschieht es in Indien – auf jeder sozialen Stufe –, dass ein rationales Gespräch über die Probleme des Landes abgleitet und die Rede auf die Magie kommt, auf zutreffende Prophezeiungen von Astrologen, auf das Wissen von der Gunst der Stunde, auf telepathische Kommunikation und auf Dinge, die man unter dem Einfluss einer inneren Stimme getan hat! Immer ist sie da, diese Kenntnis der anderen, geregelten Welt; sie unterminiert – oder bildet das Gegengewicht gegen – den Intellekt ebenso wie eine erste schmerzliche Wahrnehmung.

Wenn Menschen nicht beobachten können, haben sie keine Ideen, sie haben Obsessionen. Wenn Menschen instinkthaft leben, wird die Vergangenheit beständig durch eine Art kollektiver Amnesie verdunkelt. Nur wenige gebildete Inder können sich heute noch an jene heitere Gelassenheit erinnern (oder wollen etwas von ihr wissen), die sie 1962, vor dem indisch-chinesischen Krieg und am Ende der Nehru-Ära empfunden haben, weil man die Unabhängigkeit damals noch ausschließlich als persönliche Würde besaß und, da so viele im neuen Besitz der Würde waren, meinen konnte, Indien habe es geschafft oder sei gerade dabei, es zu schaffen. Nur wenige können sich einen Reim auf die seit damals zunehmende Hysterie des Landes machen: vom Pakistankrieg im Jahr 1965 und der auf ihn folgenden finanziellen Katastrophe über die Dürre und Hungersnot von 1967 bis zur langen Agonie der Bangladesch-Krise von 1971.

Indien ist arm: Diese Tatsache beobachtet man in Indien erst seit jüngerer Zeit, seit das große Bevölkerungswachstum begonnen hat, seit die Städte an sich selbst ersticken und die Industriearbeiter ihre Ansprüche anmelden. Doch für viele Inder scheint die gerade erst entdeckte Armut auch gerade erst entstanden zu sein. Seltsamerweise lautet einer der Vorwürfe, die am häufigsten gegen Indira Gandhi erhoben werden, sie habe es nicht geschafft, die Armut zu beseitigen, wie sie es 1971 versprochen hätte – eben jene Armut, die noch bis vor kurzem bei allen als unvermeidliche Tatsache des indischen Lebens und als heilig, als Grund frommen Stolzes im Sinne Gandhis galt.

Ein berühmter indischer Politiker, der zu seiner Zeit große Macht besaß und fast Premierminister geworden wäre, sagte zu einem ausländischen Interviewer unmittelbar vor der Erklärung des Ausnahmezustands: »Hier gibt's keinen Reis, keinen Weizen ... Noch vor fünf Jahren kaufte eine Familie mindestens zwanzig Pfund Getreide pro Monat ... Wir haben auch Fabriken gebaut ... und Maschinen konnten wir sogar exportieren ... Jetzt müssen wir alles wieder einführen.« Glaubte er wirklich, was er sagte? Kein Reis, kein Weizen, alles importiert? Glaubte er wirklich an das Bild einer unlängst noch wohlhabenderen Vergangenheit? Es spricht einiges dafür, dass er es tat. Er ist Gandhi-Anhänger und wird nicht bewusst die Wahrheit verdrehen. Jeden Tag sitzt er am Spinnrad: Gandhis altes Spinnrad ist heute kein Mittel mehr für die Besitzlosen, ihren Lebensunterhalt zu verdienen, auch kein Symbol für Arbeit und brüderliche Verbundenheit mit den Armen; es ist ein heiliges Werkzeug, eine Hilfe zum Nachdenken (wie bei diesem Politiker) oder (wie bei anderen) eine Yoga-Technik zur Glättung der inneren Wogen, ein Weg zu geistiger Leere. Sein Wissen von der Vergangenheit (als er noch mächtig war) bezog der alte Politiker allein aus sich selbst, aus seinem Herzen. Dort sah er ganz deutlich seine Selbstverwirklichung und konnte – da die Außenwelt nur in dem Maße zählt, wie sie die Innenwelt berührt – in aller Aufrichtigkeit behaupten, es habe eine Zeit gegeben, da sei mit dem Land alles in Ordnung gewesen.

Die Obsessionen der Einzelnen vereinigen sich zu politischen Bewegungen und seit zehn Jahren sind diese Protestbewegungen heftiger geworden. Viele von ihnen richten den Blick zurück auf die Vergangenheit, die sie ihren Bedürfnissen entsprechend umdeuten. Manche, wie die Shiv Sena in Bombay (die zweieinhalb Jahrhunderte bis auf die ruhmreiche Zeit der Marathen zurückgeht) und die Drawidische Bewegung im Süden (die nach dreitausend Jahren am arischen Norden Rache nehmen will), haben positive, belebende Wirkung. Andere, wie die Anand Marg, die gegensätzliche Obsessionen miteinander verschmilzt und sich – als wolle sie das gandhische Programm einfach umkehren – für Kasten, Gewalt und sexuelle Freizügigkeit stark macht, stellen eine besonders grobe Form des Hindu-Kults dar: Sie demonstrieren, gleich anderen in der Vergangenheit, wie leicht der Hinduismus, wenn er sich in seinem Streben nach innerer Kontinuität und Ruhe vom Intellekt und vom Bedarf an Intellekt lossagt, zur Barbarei verkommen kann.

Eine Partei, die Kernwaffen für Indien haben will und dies mit einem Programm kombiniert, in dem der Schutz der heiligen Kuh (freies Futter für Kühe und für jede alte Kuh ein ruhiges Plätzchen) gefordert wird, könnte man zunächst als Witz abtun. Aber es ist kein Witz. Die Partei heißt Jan Sangh, Nationale Partei. Sie ist die bestorganisierte Oppositionspartei; mit ihrem Plädoyer für eine Hindu-Herrschaft spricht sie viele Hindus an, und in den Städten hat sie eine große Anhängerschaft im Mittelstand; ein paar Jahre lang stellte sie die Stadtregierung von Delhi. Bei den Wahlen von 1971 setzte einer ihrer Kandidaten in Delhi ausschließlich auf das Thema »heilige Kühe«.

Dies alles könnte man einfach den Sonderbarkeiten des Landes zuschlagen. In Wirklichkeit gehört es zur tiefgreifenden Verunsicherung Indiens in einer Zeit des schwierigen Wandels, in der viele Menschen, wie der Acharya in Anantha Murthys Roman, mit einem Mal in die Welt geworfen und formlos sind und darum ringen, auf den einzigen ihnen offenstehenden Wegen wieder Mensch zu werden.

2

Mit dem Ausnahmezustand wurden einige dieser Parteien verboten und ihre Führer zusammen mit vielen anderen inhaftiert, und die Menschen außerhalb Indiens, denen der indische Rechtsstaat am Herzen liegt, waren mitunter peinlich berührt, als sie sahen, welche Sache sie unterstützt hatten. In

Indien, wo die Probleme nicht recht begriffen werden, müssen die Ziele vage sein. Beseitigung der Armut, Herstellung von Gerechtigkeit: das bleibt, mag es noch so oft gefordert werden, eher abstrakt. Die Obsessionen der Menschen sind unmittelbarer.

In einer Broschüre der Opposition, die zurzeit in Umlauf ist, geht es um die Folterung politischer Gefangener in indischen Gefängnissen. Diese Folter, das muss man hinzufügen, wird nicht systematisch angewandt wie in Südamerika; sie besteht eher in willkürlicher Misshandlung. Aber die Macht der indischen Polizei ist heute durch nichts begrenzt und die Broschüre übertreibt nicht. Sie übersieht nur die Tatsache, dass es in indischen Gefängnissen immer schon Folter dieser Art gegeben hat. Wie die Armut ist die Folter etwas an Indien, das die Inder gerade erst entdeckt haben.

Noch etwas fällt an der Broschüre auf. Als Folter zählt sie eine Reihe seltsamer Dinge auf. Einem Gefangenen wurde der Schnurrbart abrasiert; viele wurden mit Schuhen geschlagen und mit Schuhen auf dem Kopf durch öffentliche Straßen getrieben; manchen wurde das Gesicht geschwärzt und so fuhr man sie in Fahrradrikschas durch den Basar; ein Hochschullehrer »wurde unter Beleidigungen von einer Seite zur anderen gestoßen«. Es ist nicht das, was man sich normalerweise unter Folter vorstellt; hier geht es um kastenmäßige Verunreinigung, die dauerhafter wehtut und mehr Grund zu hysterischen Reaktionen bietet als alles Verprügeln. Für Indo-Arier ist die Farbe Schwarz etwas Schreckliches; der Schnurrbart ist ein wichtiges Kastenemblem und Unberührbare können umgebracht werden, wenn sie ihren Schnurrbart nicht nach unten abfallend, sondern nach oben gezwirbelt tragen; Schuhe sind aus Leder und treten auf der verunreinigten Erde herum. Fast ohne es zu merken, bringt die Broschüre ihre Anliegen durcheinander: Die Forderung nach Demokratie, Rechtsstaat und menschenwürdigen

Verhältnissen mündet in den Protest gegen Kastenfrevel. Hier finden sich die Menschen so leicht aufs Selbst zurückgeworfen und verlieren so leicht den größeren Überblick. In diesem Land der Gewalt und Grausamkeit, mitten in einer Krise, die Indiens erste intellektuelle Fortschritte bedroht, kann das unterentwickelte Ich noch immer beängstigend naiv sein.

VI Synthese und Mimikry

1

Bei einer Abendgesellschaft in Delhi sagte ein junger ausländischer Hochschuldozent, als er beschrieb, was ihm an den Menschenmassen, die er während seines Indienurlaubs in Bombay gesehen hatte, am meisten aufgefallen war, mit einem Kichern: »Sie machten ihr ›Geschäftchen‹ auf der Straße.« Dies setzte er hinzu, nachdem seine indische Frau mit hintergründiger Bedächtigkeit gesagt hatte, sie sehe Menschen, die einfach leben. Sie kam aus dem Mittelstand und hatte gute Beziehungen. Er war oberflächlich, dynamisch und mittelmäßig, freute sich über jede Extraeinnahme, die er sich verschaffen konnte, und schwang frohgemut zwischen den unteren Ästen im Gelehrtenhain hin und her. Aber in einem wesentlichen Punkt passte das Paar gut zusammen. Die typisch indische, in Kastenwesen und Religion wurzelnde Blindheit der Ehefrau gegenüber Indien hatte viel Ähnlichkeit mit der bequemen Geringschätzung des ausländischen Ehemannes. Die Kombination ist nicht neu; immer wieder in den letzten tausend Jahren indischer Geschichte geschah genau dies: Verstehen auf der Basis indischen Missverstehens. Und Indien war stets das Opfer.

Dieses Paar allerdings lebte im Ausland. Von Zeit zu Zeit kamen beide als Besucher und Indien gab beiden auf je eigene Weise ihr Selbstbewusstsein zurück. Doch für andere Gäste derselben Abendgesellschaft, die in Indien lebten und die neue Bedrohung durch die Millionen und die vielen Ungewissheiten, die Unabhängigkeit und Wachstum mit sich gebracht hatten, am eigenen Leibe spürten, konnte Indien nichts fraglos Gegebenes mehr sein. Die Armen standen nicht länger im Hintergrund. Man wusste, dass ein anderes Hinsehen gebraucht wurde, dass man die Menschen auf den Straßen grundsätzlicher anerkennen musste.

Ebendies versuchte eine andere junge Frau, eine Freundin des im Ausland lebenden Paares. Die Frauen in Bombay, sagte sie und meinte die Frauen der niederen Kasten, trügen einen bestimmten Sari und bevorzugten bestimmte Farben; die Männer trügen einen besonderen Turban. Sie hatte in Bombay gelebt, aber schon darin irrte sie: Es stimmt, dass die Frauen traditionelle Kleidung tragen, aber die Männer in Bombay haben zumeist Hose und Hemd an. Es war ein verräterischer Irrtum: Bei aller Sympathie für die Armen nahm sie immer noch ausschließlich Kastensignale wahr und war ebenso blind wie ihre Freundin.

»Ich will Ihnen was sagen über die Armen in Bombay«, fuhr sie beharrlich fort. »Sie sind schön. Sie sind schöner als die Menschen in diesem Raum.« Aber damit begann sie zu lügen. Sie sprach voller Begeisterung, aber sie glaubte nicht, was sie sagte. Die Armen in Bombay sind nicht schön, nicht einmal mit ihrer malerischen Kleidung in den Farben der niederen Kasten. In Gesichtsfarbe, Gesichtszügen und Körperbau unterscheiden sich die Armen von den Wohlhabenden; sie sind wie ein eigener Menschenschlag, zwergwüchsig, verkrüppelt, schwerfällig und durch Generationen der Unterernährung hässlich geworden; es wird Generationen brauchen, um sie wiederherzustellen. Den Gedanken, die Armen seien schön, hatte diese junge Frau sich geborgt. Sie hatte ihn in eine politische Haltung verwandelt und war bereit, sie zu verteidigen. Aber der Gedanke hatte ihre Wahrnehmung nicht geschärft.

Neue Standpunkte, Haltungen, die ein neues Sehen implizieren, entpuppen sich in Indien häufig als bloße Worte.

Wenn Inder versuchen, über die alten, ebenso sentimentalen wie abstrakten Vorstellungen von der Armut Indiens hinauszugehen und die Armen ernst zu nehmen, müssen sie sich aus ihrer Kultur hinausbewegen und sind deshalb allen nur möglichen importierten Ideen ausgesetzt. Die geistige Verwirrung ist heute größer als zur Zeit der Briten, als die Welt stillzustehen schien, die Probleme einfacher waren und es ausreichte, wenn Indien sein Indischsein behauptete. Damals standen die Armen im Hintergrund. Heute machen sie Druck und müssen berücksichtigt werden.

Aus dem *Indian Express*, 31. Oktober 1975:

> Bildungsministerin Prabha Rau hat Wissenschaftler und Technologen dringend zur Schaffung einer einfacheren Technologie aufgerufen, die nichts Exklusives sein sollte. Mrs Rau sprach als Hauptrednerin auf einer Tagung zum Thema »Wissenschaft und integrierte landwirtschaftliche Entwicklung« ... Sie beklagte, dass bei der Jugend kein Interesse an Wissenschaft und Technologie bestehe, weil »dieses nicht bloß kostspielig, sondern auch das alleinige Vorrecht einiger weniger« sei; sie hoffe, so die Ministerin, es werde zu mehr »aktiver Mitwirkung einer größeren Zahl von Menschen« kommen.

Die Rede ist nicht leicht zu verstehen – ganz sichtlich war der Berichterstatter perplex über das, was er da hörte –, aber sie scheint mehrere unterschiedliche Gedanken zu enthalten. Da ist einmal die Idee, dass auch die Armen eine Ausbildung erhalten müssten (denn die indischen Studenten, die der Rede zufolge aus der Mittelschicht kommen, *haben* ja Interesse an Wissenschaft); da ist der Gedanke, dass die Entwicklung der Mehrheit zugute kommen soll, und schließlich die neue – und gesonderte – Idee einer »Übergangstechnologie«, der zufolge die Technologie in Indien zu den Ressourcen des Landes passen und auf das Wesen der indischen

Gesellschaft Rücksicht nehmen muss. Die beiden ersten Gedanken sind unmittelbar einsichtig, der dritte ist komplexer; aber unabhängig von Komplexität oder Einfachheit sind alle drei Gedanken so sehr bloße Worte, dass sie – entweder von der Ministerin oder vom Berichterstatter – einfach zu einem politischen Manifest zusammengemixt werden, in dem man zum Ausdruck bringt, dass die Armen einem am Herzen liegen.

Die Armen sind fast »Mode«. Und die Idee der Übergangstechnologie ist ein Teil dieser neuen Mode geworden. Der indische Kult gilt dem Ochsenkarren. Er darf nicht abgeschafft werden; nach dreitausend oder mehr Jahren des Rückstands soll die indische Übergangstechnologie den Ochsenkarren verbessern. »Wussten Sie«, fragte mich jemand in Delhi, »dass in den Ochsenkarren genauso viel investiert wird wie in die Eisenbahn?« Ich hatte schon immer meine Zweifel über diese Karren gehabt, aber bis dahin war mir unbekannt, dass sie nicht etwa billig sind, sondern vielmehr sehr teuer, teurer als manche Gebrauchtwagen in England, und dass nur reichere Bauern sie sich leisten können. Ich empfand das als große Verschwendung, von der Art jener Verschwendung, wie sie durch Armut aufrechterhalten wird. Aber ich war froh, dass ich nichts gesagt hatte, denn der Mann, der mir von dieser Statistik erzählte, fuhr fort: »Heute. Aber wenn wir die Leistung des Ochsenkarrens um zehn Prozent steigern könnten ...«

Was sollte das heißen: die Leistung des Ochsenkarrens um zehn Prozent steigern? Höhere Geschwindigkeit, mehr Ladung? Gab es größere Ladungen, die transportiert werden mussten? Doch solche Fragen durften nicht gestellt werden. Die Übergangstechnologie hatte entschieden: Der Ochsenkarren muss verbessert werden. Metallachsen, Lager, Gummireifen? Aber würde das den Ochsenkarren nicht noch mehr verteuern? Würde es nicht Generationen dauern und viel Geld kosten, um diese Verbesserungen einzuführen? Und wenn man schon so weit ging, wäre es dann nicht besser, noch ein bisschen weiter zu gehen und ein harmloses kleines Motorfahrzeug einzuführen? Sollte sich die Übergangstechnologie nicht lieber auf dieses harmlose kleine Fahrzeug konzentrieren, das in der Lage wäre, die kurzen Wege zurückzulegen, die Ochsenkarren in der Regel zu bewältigen haben?

Aber nein, das waren die Phantasien eines Laien: Das Ochsenkarren-Problem wurde so definiert, dass der Ochse sozusagen im Mittelpunkt stand. Das Problem, das die Wissenschaft zu lösen hatte, lag in der unpraktischen Gestalt des Tieres. Der Ochse kann ja, anders als das Pferd, nicht richtig angespannt werden. Er trägt ein Joch auf dem Nacken. So sieht seit Urzeiten die Praxis aus und jetzt muss etwas geändert werden. Dieses Joch ist nicht nur ineffizient; es führt auch zu offenen Wunden und Hautkrebs am Nacken und verkürzt das Arbeitsleben des Tieres. Der begeisterte Ochsenkarren-Anhänger in Delhi erzählte mir, ein Ochse halte nur drei Jahre durch. Aber das war in der Begeisterung sehr übertrieben; von anderen Leuten hörte ich, Ochsen lebten zehn oder elf Jahre. Um das Einspannen ins Joch zu verbessern, musste man gründlich erforschen, welcher Art von Druck der Ochse beim Heben und Ziehen ausgesetzt war. Dazu brauchte man modernste Kontrolltechniken und irgendwo im Süden gab es einen Ochsen, der auf den ersten Blick nur seiner friedlichen unbedeutenden Arbeit nachging, aber verkabelt war wie ein Astronaut.

Ich hoffte, mir dieses Tier bei meiner Fahrt in den Süden anschauen und das Ganze – da Indien ein Land überschwänglicher Berichterstattung ist – im Gespräch mit dem Wissenschaftler, der zum Ochsenkarren-König geworden war, überprüfen zu können. Aber der Mann war außer Landes, auf einer Vortragsreise; er wurde dringend im Ausland gebraucht. Manche Themen wie Armut und Übergangstechnologie geben den Fachleuten zu tun. Ständig werden ihnen internationale Tagungen und Kongresse und Stiftungsstipendien aufgedrängt. Die reichen Länder zahlen; sie diktieren die Leitgedanken, das heißt jene Gedanken der Reichen über die Armen, die entweder statuieren, was gut für die Armen ist, oder einfach nur Panik zum Ausdruck bringen. Ihnen, den reichen Ländern, gelingt es heute sogar, ihre romantischen Zweifel an der Industriegesellschaft zu exportieren: Zweifel, die große Erfolge jeglicher Art begleiten und romantisch sind, weil sie nie den Wunsch beinhalten, diese Erfolge rückgängig zu machen oder auf ihre Früchte zu verzichten. Doch Indien legt sich derlei Zweifel auf die ihm eigene, es schwächende Weise aus und benutzt sie, um sich mit seinem Scheitern zu versöhnen.

Viele der importierten komplexen Ideen, die mit Gewalt durch die Retorte der indischen Gefühlswelt geschickt werden, sind danach von allem Inhalt gereinigt und harmlos; allzu oft führen sie, auf dem Wege über die Religion und heute über die Wissenschaft, zurück zu Vergangenheit und Nichtigkeit: zum Spinnrad, zum Ochsenkarren. Stattdessen müsste die Übergangstechnologie einen Sprung nach vorn bedeuten, einen Sprung über altgewohnte Lösungen hinaus, einen neuen Blick für die Entsprechung von Bedürfnissen und Mitteln. In Indien ist sie in einer Kreisbewegung zu etwas zurückgekehrt, das viel Ähnlichkeit mit dem früheren sentimentalen Kult der Armut und der alten Sitten und Gebräuche hat, und beim Ochsenkarren stecken geblieben: ein faszinierendes geistiges Abenteuer für die mit ihr befassten Menschen, aber steril, losgelöst von Realität und Nützlichkeit.

Und während im Süden die Wissenschaft versucht, den Ochsenkarren zu verbessern, ist man in Ahmedabad im Bundesstaat Gujarat, an der neuen, modernen und teuer ausgestatteten Staatlichen Hochschule für Gestaltung, damit beschäftigt – einem ähnlichen »Übergangs«prinzip und demselben Armenkult folgend –, Werkzeuge für die kleinen Bauern zu entwerfen oder neu zu entwerfen. Unter den fertigen Produkten in dem von Glaswänden umgebenen Ausstellungsraum im Erdgeschoss befand sich ein tragbarer Zerstäuber, der auf den Rücken geschnallt werden sollte. Das knallgelbe Plastikgehäuse wirkte ziemlich modern; aber es war schwer herauszubekommen, warum man in Ahmedabad – abgesehen vom sehnlichen Wunsch, das trostlose Etwas in leuchtendes, modernes Plastikmaterial zu hüllen – das Bedürfnis gehabt hatte, dieses Gerät, das in den Teegärten und anderswo weit verbreitet und, so sollte man meinen, schon hinreichend vereinfacht worden ist, noch einmal neu zu konstruieren. Hatte man etwas hinzugefügt? Ja, in der Tat: im Innern des gelben Plastikgehäuses. Einen schweren Motor, der den Bauern, der ihn über eine bestimmte Zeitspanne hinweg tragen sollte, arbeitsunfähig gemacht hätte; denn bereits jetzt beurteilt er in manchen Teilen Indiens Werkzeuge nach ihrem Gewicht und nimmt lieber einen Pflug aus Holz als einen aus Eisen, weil er ihn mitunter über lange Entfernungen zum Feld tragen muss. Der Mann, der mich herumführte, räumte ein, dass der Zerstäuber schwer sei, gab aber keine weitere Erklärung dazu.

Immerhin gehörte der Zerstäuber in die Moderne. Ein Stockwerk höher saß ein Schüler im vierten Jahr, der unzweifelhaft zu den Stars der Hochschule gehörte, und entwarf Werkzeuge für die alte Welt. Er konnte uns ein Messerschleifgerät zeigen; worin dieses sich freilich von anderen unhandlichen Messerschleifgeräten unterscheiden sollte, fand ich partout nicht heraus. Sein Hauptinteresse galt jedoch Werkzeugen, mit denen man Korn mäht. Aus irgendeinem Grund hatte er etwas gegen die Sichel, auch gegen die Sense, weil die geschnittenen Halme dann zu heftig auf den Boden fallen. Sense und Sichel sollten durch ein Werkzeug mit langen Griffen ersetzt werden, das aussah wie eine Rasenschere: grob gearbeitet, sicherlich deswegen, weil es für Bauern gedacht war und grob und einfach gehalten sein musste. Stellte man es auf den Boden, so bildeten die beiden dicken Metallblätter ein kleines V; beweglich war aber nur eines der Blätter und dieses musste der Bauer mit dem Fuß gegen das fest stehende Schneideblatt stoßen und dann wieder – wie, das hatte der Designer noch nicht entwickelt – vor dem nächsten Schnitt wegziehen.

Als Erfindung fiel dies nach meinem Eindruck Jahrhunderte hinter die Mähmaschine des alten Rom zurück: ein von einem Ochsen vorwärts geschobener niedriger Wagen mit Eisenzähnen am vorderen Rand. Doch der Designer, ein Stadtbewohner, sagte, er habe eine Woche auf dem Land verbracht und die Bauern hätten Interesse gezeigt. Ich erwiderte, das Gerät erfordere, dass sein Benutzer aufrecht steht; Inder hockten sich jedoch bei bestimmten Arbeiten lieber hin. Darauf meinte er, die Menschen müssten eben umerzogen werden.

Sein Alternativgerät konnte überhaupt nur im Stehen benutzt werden. Es waren Schuhe zum Kornmähen. Am linken Schuh vorn war ein schmales Schneideblatt angebracht, an der rechten Seite des rechten Schuhs eine längere geschwungene Klinge. Beim Gang durch das reife Getreide sollte der Bauer es schneiden, indem er den linken Fuß nach vorn stieß, mit dem rechten hingegen einen großen Bogen beschrieb: ein Erntetanz. Das erklärte wohl, warum sich im Ausstellungsraum des Erdgeschosses zwischen den Designerprodukten – dem gelben Zerstäuber für den Bauern; Tafeln mit diversen Firmenlogos; Teetassen, die unsicher auf einem aus Stilgründen zu klein geratenen Boden standen – ein ansonsten eher rätselhaft anmutender Rollstuhl befand. Dieser Rollstuhl muss wohl für Bauern bestimmt gewesen sein: Beim Drehen des Innenrades mit der Hand würde sich der Invalide, wenn mein Test Gültigkeit hatte, die Fingerknöchel am Außenrad abschürfen und beim Anhalten würde er im Rollstuhl nach vorn kippen. Ja, sagte mein Führer ungerührt, das sei tatsächlich so; der Invalide müsse daran denken, sich gut hinten anzulehnen.

Dennoch stand der Rollstuhl im Schaufenster als etwas zum Vorzeigen, ein Produkt der Designerarbeit, und vielleicht stand er dort nur, weil er modern und importiert aussah, wie ein Beweis dafür, dass Indien sich vorwärtsbewegte. Vorwärts im Erdgeschoss, andächtiges Rückwärts im Obergeschoss: an allen Fronten zugleich bewegte sich Indien vorwärts, auf alle möglichen Ideen reagierte es gleichzeitig. Die Staatliche Hochschule für Gestaltung ist die Einzige ihrer Art in ganz Indien; sie ist fabelhaft ausgestattet, es gibt heftige Konkurrenz unter den Bewerbern und die Maßstäbe dürften hoch sein. Aber sie ist eine importierte Idee, eine importierte Institution, und man hat sie als Ganze importiert, einfach so. In Indien wurde sie dann im Handumdrehen von dem sie beseelenden Prinzip abgelöst und auf ihre technische Ausrüstung reduziert, und nun war sie – allerdings nach längeren Kontroversen: gerade erst hatte man einen neuen Verwalter eingesetzt – zu einem höheren Pensionat für nicht-akademische Jugendliche verkommen, zu einer Spielwiese, wo Handwerker für die groben Arbeiten engagiert wurden, wie etwa jene verzagten Männer, die ich im Obergeschoss auf dem Boden hocken und an den Stühlen für andere arbeiten sah: Indiens nicht enden wollende Arbeitsteilung, die dem erklärten sozialen Zweck der Hochschule zuwiderlief.

Mimikry inmitten von Mimikry; halb Begriffenes inmitten von halb Begriffenem: die Schülerin, die im zweiten Jahr Druckerei studierte, und die typographische Übung nicht verstand, die man aufgegeben hatte, sodass sie mit den Drucktypen herumspielte wie ein Kind mit der Schreibmaschine und dabei im Namen der Gestaltung alles zu vermeiden suchte, was an Symmetrie, Klarheit oder Logik erinnerte; die Schülerin im dritten Studienjahr, die eine untalentierte Zeichnung vorzeigte und mit unwissentlicher

Anlehnung an Paul Klee erklärte, sie habe die »Abenteuer einer Linie« dargestellt; und dann jener Schüler im vierten Jahr, der sich mit Werkzeugen für Bauern vergnügte. Es gibt Augenblicke, da scheint es, als sei die geistige Verwirrung Indiens komplett und als könne man nicht mehr zurück zu ersten Prinzipien, die für eine Klärung sorgen. Genau das hätte zu den Zielen einer Hochschule für Gestaltung gehören müssen: den Menschen einen neuen Blick auf den Alltag zu ermöglichen.

Grundkenntnisse der Technikgeschichte hätten diesem Schüler – und den Lehrern, die ihn unzweifelhaft ermutigten – die Sinnlosigkeit solcher Werkzeuge erspart, ja vielleicht schon Grundkenntnisse der Verhältnisse auf dem Lande, ein einfacher Blick darauf. Entworfen wurden die Werkzeuge an einer Institution, an der man offenbar keinerlei Ahnung von den Qualen der indischen Landbevölkerung hatte: weder von den Landlosen oder Schuldknechten noch von den Kinderarbeitern, den viel zu vielen billigen Arbeitskräften, den winzigen, zerhackten Feldern, der Belanglosigkeit der einzelnen Aufgabe. Das ganze Projekt entsprach einem Phantasiebild vom bäuerlichen Leben, vom Bauern, der alle Hände voll zu tun hat, seine reiche Ernte einzubringen: einer romantischen Verklärung, einer Vorstellung von der Einfachheit des vergangenen und vorindustriellen Lebens, die hinter so vielen politischen oder anderen Gedanken in Indien steht; einer Sicht, die nicht auf Sehen beruht.

Mit hoch wissenschaftlichen Mitteln soll der Ochsenkarren verbessert werden. Dann werden die Kolonnen in aller Beschaulichkeit zum Markt ziehen und der Bauer wird, zusammengerollt auf seiner ehrlich erarbeiteten Wagenladung, die Nacht dem Schlaf widmen, ein Mensch, der seinen Rhythmus jenem der Natur anpasst, der ein Partner seiner Tiere ist. Aber derselbe Bauer wird, sobald er wach ist, auf uralte Art seinen Ochsen antreiben, indem er ihm einen Stachelstock in den Anus stößt. Das ist ein unbeachteter, aber notwendiger Teil der Idylle, einer der obszönen Anblicke, die die indische Landstraße bietet: die abscheuliche Grausamkeit des vorindustriellen Lebens, eine gleichbleibende und willkürliche Grausamkeit, die problemlos vom Tier auf den Menschen übertragen wird.

Schönheit des einfachen Lebens, Schönheit der Armen: In Indien werden die Ideen zusammengeknetet und wirken dann wie eine einzige, aber sie sind etwas Getrenntes und Unversöhnliches, weil sie zwei entgegengesetzte Kulturen vertreten.

2

Inder erklären, sie hätten ein Talent zu kultureller Synthese. Wenn sie das sagen, meinen sie die vorbritische Vergangenheit, die Zeit der muslimischen Herrschaft. Und obgleich der Gedanke zu sehr herrschende Meinung und zu sehr Ersatz für Nachdenken und Hinterfragen ist, gibt es für diese Fähigkeit zur Synthese Belege in der indischen Malerei. In den etwa zwei Jahrhunderten ihrer Blüte, bis (sehr grob gerechnet) um 1800, war sie für jeden nur denkbaren, auch den europäischen, Einfluss offen. Sie war in permanenter Wandlung und Entwicklung begriffen, wanderte von einem Zentrum zum nächsten und hatte viele lokale Überraschungen zu bieten. Ihr Erfindungsreichtum – den die Kunsthistoriker auch heute noch entdecken – ist schlichtweg verblüffend.

Im neunzehnten Jahrhundert, mit dem Eintreffen der Briten, starb diese große Tradition ab. Malerei ist immer nur so gut, wie ihre Mäzene es zulassen. Vor den Briten war die indische Malerei eine Kunst der – hinduistischen und muslimischen – Fürstenhöfe und spiegelte das Kulturleben dieser Höfe. Jetzt waren neue Mäzene da, die begrenztere Interessen hatten, und nichts ist trauriger, als zu sehen, wie im Laufe der jüngeren Geschichte Indiens seine Malerei, mitsamt ihren verschiedenen Schulen, zur Kunst der Ostindischen Kompanie, zur Touristenkunst verkam. Aufgezwungen wird nun eine neue Art zu schauen und die indischen Maler werden immer mittelmäßiger, je länger sie »typische Eingeborene« so europäisch darstellen, wie es ihre Techniken erlauben, oder je entschiedener sie die eigene Idee ihrer Handwerkerfunktion, das eigene Gefühl für Formgebung und Bildaufbau unterdrücken und sich mit etwas herumschlagen, das sie als bedeutungsleere »Ansichten« (à la Constable) betrachtet haben müssen. Eine blühende Kunst wird zur Nachahmung, wird zweitklassig, unsicher (immer mit einigen regionalen Ausnahmen); sie weiß, dass sie nicht konkurrieren kann; sie welkt dahin und wird schließlich von der Kamera verdrängt. Es ist genauso, als müssten Maler in einem eroberten Europa plötzlich die gesamte europäische Kunst ausklammern und Genrebilder in, sagen wir, japanischer Manier malen. Möglich ist das, aber der Kraftaufwand wird tödlich sein.

Heute hat Indien seine einst fast erloschenen Traditionen des klassischen Tanzes und seine Teppichweberei wiederentdeckt. Aber die Maltradition ist weiterhin unterbrochen; die Malerei kann nicht einfach dorthin zurückgehen, wo sie aufgehört hat; zu vieles liegt dazwischen. Die indische Vergangenheit ist keine Inspirationsquelle mehr für die indische Gegenwart. Auf dem Feld des künstlerischen Sehens ist der Westen zu dominant und zu vielfältig und so bleibt Indien, wie ein Blick auf Werbung und Illustration in jeder beliebigen indischen Zeitschrift zeigt, weiterhin nachahmend und unsicher. Ohne die eigenen lebendigen Traditionen hat das Land die Fähigkeit verloren, zu inkorporieren und zu adaptieren; es versucht, das Geborgte ungekaut hinunterzuschlucken. Bei aller scheinbaren kulturellen Kontinuität, bei aller Lebendigkeit seiner Tanzkunst, seiner Musik und seines Kinos ist Indien kein Ganzes: Eine seiner schöpferischen Seiten ist tot. Diesen Preis musste es für seine britische Periode zahlen. Der Verlust ist die Kehrseite des gleichzeitigen intellektuellen Erstarkens, der (in der indischen Geschichte nie dagewesenen) politischen Selbstwahrnehmung und der politischen Reorganisation.

Was für die indische Malerei gilt, trifft gleichermaßen auf die indische Architektur zu. Auch hier ist eine Tradition unterbrochen; auch hier liegt zu vieles dazwischen und die Moderne – oder was dafür gehalten wird – muss heute ungekaut hinuntergeschluckt werden. Das Resultat ist verheerend. Jahr um Jahr wächst Indiens Bestand an nahezu unbenutzbaren modernen Gebäuden. Alte Vorstellungen von Belüftung sind »out«; moderne Klimaanlagen sind »in«; sie entbinden den Architekten von der Notwendigkeit, für die schwierigen Klimaverhältnisse zu bauen, und lassen ihn ungehindert kopieren. In Ahmedabad gibt es nicht nur die Hochschule für Gestaltung; als fortschrittliche Stadt besitzt es auch ein modernes kleines Flughafengebäude. Das Dach ist weder flach noch geneigt, sondern wellenförmig gebaut, und es ist niedrig. Die warme Luft kann nicht sonderlich hoch steigen und die Glaswände, die dekorativ mit einem modernen Netztuch verhängt sind, lassen die indische Nachmittagssonne herein. Es empfiehlt sich, draußen bei den Taxifahrern zu bleiben, wo die Temperatur nur bei etwa achtunddreißig Grad liegt. Drinnen wird Feuer mit Feuer, Moderne mit Moderne bekämpft; in diesem Glasofen summt ein teures, Strom fressendes Luftkühlungsgerät Marke »Gulmarg«, um das sich diejenigen drängen, die etwas auf sich halten und denen ein Schutzdach gebührt.

In der Wüstenstadt Jaisalmer in Rajasthan hat die Regierung des Bundesstaates unlängst ein Gästehaus für Touristen bauen lassen, auf das sie sehr stolz ist. Von einem zentralen Gang gelangt man in kleine Zimmer und gleich hinter den Fenstern, die kein Vordach haben, beginnt die Wüste. Aber die Zimmer brauchen nicht stickig zu sein. Für zehn zusätzliche Rupien pro Tag kann man die Fensterläden schließen, das elektrische Licht einschalten und die Klimaanlage benutzen, einen riesigen, ins Fenster eingebauten Fabrikventilator, der den kleinen Raum mit seinem Dröhnen erfüllt. Dabei ist Jaisalmer berühmt für seine alte Baukunst, seine Paläste und die fast venezianische Pracht einiger seiner Straßen. Und im Basarviertel stehen traditionelle Häuser mit Innenhof in herrlicher Natursteinversion für die Wüste: hoch gebaut, sodass die äußeren Räume genug frische Luft bekommen, während ein Teil des Hauses immer im kühlen Schatten liegt.

Aber Vergangenheit ist Vergangenheit: Architektur ist in Indien ein moderner Studiengang und als solcher eine weitere importierte Fertigkeit, Teil der Tradition eines anderen. In der Architektur ebenso wie in der Kunst ist Indien, ohne die Sicherheit einer lebendigen Tradition, im Nachteil. Modernes – oder Indisches – bleibt allzu oft bloße Fassade; im Innern finden wir, und zwar zusehends und heute sogar an entlegenen Orten, einen Alptraum an fehlgenutzter Technik oder missverstandener moderner Formgebung: Zimmer, gebaut wie für Sibirien, immer künstlich beleuchtet, angefüllt mit dem Lärm der Strom fressenden Klimaanlage und unbewohnbar ohne sie, während das aus ihr austretende Wasser die Wände herabrinnt und den genau eingepassten Teppich ruiniert: Kosten über Kosten, eine Verschwendung, die der Armut durch Unwissenheit oft zusätzlich aufgebürdet wird.

Es gab eine Zeit, da sagten Inder, die im Ausland gewesen waren und dort einen simplen Studienabschluss oder eine simple Fertigkeit erworben hatten, sie seien heimatlos geworden und gehörten nun weder in den Osten noch in den Westen. Aber damit machten sie sich nur lächerlich und setzten sich in Szene: Sie nahmen ja Indien und indische Wahrnehmungsweisen immer mit. Heute, zur Zeit des großen Migrationsschubs, hört man nichts von solcher Heimatlosigkeit. Stattdessen sagen Inder, sie seien zu gut ausgebildet für Indien. Meist trifft das Gegenteil zu: Sie sind nicht gut genug ausgebildet; sie wollen nur ihre Lektionen wiederholen. Das importierte Können hat keinerlei Verankerung; es ist ein Können ohne Leitsätze.

Eines Abends, im Zug auf der Rückfahrt nach Bombay, hörte ich dieselbe Klage von einem dicklichen jungen Mann mit ausdruckslosem Gesicht. Er sei zu gut ausgebildet für Indien, sagte er, und er sprach die abgedroschenen Worte ohne Ironie oder Verlegenheit aus. Er habe in den Vereinigten Staaten einen Computerlehrgang absolviert, und da er Geld habe, würde er gern eine Fabrik gründen, wo er die amerikanischen Geräte, über die er etwas gelernt hatte, bauen lassen könnte. Aber Indien sei für diese fortgeschrittene Technik nicht gerüstet und er glaube, dass er vielleicht auf Dauer in die Vereinigten Staaten zurückgehen sollte.

Ich wollte mehr über seine Zeit in den USA hören. Aber über dieses Land hatte er kaum noch Weiteres zu sagen, auch nicht – während die verregneten Industrievororte von Bombay, rostbraun, schwarz und grün, am Fenster vorbeiglitten – über Indien. Amerika war so, wie er es erwartet hatte, sagte er. Konkrete Einzelheiten nannte er nicht. Und Indien taxierte er – selbst nach der Zeit in den USA und trotz allem, was wir durch das Fenster sehen konnten –, wie ein Unternehmer es taxieren würde.

Er stammte aus einer nordindischen Kaufmannskaste und von Kastengesinnung zeugte sein ganzes Auftreten. Er gehörte zum alten Indien; nichts war geschehen, das ihn aus dieser Sicherheit herausgerüttelt hätte; er hinterfragte nichts. Aus der Außenwelt hatte er gerade mal Fachwissen über Computer ergattert, so wie er in weniger komplizierten Zeiten daheim etwas über Tuche oder Getreide gelernt hätte. Nach seinen Worten war er zu gut ausgebildet für Indien. Aber er war – um mit dem Ingenieur zu reden, den ich in Bombay kennengelernt hatte – wie der Klempner aus den Slums: ein Mann aus einfachen Verhältnissen, der eine höhere Fertigkeit ausüben sollte und es blind tat. Wasser ist das tägliche Geschäft des Klempners; aber Wasser ist für ihn Luxus, etwas, wofür seine Frau jeden Morgen Schlange stehen muss; deshalb kann er nicht begreifen, warum ein Wasserhahn unbedingt gerade angebracht werden muss, in der Mitte einer Fliese. Genauso sah der Computerexperte, der nichts besaß als sein Spezialkönnen, trotz seiner einfachen Herkunft und trotz Indien seine Aufgabe darin, Computer hinzustellen, irgendwo.

Die Anpassung der Technik an die Bedürfnisse eines armen Landes erfordert höchstes Können, ein glasklares Sehen. Das alte Indien, das so häufig zum instinkt- und nicht verstandesgeleiteten Leben einlädt, setzt der Sehkraft Grenzen. Und der notwendige Versuch, der importierten Technologie etwas vom »Exklusiven« zu nehmen – diese verwirrende und vielleicht verwirrte Wortwahl präsentierte uns die Bildungsministerin von Maharashtra –, endete in der Schule des Ochsenkarrens, in einer Mischung aus Mimikry und Phantasiegebilde. Immerhin: Es ist schon etwas – und vielleicht eine ganze Menge –, dass Indien überhaupt das Bedürfnis hatte, den Versuch zu machen.

3

Indien ist alt und Indien besteht weiter. Aber sämtliche Disziplinen und Fertigkeiten, die Indien heute ausüben will, sind geborgt. Selbst die Vorstellungen, die die Inder von den Errungenschaften ihrer Kultur haben, sind im Wesentlichen jene, die sie im neunzehnten Jahrhundert von europäischen Geisteswissenschaftlern übernommen haben. Aus eigenen Stücken hätte Indien seine Vergangenheit nicht wiederentdecken oder beurteilen können. Sie war viel zu präsent, sie wurde noch immer – im Ritual, im Rechtswesen, in der Magie – gelebt als jenes instinkthafte Leben, das jedes Reaktionsvermögen erstickt und den schieren Gedanken an

Nachfragen unter sich begräbt. Für die indische Malerei gibt es heute indische Kunsthistoriker, aber selbst gebildete Menschen gehen in der Regel noch immer ikonographisch an die Malerei heran, mit dem Ziel, Gottheiten und Bildthemen wiederzuerkennen. Eine unlängst abgestorbene Tradition, ein unwandelbarer Glaube: Der Verlust an Kreativität bleibt unbemerkt.

Blind verleibt Indien sich seine Vergangenheit ein. Um sie verstehen zu können, muss das Land fremde akademische Disziplinen ausborgen, und nicht anders als bei der Technik ist deren ausländische Herkunft unübersehbar. Es ist viel historisch geforscht worden; doch die europäischen Methoden der Geschichtswissenschaft, die einer bestimmten Kultur mit den ihr eigenen, in Entwicklung befindlichen Vorstellungen von der Conditio humana entstammen, lassen sich nicht auf die indische Kultur übertragen; zu vieles entgeht ihnen. Ob politische oder dynastische Ereignisse, ob Wirtschaftsleben oder kulturelle Entwicklungstrends: Der europäische Ansatz trägt wenig zur Erhellung bei, wirkt vielmehr wie ein erfolgloser Versuch, Indien mit Europa gleichzusetzen, und gibt nur ein Zerrbild der immer wieder von Stillständen unterbrochenen Bewegung der indischen Kultur mit ihren kurzen Blütezeiten und langen Phasen der Sterilität, in denen die Menschen durch das instinkthafte Leben vereinnahmt werden und Kontinuität in Barbarei umschlägt.

Die Geschichtswissenschaft mit ihrem schrillen Nationalismus, die Soziologie mit ihrem mathematischen Ansatz und ihren Tabellen: Diese geborgten Disziplinen bleiben geborgt. Bislang haben sie Indien kaum eine Idee von sich selbst verschafft. Seine Geschichte besitzt Indien so wenig wie seine Kunst. Die Menschen haben eine Vorstellung von der Vergangenheit und zitieren Zustimmendes aus ausländischen Quellen (eine Gewohnheit, die alle Inder beklagen und der sich alle schuldig machen). Doch die meisten richten, wenn sie erkennen wollen, was Indien ist, den Blick nach innen. Sie befragen sich selbst: In der persönlichen Vergangenheit, in der Art ihres Kasten- oder Klanlebens, in ihren Familientraditionen finden sie jene Idee Indiens, von der sie wissen, das sie wahr ist, und nach der sie handeln.

Die indischen Zeitungen spiegeln dieses begrenzte Sehvermögen, diesen Mangel an Nachfragen, an etwas, das man menschliches Interesse nennen kann. Die – von ausländischen Beobachtern eigens erwähnte – Lebendigkeit der indischen Presse in der Zeit vor der Pressezensur blieb beschränkt auf die Meinungsseiten. Die übrigen Seiten enthielten vor allem Kommuniqués, Pressemitteilungen, Meldungen über Ansprachen und Amtshandlungen. Der indische Journalismus hat keine Tradition der Reportage entwickelt; oft berichtete er von Indien wie von einem fremden Land. Hier eine Meldung (ohne Überschrift) aus dem *Statesman* vom 17. September 1975:

> *Junge Frau springt in den Tod:* In der 60 km von Bangalore entfernten Stadt Chennaptna sprang nach Mitteilung der Polizei kürzlich eine Frau in den Tod, nachdem sie ihre beiden Kinder in einen Brunnen geworfen hatte. – PTI

Kürzlich! Und das ist alles; das Kommuniqué der Polizei muss genügen; kein Reporter wurde losgeschickt, um vom Geschehen zu berichten. Aus der *Times of India* vom 4. Oktober 1975:

> In Muzaffarnagar wurde, wie die Polizei gestern mitteilte, ein »Augenchirurg« verhaftet; er hatte im Februar 70 Augenoperationen durchgeführt, die bei 20 Personen den Verlust der Sehkraft herbeiführten und bei zahlreichen anderen ernsthafte Schädigungen verursachten. Der Mann, offenbar ein Ayurveda-Arzt ohne Kenntnis der Chirurgie, hatte den Patienten in Jalgaon die Operation zum Vorzugspreis angeboten.

Das ist alles; die Geschichte ist zu Ende; weiter wird es nichts mehr geben.

Ein Kastenblick: Was weit von mir weg ist, ist weit von mir weg. Die indische Presse hat sich ihre Funktion auf indische Weise ausgelegt. Sie hat nicht versucht, Indien mit sich selbst bekannt zu machen; sie weiß nicht recht, wie sie es anstellen soll, und sie hat es nie als nötig empfunden. In den Jahren der Freiheit ist sie nie wachsam gewesen; abgesehen vom politischen Inferno ihrer Meinungsseiten, sah sie kaum Anlass, sich Gedanken zu machen. Ihr Indien war Hintergrund, es bestand einfach weiter. Erst eine linke Zeitung mit kleiner Auflage, die in Bombay erscheinende *Economic and Political Weekly*, hat die Missstände in den Kohlegruben des Bezirks Dhanbad in Bihar aufgedeckt, wo Arbeiter von Geldverleihern und ihren Banden terrorisiert wurden. Kurz nach der Erklärung des Ausnahmezustands verkündete die Regierung, zweihundert oder dreihundert Geldverleiher seien verhaftet worden. Auch das erschien in der indischen Tagespresse lediglich als simple Agenturmeldung. Keine einzige Zeitung brachte sie in einen Zusammenhang mit dem Vorhergegangenen oder schien ihre Bedeutung zu verstehen und niemand ging der regierungsamtlichen Behauptung nach. Lediglich der in Kalkutta erscheinende *Statesman* brachte einige Zeit später eine Reportage, in der berichtet wurde, wie es ist, in eine Grube in Dhanbad einzufahren: ein »farbiges« Feature, erzählt als persönliches Abenteuer, eine indische Geschichte, zu der die Bergleute den Hintergrund abgeben.

Seit Beginn des Ausnahmezustands hat die Regierung – aus durchsichtigen Gründen – angeordnet, die Zeitungen sollten weniger aus der Politik berichten und sich mehr auf soziale Probleme konzentrieren. Sie hat die Presse aufgefordert, auf »investigative Berichterstattung« hinzuarbeiten – die geborgten Worte sind Secondhandware, und man könnte sagen, dass die Nachrichten über Indien in der indischen Presse nie so schlimm waren wie heute. Die jüngsten Ausgaben der *Illustrated Weekly of India* (die auch vor dem Ausnahmezustand schon mehr gewagt hatte) brachten Reportagen über Schuldknechtschaft, Kinderarbeit und Kinderehen. Endlich hat die indische Presse angefangen, Indien mit sich selbst bekannt zu machen. Aber sie tut es unter Zwang. Dies gehört zu den Paradoxa, die Indien im Ausnahmezustand kennzeichnen und das Urteil über diesen so sehr erschweren: Die Gefahren liegen auf der Hand, aber die Ergebnisse scheinen fast positiv. Zwar hat die Presse ihre politische Freiheit verloren, aber ihre deutende Funktion hat sie ausgebaut.

Ebenso wie am Ende die Technik kann auch die Presse den indischen Bedürfnissen angepasst werden. Aber was ist mit der Justiz? Wie soll dieses Rechtssystem, das andere Kulturen mit anderen Wertvorstellungen Indien hinterlassen haben, hier Gerechtigkeit schaffen und kontinuierlich seine Rolle als umwertende, umgestaltende Instanz spielen? Aus der *Times of India* vom 5. Oktober 1975:

> Premierministerin Indira Gandhi sagte heute, das indische Rechtssystem müsse im Prozess der gesellschaftlichen Transformation eine »dynamische Rolle« spielen und das »hemmende Vermächtnis aus der kolonialen Vergangenheit« abschütteln ... »Das Recht«, so Mrs Gandhi, »muss ein Instrument sozialer Gerechtigkeit sein.« Zur Erklärung der »dynamischen Rolle« des Rechtssystems sagte sie, es solle zur Befreiung des menschlichen Geistes und der vom Menschen geschaffenen Institutionen aus der Zwangsjacke überholter Sitten und Gebräuche beitragen. Die Achtung der Menschen vor dem Gesetz, so Gandhi, hänge davon ab, wie sehr sie glauben, dass es ihnen echten und unparteiischen Schutz gewähre. Sie setzte hinzu: »Unsere Vorfahren erkannten dies, als sie erklärten, die Gesellschaft müsse den *dharma* hochhalten, damit der *dharma* die Gesellschaft trägt.«

Aber wie soll das importierte System seine dynamische Rolle in Indien spielen? Die Schwierigkeit, der Widerspruch liegt im Begriff *dharma* selbst. Das Wort *dharma*, das Mrs Gandhi hier benutzt, bedeutet vielerlei: Gläubigkeit, Pietas, alles, was man als richtig, religiös und heilig empfindet. Das Recht soll dem *dharma* dienen oder ihm wenigstens nicht widersprechen, und das ist offenbar nur legitim. Doch der im indischen Gesellschaftssystem sich äußernde *dharma* ist durchsetzt mit Ungerechtigkeit und Grausamkeit und ruht auf einem sehr beschränkten Menschenbild. Er verträgt sich mit Schuldknechtschaft ebenso wie früher mit der Witwenverbrennung. Der *dharma* kann gegen die Idee der Gerechtigkeit resistent sein. Die indische Justiz wirkt manchmal wie ein forensisches Spiel, das den Zusammenstoß mit jenen Missständen, denen es eigentlich abhelfen soll, tunlichst vermeidet, und es fällt schwer, sich vorzustellen, was ihm anderes übrig bleibt, solange das indische Gesellschaftssystem Bestand hat und solange der *dharma* mehr Verehrung genießt als die schlichten Menschenrechte.

A. S. R. Chari ist ein berühmter indischer Strafverteidiger. Über einige seiner Fälle hat er ein Buch geschrieben und im Oktober 1975 hat *Blitz*, ein in Bombay sehr verbreitetes linkes Wochenblatt, die folgende Geschichte aus dem Buch nacherzählt. In Maharashtra wurde in den fünfziger Jahren eine Ehe zwischen der Tochter eines Tuchhändlers und dem Sohn eines Rechtsanwalts arrangiert. Zur Hochzeitszeremonie erschien der Anwalt mit hundertfünfzig Gästen, die alle auf Kosten des Tuchhändlers Kost und Logis erhalten sollten. Der Letztere erhob Einwände dagegen, worauf der Anwalt, wütend über die Unhöflichkeit und scheinbare Knauserigkeit, dem Tuchhändler, um ihn zu beleidigen, zweitausend Rupien in Banknoten vor die Füße warf. Dennoch blieb es bei der Eheschließung: Der Sohn des Anwalts heiratete die Tochter des Tuchhändlers. Aber der Anwalt verbot seinem Sohn jeglichen Kontakt zur Familie seiner

Frau und der Schwiegertochter den Besuch ihrer Eltern. Die junge Frau litt sehr. (»Es scheint, als sei sie ein ziemliches Nervenbündel gewesen«, schreibt Chari.) Besonders litt sie, als sie ihre Schwester nicht im Krankenhaus besuchen durfte. Ihr Mann blieb fest, als sie ihn um Erlaubnis bat. Er sagte: »Du kennst die Sachlage. Ich kann es nicht erlauben. Sei nicht allzu unglücklich darüber.« Als der junge Mann in derselben Nacht aufwachte, fand er seine Frau tot neben sich liegen.

Im Darm der Toten wurde Zyanid gefunden und der junge Mann wurde des Mordes angeklagt. Der Staatsanwalt argumentierte, die Frau habe sich in Bombay das Zyanid nicht selbst beschaffen können; ihr Ehemann, der als Fotograf diverse Chemikalien in seiner Dunkelkammer hatte, müsse es ihr verabreicht haben. Aber die Polizei hatte weder Zyankali noch Natriumzyanid gefunden; das Einzige, was sie fand, war das ungiftige Kaliumhexacyanoferrat. Für Chari – der den jungen Mann im Berufungsverfahren gegen das Todesurteil vertrat – bedeutete das den entscheidenden Hinweis. Diese Substanz »ist zwar von sich aus kein Gift, wirkt aber giftig, wenn es von einer Person eingenommen wird, die an Übersäuerung leidet – das heißt, die zu viel Magensäure absondert.« Also musste die Frau Selbstmord begangen haben. Ihr Ehemann wurde freigesprochen.

Dem Recht war Genüge getan. Aber das Unrecht, das der Toten angetan wurde, gab kaum Anlass zu einem Kommentar. Der Oberste Gerichtshof, vor dem die Berufungsverhandlung stattfand, sprach von »falschen Vorstellungen von Familienehre«, aber Charis legalistische Darstellung, die im *Blitz* veröffentlicht wurde und in der es ständig um technische Fragen der Zulässigkeit von Beweismitteln geht, lässt die Bestrafung des Tuchhändlers durch den Selbstmord seiner Tochter als etwas erscheinen, was eben mitunter passiert. »Ja«, sagte einer der Berufungsrichter, »man muss schon so gründlich vorsorgen, dass man jeden Wunsch eines Gastes aus der Familie des Bräutigams erfüllen kann.« Und in diesem Ja zu den traditionellen Erfordernissen der Familienehre verschwindet die Tragödie der jungen Frau: Ihrer Familie, die sie nicht besuchen darf, schreibt sie Briefe (»Gottes Wille geschehe«) und sie akzeptiert viel zu schnell, dass ihr junges Leben missraten ist und beendet werden muss.

Das Recht vermeidet den Zusammenstoß mit dem *dharma*. Doch gerade mit ihm muss es sich auseinandersetzen, wenn es eine »dynamische Rolle« spielen soll. Da liegt die Schwierigkeit: Um mit den neuen Zwängen fertig werden zu können, muss Indien sich in mehrfacher Hinsicht selbst unterminieren, seine alte Sicherheit preisgeben. Die geborgten Institutionen dürfen nicht mehr nur als geborgte Institutionen, als Tribut an die Moderne fungieren. Inder erklären, sie hätten ein Talent zur Synthese. Eher könnte man sagen, sie hätten als besiegtes Volk allzu lange geistig von anderen Kulturen schmarotzt. Um in der Unterwerfung zu überleben, haben sie ihr Allerheiligstes – das instinkthafte, unschöpferische Leben – bewahrt und es in ein religiöses Ideal verwandelt; auf weltlicher Ebene heißt das, sie waren angewiesen darauf, dass andere die Ideen und Institutionen lieferten, die ein Land zum Funktionieren braucht. Der Ausnahmezustand, der so bald nach der Unabhängigkeit kommt, verdeutlicht in aller Drastik, dass Indien keine schöpferische Kraft besitzt, dass es geistig entleert und hilflos ist und keiner der Inder eine adäquate Idee Indiens besitzt.

VII Das verlorene Paradies

1

»Wir sind wie ein Zoo«, sagte die schwermütige gutbürgerliche Dame in Delhi. »Vielleicht sollten wir Eintritt verlangen.«

Sie lebte in Indien; ich war Besucher. Sie hatte eine Rüge im Sinn, womöglich gar eine Beleidigung, aber man konnte sie leicht übergehen. Indien war wie ein Zoo, weil Indien arm und grausam und vom Weg abgekommen war. Diese Tatsachen über Indien hatte sie mit dem Ausnahmezustand gerade erst entdeckt, und sie machte ihre Entdeckungen nicht nur mit dem Verstand. Früher einmal mochte sie – wie andere Leute aus dem Mittelstand, wie andere, die sich in ihrer Kastenwelt sicher fühlten – in der Lage gewesen sein, Abstand zum indischen Chaos zu halten; jetzt merkte sie, dass sie zusammen mit ihm unterging.

Ihr Ehemann hatte Verbindungen zur Opposition; seine Karriere war plötzlich in Frage gestellt; er lebte in Angst vor einer Verhaftung. In der Zeit vor dem Ausnahmezustand – als die Studenten rebellierten, die Gewerkschaften streikten und es möglich schien, Mrs Gandhis Regierung loszuwerden und einen Neubeginn in Indien zu machen – war er eine bekannte Figur gewesen. Jetzt war sein ganzer politischer Schneid in Hysterie umgeschlagen. Handeln war nicht mehr möglich; die Revolution, an deren Spitze er zu marschieren schien, hatte sich in nichts aufgelöst und ihn schutzlos zurückgelassen.

»Zu Tausenden werden wir uns um ihr Haus versammeln und sie daran hindern, es zu verlassen oder Besucher zu empfangen. Tag und Nacht werden wir unser Lager dort aufschlagen und ihr zurufen, sie solle zurücktreten. Auch wenn die Polizei uns festnimmt, uns zusammenschlägt, uns niedermetzelt. Wie viele können sie niedermetzeln? Und was werden sie mit den Leichen tun?« Genau das verhieß der alte Mahadev Desai, berühmter Anhänger Mahatma Gandhis und ehemaliger stellvertretender Premierminister, einem ausländischen Interviewer. Aber dann, nur wenige Stunden später, nahm man Desai fest, bestimmt zu seiner eigenen Überraschung (»Ich ziehe den Gedanken vor, dass Mrs Gandhi lieber Selbstmord beginge, als etwas so Ungeheuerliches zu tun«, hatte er dem Interviewer gesagt und damit offenbart, ohne es zu ahnen, wie eitel und prahlerisch seine Gandhi-Attitüde war). Und es gab keinen Aufstand, keine Leichen vor Mrs Gandhis Haus in Neu-Delhi.

Jaya Prakash Narayan, der meistgeachtete Oppositionsführer, war klüger. In seiner letzten öffentlichen Rede in Neu-Delhi am Vorabend seiner Verhaftung fragte er die Studenten unter seinen Zuhörern: »Werdet ihr zum Unterricht gehen oder ins Gefängnis?« »Gefängnis!«, riefen sie zurück. Und dann sagte er: »Wir werden sehen.« Und als der Augenblick gekommen war, taten die Studenten gar nichts; sie waren aufgegangen im großen Frieden des Ausnahmezustands.

Es zeigte sich, dass die Revolution keine war. Und Indien, das nur wenige Wochen zuvor in der Lage schien, neue gandhische Leidenschaften zu entfachen, war so etwas wie ein Zoo geworden. Die traurige Dame rückte auf ihrem Stuhl nach vorn, spreizte unter den Hüllen ihres Saris die Knie und blickte auf den Boden, während sie bedächtig den Kopf wiegte, als sinne sie über die abgrundtiefe indische Tragödie nach; ihr Mann dagegen versuchte, den Verkehrslärm zu übertönen, der durch die offenen Fenster drang, und entwarf Bilder der bevorstehenden Repression.

Seine persönlichen Ängste dehnte er auf das ganze Land aus: Er prophezeite, dass die von den Briten errichtete »Gartenstadt« von Neu-Delhi, die die indischen Herrschenden mittlerweile geerbt hatten, sich bald schon gegen die Armen verbarrikadieren und mit Maschinengewehren bewachen lassen würde. Ich fand, er gehe ein bisschen zu weit, aber er erklärte, die Vertreibung der Armen habe bereits begonnen. Eine illegale Siedlung in der Diplomatenenklave sei dem Erdboden gleichgemacht worden und man habe die Menschen samt ihrer Habe in den Regen hinausgejagt.

Viele Wochen später tauchte dieses städtische Ereignis als brandneue Nachricht aus dem neuen Indien in einer Londoner Zeitung auf: Niederwerfung des Sozialismus, Beginn des Angriffs auf die Armen – indische Ereignisse mit südamerikanischer Deutung und damit für jedermann leichter zu begreifen. Der Bericht fing die ganze Hysterie ein, mit der man mir die Nachricht bereits mitgeteilt hatte. Aber an jenem Abend in Delhi erinnerte ich mich daran, dass solche Vertreibungen illegaler Siedler gar nichts Neues waren. Zur Zeit meines ersten Besuches in der indischen Hauptstadt im Jahr 1962, als Nehru noch regierte, hatte man eine vergleichbare Siedlung im gutbürgerlichen Stadtviertel Defence Colony mit Bulldozern niedergerissen. Tagelang lag das zusammengefallene braunschwarze Schauobjekt aus Stroh, Sackleinen und Lehm neben der Schnellstraße – es war, als wären die Menschen, die dort gelebt hatten, gleichsam herausgeschnupft, weggeblasen worden. In der Zeitung war ein Foto abgedruckt; aber nicht viele kamen, um sich die Sache selbst anzusehen; es gab keinerlei Aufschrei.

Doch das war 1962, im letzten Jahr der Vaterfigur Nehru, im letzten Jahr der für den indischen Mittelstand glorreichen Zeit nach der Unabhängigkeit: Damals schien es (bis das Trugbild im indisch-chinesischen Krieg zerstob), als habe

Indien es geschafft; damals galt die Unabhängigkeit noch als eine Sache persönlicher Würde; mit ihr bekam Indien im Ausland eine Stimme und wurde im Inland zur Sache der Inder, eröffnete neuartige Jobs, eine Managerstelle, eine Berufung in den neuen diplomatischen Dienst, bedeutete neuen Glanz und bewusstes Zurschaustellen indischer Kleidung und »Kultur«.

Damals hätte dieselbe Dame, die im Jahr 1975 einen so betrübten Blick auf die Tragödie Indiens warf und Besucher ressentimentgeladen als Voyeure empfand, das Thema »Armut in Indien« für erledigt gehalten; sie hätte wie alle anderen Damen aus dem Mittelstand vom Glück der Armen gesprochen (das größer war als das der anderen), von ihren Sitten, ihrer Würde, von der Art, wie sie ihre Bruchbuden sauber halten; sie hätte die indischen Armen in scharfen Gegensatz zu den unbeschreiblichen Slumbewohnern im Ausland gebracht. Jetzt hatten die Zeiten sich geändert. »Indien den Indern«, das hieß nicht länger Neuverteilung der Jobs, Zuteilung dessen, was die Briten hinterlassen hatten. Es war der Slogan einer Oppositionspartei, ein populistisch-religiöser Appell an die Hindus, eine Drohung gegen Minderheiten, Teil der geistigen Verwirrung, der neuen Unsicherheit, des blinden Angelns nach irgendwo schlummernden Phantasien und Obsessionen, der großen erbitterten Unruhe von ganz unten.

Die Frau schaute zu Boden, und während ihr Mann umherging und sich unterhielt, wiegte sie bedächtig den Kopf und machte »Hm«. In dieser Stellung hingen ihre Wangen schlaff herab und das ließ sie älter erscheinen und verstärkte ihren schwermütigen Gesichtsausdruck. Sie kannte in der abgerissenen Siedlung eine Familie. Arme Leute, einfache Leute. Der Mann sei aus den Bergen nach Delhi gekommen. Er habe Arbeit gefunden und sich auf diesem Stück Land ein Häuschen gebaut. Dann holte er seine Frau nach und bekam mit ihr vier Kinder. Er war erst dreißig. Armer Kerl, was hatte er sonst für Vergnügungen? *Er* hatte kein Fernsehen. Er habe auch seinen Bruder nachgeholt und der Bruder wiederum seine Frau und auch sie hätten Kinder bekommen. Dieses Leben war nun in Trümmer gelegt worden. Allesamt wurden sie in den Regen hinausgejagt. In den Regen: Die Regierung konnte nicht einmal warten, bis der Monsun vorüber war.

Aber waren sie wirklich so einfach hinausgejagt worden? Hatte man es ihnen nicht irgendwie angekündigt? Ja, ein Jahr vorher. Aber was können arme Leute schon tun? Es stimmte auch, dass diejenigen, die damals Anträge stellten, anderswo eigene Parzellen zum Bauen erhielten. Aber was wissen Arme schon von Anträgen? Wer hat ihnen denn dabei geholfen? Außerdem lagen die neuen Parzellen etwa fünfzehn Kilometer weit weg. Wie sollten die Leute zur Arbeit kommen? Busse? Ja, Busse gäbe es, aber ich hätte keine Ahnung vom Busverkehr in Delhi! Alles war trostlos und schrecklich, zumal für die Familie, die sie kannte. Wer sie sind? Der Mann hatte bei ihr gearbeitet, er war ihr Dienstbote. Sie hat ihren Dienstboten verloren, er seine Arbeit.

Es dauerte eine Weile, bis ich ihr die Geschichte – durch die Schwermut der Frau und die Hysterie des Mannes hindurch – aus der Nase gezogen hatte, und weder sie noch er schien zu begreifen, wie deprimierend es für einen Besucher war, in einer echten Krisenzeit diesen persönlichen Verlust (einen noch gar nicht ganz ausgemachten Verlust, denn der Dienstbote könnte sich ein Fahrrad beschafft haben) als Teil der nationalen Tragödie präsentiert zu bekommen.

»Ich begegne Menschen – Männern und Frauen –, die es zu genießen scheinen, wenn andere sie schlecht behandeln. Sie gestatten sich den emotionalen Luxus, ausgiebig von ihrer Unzufriedenheit zu reden und sich in Selbstmitleid zu ergehen. Für solche Menschen heißt sich unterhalten, dass sie berichten, was sie vonseiten hoher oder niederer Beamter, naher oder entfernter Verwandter zu erdulden haben.« Dies schrieb der neunundsiebzigjährige bengalische Schriftsteller Nirad Chaudhuri im Jahr 1970 in *To Live or Not to Live*, einem Handbuch für Inder zum Thema »wie man glücklich mit anderen zusammenlebt«. Chaudhuri bahnt sich seinen eigenen Weg aus dem Dickicht der indischen Einstellungen heraus und ist überzeugt, dass Inder nicht *leben*, dass sie »verkehrt«, ohne jeden Sinn und Zweck leben. »Leben wir überhaupt? Die Frage scheint absurd, denn keiner von uns begeht Selbstmord, obgleich ich, ehrlich gesagt, mittlerweile meine, die Mehrzahl der Personen, die ich kenne, sollte es tun, weil ich nichts entdecken kann, was dafür spricht, dass sie am Leben bleiben.«

Genauso wirkte der Abend in Delhi auf mich. Ich war hierher gekommen, weil ich Ideen und Diskussion erwartete. Statt Ideen fand ich nur Obsessionen und statt Diskussion nur verlogenes Jammern und die Einladung zu genüsslicher, süßer Hingabe an die Tragödie.

Der Verkehrslärm drang durch die Fenster herein und ich musste mich anstrengen, um zu hören, was gesagt wurde. Das Licht war gedämpft und ich musste mich anstrengen, um alles zu sehen. Es war eine Regierungswohnung in einem Vorort, der weit entfernt von Neu-Delhis zentraler »Gartenstadt« lag. Sie war nicht leicht zu finden, weil sie wie viele Adressen in den Vororten der Stadt, wo es Straßen ohne Namen gibt, nur eine Nummer und keine Anschrift hatte, an der man sich orientieren konnte. Beziffert war sie wie eine Akte im öffentlichen Dienst und genauso abgegriffen und häufig benutzt und jetzt kurz vor der Weitergabe. Unser Gastgeber, ein hochgestellter, aber verbitterter Beamter, tätig für ein Ministerium, das nicht die Mittel besaß, um zu tun, was sein Name besagte, hatte sich bald schon von uns getrennt. Er hinterließ uns seine unscheinbare Frau und seinen bebrillten halbwüchsigen Sohn – alter Irrtum, neue Hoffnung –, während er in dunklen Ecken, wo er die Beute dieses Abends wie ein heimlich fressendes Tier unseren Blicken entzog, einen eher unbedeutenden – und maßlos einfältigen – Provinzpolitiker belästigte und bedrängte. Sein Ehrgeiz hatte etwas Verzweifeltes und etwas noch Schrilleres als die Hysterie des Oppositionellen, der sich vor der Verhaftung fürchtete, und das Selbstmitleid der Frau, die ihren Dienstboten verloren hatte.

Mein Taxifahrer an jenem Abend war ein Sikh. Er war Sportler gewesen und noch jetzt konnte man es ihm ansehen. Andere Länder kannte er über die Sportler, die sie hervorbrachten, und er sprach gut Englisch, denn er las eifrig Zeitung. Das Taxi gehörte ihm und er hatte einen Platz in der Taxischlange des Hotels. Nach meinem Eindruck ging es ihm besser als den meisten Menschen in Indien. Aber er dachte ans Auswandern. Er wollte in einem der arabischen Golfstaaten arbeiten. Einem Vermittler oder »Vertragspartner« hatte er eine große Geldsumme gezahlt. Seine Papiere, so sagte er, seien jetzt fast in Ordnung; alles, worauf er noch wartete, war die »Bewilligung« durch den Vertragschließenden. Aber der Gedanke an die große Summe, die er ihm gezahlt hatte, beunruhigte ihn. Er sprach wie ein Mensch, der wusste, dass er zu lange gewartet hatte, und schon fürchtete, dass er betrogen worden war.

Für viele Menschen hatte Indien den falschen Weg eingeschlagen; viele waren im unabhängigen Indien zu Flüchtlingen geworden oder wollten es werden. Und das betraf sogar Delhi, eine Migrantenstadt im wohlhabenderen Norden, wo die Menschen wach und tatkräftig waren und eigentlich der Ansicht sein müssten, dass Indien den richtigen Weg ging. Mehr als 1500 Kilometer dehnte sich das Land nach Osten und Süden, durch die übervölkerte Ganges-Ebene und über die felsige Hochebene von Dekkan. Am Ende dieses schlimmen Abends konnte man es sich kaum noch vorstellen – weder die Hütten der Landlosen an der Straße zwischen Poona und Bombay noch die Kinderarbeiter in Bihar zwischen den goldgelben Jutesträngen oder die *chawls* und illegalen Siedlungen mitten in Bombay, die ausgehungerten Obdachlosen, die in ihren leuchtend bunten Baumwollkleidern in die Ruinen von Vijayanagar hinein- und wieder herausschlüpfen, oder die vom Hunger zerrütteten Körper am Rande der Stadt Jaipur. Es war wie ein Unheil, mit dem niemand fertig zu werden vermochte. Mir fehlten die indischen Abwehrmechanismen, damit aber auch jene Einstellungen, die für das Unheil mitverantwortlich waren. Ich konnte nur auf den Morgen warten.

2

Eine unnachgiebige Regierung mit Einparteienherrschaft; ein demokratisches System, an dem nur ein Bruchteil der Bevölkerung teilhat; ein dekadenter Gandhianismus samt seiner Ausdrucksform, der weißen Streichgarn-Kleidung der Kongressparteimitglieder, die kein Zeichen des Dienens mehr, sondern eine Uniform der Macht war und deren bloßer Anblick einen zur Weißglut brachte; und nun der Ausnahmezustand, zensierte Presse, heimliche Verhaftungen: man konnte leicht in die Hysterie des Oppositionspolitikers verfallen.

Aber ebenso leicht konnte man begreifen, warum die Revolution sich in Dunst aufgelöst hatte. Ihre Führer, die die angeblich unangreifbaren gandhischen Wahrheiten und sich selbst als neue Gandhis feilboten, ließen sich von der scheinbar gleich gestimmten Leidenschaftlichkeit der Massen in die Irre führen. Doch das Indien von 1975 war anders als das Indien von 1930, das Indien des Salzmarsches nach Dandi. Politisches Handeln ließ sich nicht mehr in einem einzelnen symbolischen Akt (dem Aufsammeln einer Handvoll Salz am Strand von Dandi), in einem religiösen Akt, der rituellen Reinigung eines unterworfenen, geschändeten Landes, konzentrieren. Was 1975 gebraucht wurde, war etwas Weltlicheres und Schwierigeres. Indien sollte nicht mehr gereinigt werden; es sollte (wie Mrs Gandhi zu verstehen gab) in Ordnung und in Gang gebracht werden; man wollte zeigen, dass es weltliche Chancen zu bieten hatte. Gerade die Härte des Ausnahmezustands entsprach der allgemeinen Stimmung, dämpfte die alten Enttäuschungen. Die Massen gingen friedlich nach Hause.

Der Gandhianismus eines Mannes wie Mahadev Desai war ebenso exhibitionistisch und hohl wie der Gandhianismus der Männer, gegen die er sich wandte; er hatte nichts zu bieten. Opfer sollten die anderen bringen (die Toten vor Mrs Gandhis Haus); Desai selbst wähnte sich (wie er im Interview mit dem ausländischen Journalisten sagte) sicher und sogar geschützt vor Verhaftung. Die Revolution war Ausdruck von Wut und Ablehnung, aber eine Revolution ohne Ideen. Sie war ein Gefühlsausbruch, ein Schwelgen im Selbstmitleid; sie hätte Indien nicht vorwärtsgebracht und die revolutionären Massen wussten das. Im Zentrum dieser Revolution stand, in grotesker Weise zum politischen Programm erhoben, eine unmerklich entstellte Form des alten gandhischen Aufrufs zum Handeln. In ihrem Zentrum standen die alten indischen Verhaltensweisen des Besiegten: die Idee des Rückzugs, Abkehr von der Welt, Rückfall in die Vergangenheit, die Wiederentdeckung alter Sitten und Gebräuche, »Einfachheit«.

Einfachheit: diese fixe Idee verfolgte der Oppositionelle an jenem Abend in Delhi und sie machte das Diskutieren unmöglich. Einfachheit war das alte Indien und Gandhi. Sie war das Gegenteil von allem, wofür sich das unabhängige Indien engagierte, und ein nie versiegender Beweggrund des politisch-moralischen Protestes. Alles, was getan wurde, war falsch; nichts war richtig. Das Gegenteil der Einfachheit war die in Indien eingezogene Machtpolitik, waren Repression, Konzentrationslager, Hitler. In diese Richtung bewege sich Indien und für ein solches Indien sei es besser, wenn es völlig zerschlagen würde. Die Tschechoslowakei als kleines Land: hat sie etwa gelitten? Eine solche Sicht der jüngsten Geschichte bestürzte mich. Aber er war ein verwundeter Mensch, und seine Einfachheit à la Gandhi war – ebenso wie die von Mahadev Desai – mittlerweile ununterscheidbar von einem haltlosen Primitivismus.

Seine Einfachheit ließ sich nur negativ definieren. Sie war eine Abkehr von der Idee des modernen Staates. (Landesverteidigung? Wer sollte oder könnte Indien erobern? Und das aus dem Mund eines Mannes, der Verantwortung trug, eines Meinungsmachers, und gerade mal neunundzwanzig Jahre nach der Unabhängigkeitserklärung, der ein Jahrtausend der Invasionen und Eroberungen vorausging!) Vor allem war sie eine Abkehr von der Idee industrieller Entwicklung, vom Gedanken der Maschine. Das gandhische Spinnrad und der Handwebstuhl sollten die Bauern retten und Indien Sicherheit in seinen Dörfern bescheren. (Doch was für technische Anstrengungen, welcher Bedarf an elektrischem Strom, welches Organisieren, was für ein Netz von backsteingefütterten Kanälen, die zum ersten Mal in der Geschichte Indiens den Wüstendörfern des nordindischen Bezirks Haryana Trinkwasser bringen: und nicht einmal Wasser für jedes Haus – das war unmöglich –, sondern ein oder zwei Standrohre in jedem Dorf.)

Vielleicht aber war diese Idee der Einfachheit – auch wenn sie nach indischer Art mit Zitaten aus westlichen Quellen gestützt und als Grundlage politischen Handelns präsentiert wurde – etwas noch Kraftloseres, noch Älteres. Vielleicht war sie nichts anderes als die Abkehr von den Schwierigkeiten einer Entwicklung, die sich als unmöglich erwiesen hatte, eine daraus folgende geistige Kapitulation, ein frommer Verzicht, eine Unterwerfung unter alte indische Phantasievorstellungen: das mystische Bewusstsein der indischen Vergangenheit; die Idee des ewigen Indiens, das von jeher wie von selbst wiedergeboren wird und wächst; die

Verkehrung von Armut und Leibeigenschaft der indischen Landbevölkerung (und der klumpfüßigen Geier, die sich im strömenden Regen um das aufgedunsene Aas toter Tiere zanken) in Erinnerungen an ländliche Idylle, Erinnerungen an die jüngst zu Ende gegangene, erst jetzt unerreichbar gewordene Zeit, als die Menschen von den unbefleckten Göttern wussten und die Götter den Brahmanen alle Antworten gaben und der Ochse den Pflug zog und die Kuh Milch gab und der Kot dieser Tiere die Felder düngte und die Halme des geernteten Getreides die einfachen Hütten der Reinen deckte.

Die indische Vergangenheit! Das Phantasiebild von Ganzheit und Reinheit, das der Gegenwart den Kopf verwirrt! Indische Oppositionsgruppen in London haben den Text der Rede verbreitet, die Jaya Prakash Narayan am Vorabend seiner Verhaftung hielt. Sie klingt ganz anders als die fromme Gehässigkeit, die Desai am selben Tag in seinem Interview mit einem ausländischen Journalisten kundgetan hat. Die Rede Narayans informiert und erklärt; hier spricht ein Anhänger der verfassungsmäßigen Regierung, der seine Fakten und Quellen zusammengetragen hat; zitiert werden die Richter des Obersten Gerichtshofes und Sir Ivor Jennings. Aber hier spricht auch ein politischer Kämpfer, der sich an ein Massenpublikum wendet, und seine Rede enthält einen philosophisch-historischen Passus, der ungekürzt zitiert werden muss.

> Die Jugendlichen, die Bauern, die Arbeiterklasse, sie alle müssen mit einer Stimme sprechen und erklären, dass sie nicht zusehen werden, wie der Faschismus in unserem Land das Haupt erhebt. Wir werden keine Diktatur in unserem Land dulden. Wir werden unsere Volksregierung fortsetzen. Wir sind nicht in Bangladesch. Oder Pakistan. Wir sind in Bharat. Wir haben unsere uralte Tradition. Vor tausenden Jahren gab es hier kleine Dorfrepubliken.

> Eine solche Geschichte steht hinter uns. Praktisch in jedem Dorf gab es einen Panchayat. Immer, ob zur Zeit der Maurya oder der Gupta, Pathan, Moguln und Peshwa, hatten wir unsere Panchayats. Die Briten haben diese Tradition absichtlich unterbrochen, um das Land fester in den Griff zu bekommen. Dieselbe uralte Tradition gab es auch in Bangladesch und Pakistan, aber dort scheint man sie aufgegeben zu haben. Doch unsere Führer wollten sie wieder zum Leben erwecken. Gandhiji hat immer gesagt: *Swaradsch* bedeutet *Ramradsch*. Swaradsch soll heißen, dass jedes Dorf sich selbst verwalten wird. Jedes Dorf, jede *mohalla* und Stadt – alle werden ihre Angelegenheiten selbst regeln. Was sie nicht tun dürfen: ihr Schicksal einfach in die Hände ihrer Vertreter zu legen, sodass alles auf »höherer Ebene« getan wird.

Der Passus, der mit einem antifaschistischen Appell beginnt (und Indien eine Arbeiterklasse zuspricht, fast als solle es für diesen modernen Kampf gerüstet werden), klingt schon bald weniger direkt. Indien wird zum uralten, heiligen Land Bharat, auf geheimnisvolle Weise wird seine Vergangenheit beschworen: Der Redner überspringt die Epoche der Schändung durch die Briten, schaut zurück auf die Banditenkönige der Marathen im achtzehnten Jahrhundert, wirft einen Blick auf die muslimischen Eroberer (die Moguln, die Pathan), schwingt sich über tausend Jahre hinweg zu den rein indischen Gupta (320–600 n. Chr.) und geht noch weitere fünfhundert Jahre zurück zu den Maurya (322–185 v. Chr.). Durch dies alles hindurch – Reiche, Errungenschaften, Chaos, Eroberung, Raub, ständiger Verlust indischen Territoriums an die Welt des Islam – soll Indien seine Seele bewahrt und an den demokratischen Gepflogenheiten seiner Dorfrepubliken, seiner »Volksregierung« festgehalten haben. Demokratie ist nicht aus der Fremde nach Indien gekommen; Indien hat sie schon immer gehabt. Demokratie kann es wiederentdecken, wenn es sich selbst wiederentdeckt.

Dann aber macht Narayan aus dem Wiederentdecken etwas noch Mysteriöseres. »Gandhiji hat immer gesagt: *Swaradsch* bedeutet *Ramradsch*.« *Swaradsch* heißt »Selbstregierung« (Selbstverwaltung) und war das Losungswort im indischen Unabhängigkeitskampf zur Zeit der Briten. *Ramradsch* heißt etwas anderes: Ramas Herrschaft, ein Phantasiebild der Glückseligkeit. Rama ist der Held des *Ramayana*, des heiligen Hindu-Epos. In diesem Epos schlagen sich Ereignisse aus dem Jahr 1000 v. Chr. nieder; erdichtet oder aufgeschrieben wurde es (von einem namhaften Dichter) um etwa dieselbe Zeit wie die *Aeneis*, aber (anders als die Letztere) blieb es immer lebendige Dichtung, nicht nur Literatur, sondern etwas, das jeder Hindu, wie analphabetisch und unterdrückt er auch immer war, von Kindesbeinen sein Eigen nannte. Rama verkörpert die hindu-arischen Tugenden; er ist zugleich Mensch und Gott; seine Herrschaft – die auf Exil und Leid folgt – ist die Herrschaft Gottes auf Erden. Die Geschichte seiner Abenteuer lebt in der Phantasie des Kindes und kein Hindu kann die frühe Vertrautheit mit Gestalten und Ereignissen vergessen, von denen er später erfährt, dass sie göttlich, dass sie Sage und doch nicht Sage sind.

Ramradsch ist etwas, von dem der Hindu stets weiß, dass er es verloren hat: einerseits weit weg, unwirklich, nur ein Wort, andererseits nur so weit weg wie die Kindheit, erst jetzt unerreichbar geworden. *Punjabi Century* (1963), die Autobiographie von Prakash Tandon – einem Mann, der zu den herausragenden indischen Wirtschaftsfachleuten zählt –, vermittelt eine weitergehende Vorstellung von jener *Ramradsch*, die Gandhi 1919 in den Anfängen seiner Agitation in Indien anstrebte, und von den politischen Auswirkungen, die das damals, in einer hoch emotionalisierten Zeit, sogar auf eine Akademikerfamilie hatte. Diese politischen Redner, schreibt Tandon,

> sprachen von Freiheit in Indien, und das verwirrte uns; aber als sie in vertrauten Vergleichen und Redewendungen vom Kal Yuga sprachen, verstanden wir, was sie meinten. War Indien nicht prophezeit worden, dass es in seinem Leben und seiner Geschichte sieben große Zeitalter geben würde: Sat Yuga, das Zeitalter der Wahrheit, Gerechtigkeit und des Wohlstands, war bereits abgelaufen; dann sollte Kal Yuga folgen, das Zeitalter der Falschheit oder des Sittenverfalls, der Sklaverei und Armut ... Gandhi taufte Indien auf den Namen Bharat Mata, einen Namen, der sehnsüchtige Erinnerungen weckte und mit Gao Mata, der Kuh als Großer Mutter, zusammenhing ... Den Frieden der Briten nannte er den Frieden der Sklaverei. Nach und nach entstand ein neues Bild in unseren Köpfen, in dem Indien vom Kal Yuga in ein neues Zeitalter der Freiheit und des Überflusses, genannt Ramradsch, überging.

Fast sechzig Jahre später, 1975, formuliert Jaya Prakash Narayan denselben Appell. »*Swaradsch* bedeutet *Ramradsch*.« Wir sind weit über die indische »Arbeiterklasse« und den antifaschistischen Kampf, weit über politische Systeme und die Betrachtung der Vergangenheit hinaus: zurückgegangen zu den Anfängen der hinduistischen Welt, zu »sehnsüchtigen Erinnerungen«. Wieder sind wir bei der tröstenden Beschwörung, bei Gandhi als Indiens einziger Wahrheit. Als herrschten hier immer noch die Briten; als sei Gandhi nicht ein Geschöpf spezifischer Umstände; als bliebe die politische Situation Indiens unverändert, zeitlos wie Indien selbst, und erfordere immer dieselbe Ideallösung. Die Ironie liegt darin, dass die indische Despotie, gegen die Jaya Prakash Narayan protestiert, und die Sterilität des heutigen politischen Lebens in Indien (unnachgiebige Machthaber auf der einen Seite und auf der anderen enttäuschter, zwanghafter Protest der Gandhianer, in dem sich politische und historische Phantasiebilder mit religiöser Begeisterung mischen) – die

Ironie liegt darin, dass sowohl Despotie als auch politische Sterilität ausgerechnet durch Gandhis Erfolg herbeigeführt wurden.

Gandhi war es, der der Kongresspartei eine Massenbasis, eine bäuerliche Basis verschaffte. Vier Fünftel der Inder leben in Dörfern und die Kongresspartei ist nach wie vor als einzige indische Partei (von ein paar Regionalparteien abgesehen) auf dem Lande organisiert; sie kann nicht verlieren. Die Opposition – sogar eine hinduistische Erweckungspartei wie die nationalistische Jan Sangh – ist auf die Städte beschränkt. In den Dörfern bleibt die Kongresspartei noch heute Gandhis Partei und die Dorfdespotie, die in beinahe dreißigjähriger ungebrochener Kongressherrschaft errichtet wurde, lässt sich heute nicht im Handumdrehen beseitigen. Die Männer auf dem Lande, nach denen man sich richten muss, sind die Männer im weißen Gandhi-Streichgarn. Sie sind die Mächtigen, die Politiker; ihre in uralter Verehrung von Kaste und Klan verwurzelte Machtbefugnis ist durch Unabhängigkeit und Demokratie geadelt worden.

Das galt etwa für jene beiden Männer, die mir an einem Spätnachmittag im Rahmen eines großen südindischen Bewässerungsprojekts als »Bauern« vorgestellt wurden. Ich hatte – nach einem Essen und dem Besuch von Büros und Orten, die zur Besichtigung freigegeben waren – darum gebeten, Felder anschauen und mit Bauern sprechen zu dürfen, worauf der Projektleiter trotz Jackett und Krawatte (die seinen hohen Status als Verwaltungsbeamter anzeigten) nervös wurde wie jemand, der Angst hat, etwas Unerlaubtes zu tun. Die zerlumpten Männer, die sich schweigend um uns scharten und unzweifelhaft mit Landarbeit zu tun hatten, waren keine Bauern, wie ich angenommen hatte. Was aber waren sie? Sie waren Landarbeiter, weniger als Landarbeiter, nichts; der Projektleiter schien sie gar nicht zu sehen. Ein Jeep der Regierung wurde losgeschickt, um die beiden Bauern, die der Beamte angeblich kannte, herbeizuholen, und wir mussten – auf einem feuchten Holzlagerplatz im verlöschenden Licht eines regnerischen, trüben Tages, wo die Menge um uns anwuchs – lange warten, bis sie kamen, Männer Anfang fünfzig, die in voller Kongressuniform, also im weißen Streichgarn, leichtfüßig aus dem Jeep hopsten: Der eine, frisch gebadet, sprach fließend Englisch und hatte eine große Armbanduhr; der andere, hochgewachsen und blass und dickbäuchig, trug eine Gandhi-Kappe; sie waren nicht Bauern, sondern Grundbesitzer und Politiker, die zu den Herrschenden im Bezirk gehörten und nun dem Besucher eine demokratische Farce vorführten, in der sie als Bauern figurierten und so taten, als lebe jeder von dem, was seine knapp zweieinhalb Hektar einbrachten. Und dann führten sie mich, nach all dem Warten, vom Lagerplatz direkt über die Straße zu einem kleinen, überwässerten Feld, das mittlerweile im Dunkeln lag, wo aber ihre weiße Kleidung leuchtete – und um uns herum die Leibeigenen, unterernährt, landlos, ein Nichts, weniger als Volk, deren dunkle verwüstete Gesichter und dunkle zerschlissene Kleider in der Dämmerung verschwammen.

Damit Demokratie funktioniert, so suggeriert Jaya Prakash Narayan, damit die Despotie beseitigt werden kann, genügt es, dass Indien ernsthaft zu sich selbst zurückkehrt. Die von Gandhi gemeinte *Ramradsch* ist nicht mehr nur Unabhängigkeit, Indien ohne die Briten, sondern »Volksregierung«, die Wiederherstellung der uralten indischen Dorfrepublik, Abkehr von der Bürokratie in Delhi und den Hauptstädten der Bundesstaaten. Aber das besagt gar nichts; das heißt nur, Indien zu lassen, wo es ist. Was ein politisches Programm zu sein scheint, entpuppt sich als Geschrei und religiöse Aufhetzung. Volksregierung ist etwas anderes als diese Idee der uralten indischen Dorfrepublik (die möglicherweise weit von der historischen Wirklichkeit entfernt ist, ein nationalistischer Mythos aus den Tagen des Unabhängigkeitskampfes). Das alte Indien hat seine besonderen

Grausamkeiten; nicht alles Volk ist Volk. Und im späteren Teil seiner Rede protestiert Narayan dann, offenbar ohne den Widerspruch zu merken, gegen dieses alte Indien.

> Sie (Mrs Gandhi) spricht davon, dass es den *harijan* (den Unberührbaren) gut geht. Schämt sie sich nicht, nach all dem Schlimmen, was ihnen in jüngster Zeit angetan worden ist? In U.P. (Uttar Pradesch, Heimatstaat Indira Gandhis) und Bihar (Narayans Heimatstaat) sind ganze *harijan*-Dörfer in Flammen aufgegangen. Ein Mann ist bei lebendigem Leibe verbrannt worden. Sie hat kein Recht, für die *harijan* zu sprechen. Diese Armen verstehen all das hochtrabende Gerede nicht. Vor kurzem war ich in der Gegend von Bhojpur. Wie viele *harijan* wurden dort erbarmungslos niedergemetzelt!

Damit Indien seinen innersten Antrieben folgen kann, muss es zu sich zurückgebracht werden; zugleich muss es vor sich bewahrt werden. Die Synthese von Gandhianismus und Marxismus, die Jaya Prakash Narayan nach Ansicht seiner Verehrer erreicht hat, ist in Wirklichkeit ein Widersinn; als Politik bietet er eine Variante alter religiöser Begeisterung und damit wird er zu einem Teil jener Sterilität, gegen die er sich wendet.

Ein engagierter marxistischer Journalist – der auf die Revolution wartet und alle »Symptomkuriererei« ablehnt – sagte im Gespräch mit mir, die indischen »Arbeiter« müssten politisiert werden; man müsse ihnen erklären, dass sie vom »System« unterdrückt würden. Nach nahezu dreißigjähriger Herrschaft steht die Kongresspartei begreiflicherweise für das System. Aber wo beginnt das System und wo hört es auf? Nimmt es Religion, Kasten- und Klansicherheit, indische Wahrnehmungsweisen, Karma, uralte Leibeigenschaft in sich auf? Kein Inder macht sich die Mühe, die politische Selbstprüfung so weit zu treiben. Kein Inder ist in der Lage, sich bis zu dem Stadium vorzuarbeiten, wo er vielleicht feststellen würde, dass die Fehler in der Kultur selbst liegen, dass Indiens Scheitern und Grausamkeiten eine Sache aller Inder sein könnten. Selbst die Marxisten, die davon träumen, dass irgendwann, an einem bestimmten Tag, wie von Zauberhand herbeigeführt, die Revolution ausbricht, dass die Despotie hinweggefegt wird, dass »das Volk« dann die Freuden seines »Volkstums« entdeckt (»Volkstum«, sagte der Journalist: als sei das Volk nach Jahrtausenden der Unterdrückung wie durch ein Wunder ein heiles Ganzes geblieben) – also selbst die Marxisten haben ein Bild von der Zukunft, in dem das Land nicht auseinandergenommen und neu gemacht, sondern vor allem zu sich zurückgebracht, geläutert wird: ein Bild der *Ramradsch*.

Das Hauptmerkmal rechter indischer Oppositionsparteien im Exil bestand immer darin, dass sie Indiens uralte und ruhmreiche Geschichte besonders herausstrichen. Im April 1976 erfuhren die Zuhörer einer in London veranstalteten »Internationalen Tagung zur Wiederherstellung der Demokratie in Indien«, dass Alexander der Große auf seinem Marsch nach Indien (327 v. Chr.) keinen Sieg über Poros, den König im Pandschab, errungen habe. Zweitausend Jahre lang hätte die westliche Geschichtsschreibung gelogen: Poros habe Alexander besiegt und ihn zum Rückzug gezwungen. Eine Halbwahrheit über Alexander in Indien; aber dass sie unter diesen Umständen thematisiert wurde, war verblüffend. Und dennoch passte es. Im Programmheft der Tagung hatte ein indischer Kaufmann von den Niederländischen Antillen (mit seiner sicheren Stellung im ökonomischen und politischen System eines anderen, als Produkt einer anderen Kultur) sich etwas Raum für ein Zitat reserviert; es stammte von Swami Vivekananda, Anhänger des Vedanta, der um die Wende zum zwanzigsten Jahrhundert den Hinduismus in die Vereinigten Staaten exportierte:

Unser Punyabhumi und seine ruhmreiche Vergangenheit. Wenn es auf der Erde einen Landstrich gibt, der von sich behaupten kann, er sei das gesegnete Punyabhumi, er sei das Land, in das sich die Seelen dieser Erde begeben müssen, um dem Karma Genüge zu tun, das Land, in dem jede Seele, die ihren Weg zu Gott nimmt, ihre letzte Heimstätte finden muss, das Land, in dem die Menschheit der Sanftmut und Gemütsruhe am nächsten kommt, und vor allem das Land der Innenschau und Vergeistigung – dann ist es INDIEN.

Protest! Wiederherstellung der Demokratie!

»Kritisch zu denken und sich nicht von einer Welle archaischer Gefühle wegschwemmen zu lassen«, schrieb Dr. Sudhir Kakar, der Psychotherapeut an der Jawaharlal-Nehru-Universität in Neu-Delhi, kürzlich in einem Brief, »ist für uns Inder (und ich schließe mich ein) eine viel größere Anstrengung. Der indische Intellektuelle kämpft an zwei Fronten – einer inneren und einer äußeren –, denn das Schicksal unserer Entwicklung will es, dass Indien, im Gegensatz etwa zu Frankreich oder Deutschland, die goldene Phase der persönlichen Lebensgeschichte immer in der frühesten Kindheit und das goldene Zeitalter der indischen Geschichte immer in der allerfernsten Vergangenheit lokalisiert hat.«

So blickt der Protest mitten in Indiens Elend (heute als unabänderliche Tatsache hingenommen) zurück in die Vergangenheit, zurück zu dem, was man geschändet glaubt und verloren weiß. Diese goldene indische Vergangenheit darf, ebenso wie die Kindheit, nicht studierend in Besitz genommen, sondern nur verzückt geschaut werden. Die Vergangenheit ist eine religiöse Idee, die sich wie Wolkendunst vor den Verstand und die peinliche Wahrnehmung schiebt und in schlechten Zeiten den Schmerz betäubt. Und von dieser – im Herzen so quälend nahen – Vergangenheit wurde Gandhi absorbiert. Auch er gehört jetzt zu dem, was Indien verloren hat; auch er ist zum Gegenstand sehnsüchtiger Erinnerungen geworden. Ihn besitzen oder in seinem Namen handeln verschafft die Illusion, Reinheit und Vergangenheit wiedererlangen zu können, und um ihn zu besitzen, genügt es, ins eigene Innere zu schauen. In Indien ist jeder Gandhianer; jeder hat seine eigene Vorstellung vom Gandhianismus und jeder verkündet seine eigene Version von Gandhis *Ramradsch*.

3

Im Jahr 1971 setzte Mrs Gandhi, nachdem sie die Kongresspartei gespalten hatte, zur Mitte der Wahlperiode Neuwahlen an. Diese Wahlen habe ich in einem der Wahlkreise, in der mitten im Halbwüstenstaat Rajasthan gelegenen Stadt Ajmer, miterlebt. Der Kandidat, der gegen Indira Gandhi antrat, war ein blinder alter Kongresspolitiker, der am Unabhängigkeitskampf teilgenommen und im Gefängnis gesessen hatte. Er bildete sich ein wenig auf seine Haftzeit ein und sprach, als hätten die jetzt in die Politik eingestiegenen jungen Leute, die nicht im Gefängnis gesessen hatten (und nicht hätten können, weil die Briten nicht mehr im Land waren), eigentlich gar kein »Dienstregister«.

Als Gandhi-Anhänger trug er sein elegantes Streichgarn, er genoss Anerkennung und war ein Mann von höchster Redlichkeit und überdies ziemlich reich, denn er arbeitete als Anwalt in Grundsteuersachen. Er erzählte mir, arme Bauern aus dem ganzen Bundesstaat kämen eigens zu ihm. Seine Vergangenheit als Gesetzgeber nach der Unabhängigkeit war untadelig, aber belanglos, obgleich er fand, sein Eintreten für Dinge wie den Schutz der Kühe halte jeder Prüfung stand; außerdem sei er an einer Kampagne für die korrekte Beschriftung bestimmter Speiseölflaschen beteiligt gewesen. Wenn er nicht mehr getan hatte, dann vielleicht deshalb, weil er nicht sah, dass es noch mehr für ihn zu tun gab; seine Hauptarbeit bestand darin, gleichsam die gandhische Gebetsmühle am Laufen zu halten.

Rajasthan ist ein Staat des Hungers und der Dürre und war gerade erst von einer achtjährigen Dürreperiode heimgesucht worden; ein Teil des Bundesstaates hatte alle Bäume eingebüßt und sich in eine Wüste verwandelt. Aber in seinem Wahlkampf (oder was ich davon sah) machte der alte Kongresspolitiker niemandem irgendwelche Versprechen und hatte keinerlei Ideen zu bieten; alles, was er einbrachte, war er selbst und sein Gandhianismus und sein »Dienstregister«. (Dabei gab es, wie nicht verschwiegen werden soll, zahlreiche komplizierte Kastenfragen zu klären.)

Eines Tages, als wir mit seinem Wahlkampfjeep durch die Wüste rasten, fragte ich ihn, was er an Gandhi besonders bewundere. Ohne zu zaudern erwiderte er, er bewundere Gandhi, weil er 1931 im *dhoti* in den Buckingham Palace gegangen sei; damit habe er »der Welt das arme Indien bildhaft vorgeführt«. Als hätte die Welt nicht Bescheid gewusst. Aber für den alten Kongresspolitiker war Indiens Armut etwas Besonderes und nach meinem Eindruck wünschte er als Gandhianer, dass niemand sie beschädigen möge. Der alte Mann hasste Maschinen; er sagte, er habe gehört, dass auch Menschen im Westen sich erstmals gegen Maschinen wandten, und obgleich er in einer Hungerregion lebte und die Stimmen der Wähler haben wollte, war er aufs Heftigste dagegen, dass die Dörfer Leitungswasser und elektrischen Strom erhielten. Leitungswasser und Strom seien »schlecht für die Moral«, vor allem bei den Frauen im Dorf. Man beraubte sie damit einer wertvollen körperlichen Betätigung, sie würden träge werden und gesundheitlichen Schaden nehmen. Kein Gang mehr, um »gesundes Wasser aus dem Brunnen« zu holen; kein Kornmahlen mehr mit der altmodischen Handmühle. Die guten alten Lebensformen seien dahin; alles werde verwestlicht.

Der alte Kongressabgeordnete verlor die Wahl, und zwar haushoch. Der Grund war einfach. Er besaß keine Organisation; die lokale Kongresspartei (die er früher in der Hand gehabt hatte) stand geschlossen hinter Mrs Gandhi und ihrem Kandidaten. Das hatte der alte Mann vergessen. Am Nachmittag, als die Ergebnisse verkündet wurden, ging ich zu ihm. Er saß in seinem Wohnzimmer auf einem Gurtbett, in Weiß gekleidet; er grämte sich und erhielt Trost in seiner Niederlage von einigen schweigenden Anhängern, die auf dem Terrazzoboden saßen. Nach Jahrzehnten an der Macht war er gestürzt worden. Und darin sah der alte Kongresspolitiker nun das Ende des gandhischen Indiens, jenes Indiens, in dem, wie er es nannte, die Menschen fest daran glaubten, dass »die Mittel ebenso untadelig sein müssen wie der Zweck«.

»Heute gibt es keine Moral mehr«, sagte der alte Mann, »der Machiavellismus Europas hat nun auch unsere Politik erreicht, und das wird unser Untergang sein.«

Und obgleich er blind gegenüber der eigenen politischen Nichtigkeit, der eitlen Selbstbezogenheit seiner gandhischen Vorstellung vom Dienen war, hatte er in Sachen Indien zur Hälfte recht, aus einem Grund, den er selbst nicht verstanden hätte.

»Archaische Gefühle«, »sehnsüchtige Erinnerungen«: als Gandhi sie wachrief, wurde Indien frei. Aber das auf diesem Wege geschaffene Indien musste stecken bleiben. Gandhi führte Indien aus dem einen Kal Yuga, dem einen Schwarzen Zeitalter, heraus; sein Erfolg stieß es unweigerlich in ein anderes zurück.

VIII Renaissance oder Kontinuität

1

Gandhi lebte zu lang. Im Jahr 1915 kehrte er als Fünfundvierzigjähriger aus Südafrika nach Indien zurück, hielt sich von den damals etablierten Politikern fern, engagierte sich für Gemeinschaften und Gruppen, an die die Politik bis dahin nicht herankam, griff hier und da lokal begrenzte Probleme (Grundsteuer, Arbeiterstreik) auf und vereinte dann binnen kurzer Zeit, von 1919 bis 1930, ganz Indien in einer neuen Form der Politik.

Nicht alle billigten Gandhis Methoden. Viele waren entsetzt über die offenkundig willkürlichen Diktate seiner »inneren Stimme«. Und in der politischen Sackgasse der dreißiger Jahre – für die manche Inder ihn noch heute verantwortlich machen, weil nach ihrer Ansicht seine unberechenbare Politik, seine Unfähigkeit, mit den von ihm freigesetzten Kräften umzugehen, den Unabhängigkeitskampf unnötig in die Länge zogen, die »Selbstregierung« um fünfundzwanzig Jahre hinauszögerten und Leben und Talente vieler wertvoller Menschen vergeudeten – ging die indische Politik in andere Hände über.

Gandhi selbst (wie Tolstoi, der ihn schon früh inspirierte) versank in einem kontinuierlichen und immer privateren Leben als Mahatma. Die Gedanken, die ihn verfolgten, wurden stets an die Öffentlichkeit gebracht, aber sie waren etwas Persönliches, so wie seine (gleichfalls Tolstoi-ähnlichen) Sexualängste im hohen Alter, nach vierzig Jahren

Enthaltsamkeit. Diese Zeit des Niedergangs bescherte ihm zugleich den größten Ruhm, sodass er noch zu Lebzeiten »ununterscheidbar von seinen Bewunderern wurde«. Er wurde zu seinen eigenen Emblemen, zur heiligen Karikatur seiner selbst, zum Gegenstand wetteifernder Frömmigkeit. Verloren ging dabei die Kenntnis des Mannes als eines Menschen; unter dem Mahatma-Status verschwanden alle Zweideutigkeiten und alle politische Kreativität der frühen Jahre, alles – für indische Verhältnisse – Moderne, das ein Großteil seines Denkens an sich hatte. Am Ende reklamierte ihn das alte Indien, jenes Indien, dessen politische Mängel er mit seinem an Südafrika geschulten Auge so deutlich gesehen hatte.

Das Neue an ihm war damals nicht seine halbreligiöse Politik; das verblieb noch in der indischen Tradition. Zu etwas Neuem wurde er durch die Art der Kämpfe, die er in Südafrika ausgefochten hatte. Und besonders revolutionär und unindisch an ihm war etwas, das er gar nicht erst äußerte und als Inder vielleicht nicht äußern konnte: sein Rassenbewusstsein – jenes Bewusstsein, einem dem indischen Subkontinent eigenen Volk anzugehören –, das die zwanzig Jahre in Südafrika ihn gelehrt hatten.

Rassenbewusstsein ist den Indern fremd. Rasse entdecken sie an anderen, aber untereinander kennen sie nur Unterkaste oder Kaste, Klan, Sippe, Sprachgruppe. Darüber hinaus kommen sie nicht; sie sehen sich nicht als Angehörige einer indischen Rasse; solche Worte bedeuten gar nichts für sie. Im Laufe der Geschichte erwies sich dieser Mangel an Zusammenhalt als Indiens Verhängnis. In Südafrika machte er, wie Gandhi bald sah, die große Schwäche der kleinen, kampfbereiten, aber zersplitterten indischen Gemeinschaft aus, in der die reichen muslimischen Kaufleute aus Gujarat sich als »Araber« bezeichneten, die indischen Christen nur Christen sein wollten und beide sich absetzten von den Kontraktarbeitern aus Madras und Bihar, während doch alle als Inder denselben Rassengesetzen unterworfen wurden.

Wenn Gandhi in London als Jurastudent beschloss, dass er Hindu aus Überzeugung sei, so ergänzte er dies in Südafrika durch die Ausbildung eines Rassenbewusstseins, jenes Bewusstseins, ohne das eine benachteiligte oder verfolgte Minderheit restlos zerschlagen werden kann und das bei Gandhi in Südafrika so etwas wie die Fortsetzung seines religiösen Bewusstseins war: Es lehrte Verantwortung und Mitleid, es lehrte, dass der Mensch keine Insel ist und die Würde der Höherstehenden aufs Engste mit der Würde der Untenstehenden verknüpft ist.

»Sein Hindu-Nationalismus verdirbt alles«, hatte Tolstoi 1910 über Gandhi gesagt, als dieser noch in Südafrika war. In Gandhis Autobiographie ist sie unübersehbar, diese zunehmende, unindische Wahrnehmung einer indischen Kollektividentität. Sie ist sichtbar in seinem ersten Entsetzen über die Gleichgültigkeit der Kaufleute aus Gujarat gegenüber inderfeindlichen Gesetzentwürfen; in seinem Schock, als bei ihm im Büro ein tamilischer Kontraktarbeiter auftaucht, der von seinem Herrn verprügelt worden ist; und Schock und Entsetzen erinnern ihn an die Demütigungen, die er selbst als Dreiundzwanzigjähriger während seiner ersten Reise nach Pretoria erdulden musste. Die Nachtfahrt nach Pretoria hat Gandhi nie vergessen; dreißig Jahre später nannte er sie den Wendepunkt in seinem Leben. Aber an keiner Stelle seiner Autobiographie wird das Rassenproblem als solches thematisiert. Stets wird es überblendet von der religiösen Selbstsuche, von »Experimenten mit der Wahrheit«, vom Streben nach dem Allgemeinen – obgleich er zwanzig Jahre lang, bis ins mittlere Alter hinein, als rassenpolitischer Führer rassenpolitische Kämpfe ausfocht und obgleich er in dieser Eigenschaft nach Indien zurückkehrte, ein Sonderling unter den etablierten Politikern, für die »Inder« nichts als ein Wort war, weil jeder von ihnen seine eigene regionale oder kastengebundene Machtbasis hatte.

Inder waren in Indien keine Minderheit; Rassenpolitik von der Sorte, wie Gandhi sie in Südafrika kennenlernte, wäre nicht verstanden worden. Und wenigstens ein paar von den Zweideutigkeiten, die seine Anfänge in Indien kennzeichneten, lassen sich auf seinen Wunsch zurückführen, die in Südafrika gemachte rassisch-religiöse Erfahrung zu wiederholen und wegzukommen von der spaltenden Politik der Religion, der Kaste, der Region: Zweideutigkeiten wie etwa sein scheinbar widersinniges Beharren darauf, dass Indien für die Unabhängigkeit nicht gerüstet sei, dass es sich zuerst von eigenen Ungerechtigkeiten reinigen müsse, oder wie seine verrätselten Definitionen der »Selbstregierung«, sein Festhalten an der Abschaffung der Unberührbarkeit und seine Unterstützung trivialer Anliegen der Muslime mit dem Ziel, sie und die Hindus zusammenzuführen.

In Indien war es ihm unmöglich, die echten rassenpolitischen Lektionen, die er in Südafrika erhalten hatte, zu formulieren, und vielleicht hätte er es auch gar nicht gekonnt, so wenig wie er hätte beschreiben können, was er als junger Mann 1888 in London sah. Die rassenpolitische Botschaft vermischte sich ständig mit der religiösen; sie verwickelte ihn in scheinbare Widersprüche (gegen Unberührbarkeit, aber nicht gegen das Kastensystem; leidenschaftlicher Hindu, aber Prediger der Einheit mit den Moslems). Die schwierigen südafrikanischen Lektionen wurden in Indien mehr und mehr vereinfacht: Schließlich endeten sie in der Marotte eines Heiligen, der das Latrinenreinigen der Unberührbaren übernahm, weil es für ihn eine Demutsübung war; sie endeten im Plädoyer eines Heiligen für Brüderlichkeit und Liebe – also in nichts.

In den dreißiger Jahren fielen die Muslime von Gandhi ab und wandten sich den eigenen Muslimführern zu, die die Theorie der zwei Nationen predigten. Im Jahr 1947 wurde das Land geteilt, viele Millionen wurden umgebracht und viele weitere Millionen aus dem Land ihrer Väter vertrieben: ein Holocaust, nicht minder groß als der im nationalsozialistischen Deutschland. Und 1948 wurde Gandhi von einem Hindu ermordet, weil er angeblich das hinduistische Indien unterhöhlt und verraten habe. Ironie über Ironie, aber schon lange zuvor war der südafrikanische Inder im hinduistischen Mahatma verloren gegangen, und sein Leben als Mahatma lief am Ende seinen mit Indien verbundenen Zielen zuwider.

Zu Gandhis ersten indischen Geldgebern gehörte Jamnalal Bajaj, strenggläubiger Hindu aus einer nordindischen Kaufmannskaste. Er gab Land und Geld für den berühmten Aschram, den Gandhi in Wardha gründete, einem Dorf, das er auswählte, weil es im Zentrum Indiens lag. Bajaj starb 1942 und seine Witwe spendete, um sein Andenken zu ehren, viel Geld für Vereine zum Schutz der heiligen Kühe. Vor nicht langer Zeit interviewte Ved Mehta die alte Dame für sein Buch *Mahatma Gandhi and His Apostles*. Sie erzählte ihm, dass sie nach Gandhis Tod im Jahr 1948 ihre treue Gefolgschaft auf Vinoba Bhave, Gandhis anerkannten Nachfolger, übertragen habe. »Jahrelang zog ich mit Vinobaji umher«, so Frau Bajaj zu Mehta, »zwischen fünfzehn und fünfundzwanzig Kilometer am Tag, um Land für die Armen zu erbetteln. Es war anstrengend, weil wir jeden Tag das Nachtlager wechselten und ich nie etwas esse, das ich nicht selbst zubereitet habe. Jedermann weiß, dass Muslime und *harijan* nicht auf Sauberkeit achten.« Und die alte Dame, die irgendetwas gekaut hatte, spuckte aus.

Aber das Ende steckte bereits im Anfang. »Erlösung von diesem irdischen Leben kann es für mich nur in Indien geben. Jeder, der solche Erlösung sucht ... muss sich auf den heiligen Boden Indiens begeben. Für mich ist, wie für jeden sonst, das Land Indien die ›Zuflucht der Beladenen‹.« Diese Sätze – zitiert bei Judith M. Brown in ihrer Arbeit über Gandhis Eintritt in die indische Politik, mit dem Titel *Gandhi's Rise to Power* (1972) – stammen aus einem Artikel, den er 1914, ganz am Ende seiner Zeit in Südafrika, für eine südafrikanische Zeitung schrieb, kurz bevor er über England nach Indien zurückkehrte. Nach den rassenpolitischen Kämpfen war Indien für den Führer der südafrikanischen Inder – mit seiner mittlerweile ausgeprägten Abneigung gegen die westliche Industriegesellschaft – zum heiligen Land der Hindus geworden: Schon zu Beginn also hatte er viele Facetten und die Menschen mussten bei ihm finden, was sie finden wollten oder was sie am leichtesten verstehen konnten.

Judith Brown zitiert auch einen Brief, den Gandhi wenige Monate vor dem Zeitungsartikel an einen Verwandten schrieb: »Das wahre Geheimnis des Lebens besteht wohl darin, in der Welt, wie sie ist, zu leben, ohne ihr verhaftet zu sein, sodass für uns und andere die *moksha* (Erlösung, Aufgehen im All-Einen, Befreiung von der Wiedergeburt) leicht erreichbar wird. Dazu gehört der Dienst am Selbst, an der Familie, an der Gemeinschaft und am Staat.« Hinter diesem Glaubensbekenntnis, das auf den ersten Blick wie eine Einheit wirkt, verbergen sich mindestens vier Persönlichkeiten. Der Hindu träumt von Nicht-Verhaftung und Erlösung; der Mann, der das religiöse Denken des Westens kennengelernt hat, findet, dass die Lebensführung des Einzelnen auch anderen die Erlösung erleichtern sollte; der südafrikanische Inder predigt umfassende soziale Verpflichtung (die Gemeinschaft, die indische Gemeinschaft); der politische Kämpfer mit seiner Hochachtung vor (und Abhängigkeit von) dem britischen Rechtswesen und den britischen Institutionen legt Wert auf den Dienst am Staat.

Das war zu viel auf einmal. Von diesen aus Südafrika mitgebrachten komplexen Leitideen musste im heiligen Land Indien zwangsläufig etwas verloren gehen und vieles ging verloren. Die Hinweise auf das Rassenbewusstsein blieben unausgesprochen und gänzlich aufgezehrt – aufgezehrt durch Heiligkeit, durch die Unterwerfung Indiens, die Verlängerung des Unabhängigkeitskampfes und die immer verbohrtere Abneigung des Mahatmas gegen die Maschine, die ihm in eins als Symbol der Unterdrückung und des Westens galt – wurde jener lästige und unkontrollierbare Gedanke vom Dienst am Staat.

Für Vinoba Bhave, den Nachfolger Gandhis im unabhängigen Indien, besteht das gandhische Ideal im »Absterben« des Staates. So jedenfalls hat er es vor vielen Jahren gesagt. Was heißt das: Absterben des Staates? Es heißt gar nichts. Nämlich Folgendes: »Unser erster Schritt wird die Selbstverwaltung der Dörfer sein (Gramradsch). Dann werden Prozesse und Streitigkeiten in den Dörfern selber erledigt werden. Dann wird das Reich Gottes kommen (Ramradsch) und es wird keine Streitigkeiten und keine Prozesse mehr geben. Dann werden wir wie eine einzige Familie zusammenleben.« Bhave sagte dies vor mehr als zwanzig Jahren (das Zitat entstammt der 1954 in Paris erschienenen – und 1988 zum zweiten Mal ins Deutsche übersetzten – verehrungsvollen Biographie aus der Feder eines Italieners). Und etwas Ähnliches wird noch heute, unter den noch auswegloseren Bedingungen des Ausnahmezustands, gesagt. »Gesucht: eine gandhische Verfassung«, lautet die Überschrift eines unlängst publizierten Artikels in der *Illustrated Weekly of India*, in der seit Beginn des Ausnahmezustands eine Debatte über die indische Verfassung stattfindet. Der Autor, ehemals Gouverneur eines Bundesstaates und Botschafter, plädiert hier für die Selbstverwaltung des Dorfes; überdies nutzt er die Gelegenheit, um zu erzählen, dass er Gandhi kannte; und illustriert ist der Artikel mit einem Foto, auf dem der Autor und seine Frau am Boden sitzen und eine Handmühle bedienen, also gemeinsam in andächtiger Muße ihr tägliches Getreide mahlen.

Genau darauf wurde der Gandhianismus schon vor langer Zeit durch das Mahatma-Leben reduziert: religiöse Ekstase und religiöse Selbstinszenierung, Jonglieren mit nichts, Befreiung vom schöpferischen Denken und von politischen Pflichten. Als wahre Freiheit und wahre Frömmigkeit gilt noch immer der Rückzug aus der schwierigen Welt. Selbst im unabhängigen Indien bleibt der Gandhianismus so etwas wie der Trost eines besiegten Volkes, dem der Staat von seiner Geschichte her immer fremd war, weil andere ihn in der Hand hatten.

Der einzige Politiker, der etwas von Gandhis Rassenbewusstsein und seinem Gefühl für das ganze Indien übernahm, war vielleicht Nehru – auch er, wie Gandhi, in Indien irgendwie heimatlos. Auf den ersten Blick haben sie so wenig Ähnlichkeit miteinander, aber zwischen dem Mahatma und dem englisch erzogenen und ausgebildeten Nehru lagen nur zwanzig Jahre, und beide Männer wurden geprägt durch entscheidende Lebensabschnitte, die sie außerhalb Indiens verbrachten. In seiner Autobiographie schreibt Nehru, an der Schule in Harrow sei er angesteckt worden von der dort herrschenden Antisemitismus-Mode; so habe er kaum umhingekonnt, sich seines Indertums bewusst zu werden.

Ironischerweise sind die neuen Politiker im unabhängigen Indien gar nicht weit entfernt von jenen Männern, die Gandhi – unter Umgehung der damals etablierten, westlich orientierten Politiker – 1917 erstmals in die Politik zog. Sie sind Kleinstädter, Provinzler, und sie bleiben klein, weil ihre Macht sich auf die treuen Gefolgschaften in Kaste und Region gründet. Der gesamtindische Gedanke ist vielen von ihnen versperrt. Stattdessen sprechen sie seit den sechziger Jahren immer nur davon, dass Indien unbedingt »emotional integriert« werden müsse, und schon diese Worte bedeuten Spaltung. Das Rassenbewusstsein, das nicht nur die Achtung vor dem Individuum, sondern auch die Idee des »Volkes« umfasst, ist Indien so fremd wie eh und je. Sodass selbst der

Marxismus in der Regel auf die bloße Phrase, eine Form der Mimikry hinausläuft: »Das Volk« entpuppt sich allzu häufig als Teilvolk, als die Menschen einer bestimmten Region und einer bestimmten Kaste.

Gandhi stürmte durch Indien hindurch, aber er hinterließ ihm keine Leitideen. Er rief das heilige Land wach, aber als Mahatma zwang er es in den Archaismus zurück; seine Anbeter machte er überheblich.

2

Vinoba Bhave, Gandhis Nachfolger, ist mehr ein Maskottchen als ein Mahatma. Er steht in der alten indischen Tradition des Weisen, der abseits von den Menschen lebt, aber nicht so weit weg, dass sie ihn nicht noch mit dem Lebensnotwendigen versorgen könnten. Vor einem solchen Weisen wirft sich der Fürst in den Staub, damit er ihn an die ewigen Wahrheiten gemahnt. Der Fürst zu Besuch beim Weisen: ein immer wiederkehrendes Thema der indischen Malerei sowohl an den Höfen der Hindus wie an denen der Muslime. Ungeachtet seiner prächtigen Aufmachung ist der Fürst der Bittsteller; der Weise dagegen – mit Asche beschmiert, abgemagert vor lauter Askese oder im Vollgefühl seines höheren Innenlebens – sitzt in heiterer Gelassenheit vor seiner Hütte oder unter einem Baum. Es gibt keine bestimmte Weisheit, die er zu bieten hätte; wichtig ist er nur, weil er da ist. Und exakt diese archaische Rolle, die ein oder zwei Jahrhunderte vor Gandhi – dem Gandhi von 1893 in Südafrika oder von 1917 in Indien – anzusiedeln ist, hat Bhave sich im heutigen Indien als Nachfolger des Mahatmas geschaffen. Er ist kein besonders intelligenter Mensch und hat als perfekter Schüler des Mahatmas nichts Originelles an sich; seine politischen Ansichten grenzen an Nonsens. Aber er ist sehr alt; noch immer umschwebt ihn etwas von der Aura des toten Mahatma und er ist der Mann, den die Politiker gern auf ihre Seite ziehen möchten.

In den fünfziger Jahren war Bhave eine Zeit lang verbündet mit Jaya Prakash Narayan, der später zu den Oppositionsführern gehörte. Und als im Juni 1975 der Ausnahmezustand ausgerufen und Narayan verhaftet wurde, wartete man ein wenig ängstlich darauf, was Bhave dazu sagen würde. Aber der Zufall wollte es, dass Bhave damals gerade nicht sprach. Der Mahatma hatte in seinen letzten Jahren die Gewohnheit angenommen, einen Tag pro Woche zu schweigen. In seiner blinden, aber immer übertriebenen Nachahmung des Mahatmas hatte sich Bhave ein ganzes Jahr Schweigen auferlegt und dieses Schweigen sollte noch einige Monate andauern. Aber schließlich kam die Meldung, man habe dem alten Mann mehrere Erklärungen vorgelegt – nach dem Muster jener Fragebögen, auf denen man kleine Kästchen abhaken muss –, und er habe mit ein paar Zeichen zum Ausdruck gebracht, dass er die Aufhebung der Verfassung und die Ausrufung des Ausnahmezustands unterstütze.

Als er später krank wurde, flog Mrs Gandhi zu ihm, und ihr Leibarzt untersuchte ihn gründlich. Mrs Gandhi hielt auch, schärfstens bewacht, eine Ansprache auf der Festversammlung, die in Delhi zu Ehren seines achtzigsten Geburtstags veranstaltet wurde, und mit Rücksicht auf Bhave – so jedenfalls hörte ich – verkündete Indira Gandhi mitten in der Ungewissheit des Ausnahmezustands, Prohibition sei weiterhin eines der Regierungsziele. Unterdessen kümmerten sich sechs Ärzte um den alten Weisen; derart gehätschelt, brachte er sein Schweigejahr zu Ende, und schließlich, im Januar 1976, sprach er. Es sei Zeit, sagte er, dass Indien von der Herrschaft der Mehrheit zur Herrschaft der Einmütigkeit übergehe. Für einen Achtzigjährigen war das ganz schön raffiniert. Die eigentliche Aussage hatte nicht viel Sinn; aber sie zeigte, dass er noch immer interessiert war, dass Indien noch immer unter dem Schutz seiner Heiligkeit stand.

Bhave selbst ist nichts, ein mittelalterlicher Atavismus, von denen es Hunderte oder Tausende in Indien geben muss. Aber er ist wichtig, weil er heutzutage der einzige moralische Bezugspunkt ist, den Indien hat, und weil er seit dreißig Jahren so etwas wie die autorisierte Ausgabe Gandhis ist. Er hat für Indien die Idee des wahren, von Gandhi gewiesenen Weges festgeschrieben. Trotz minutiöser Dokumentation, trotz aller Studien und Lebensbeschreibungen ist es unwahrscheinlich, dass Gandhi im Kopf der Inder – mit ihrem kümmerlichen Geschichtsbewusstsein und ihrer Anlage zur Mythenbildung – jemals mehr sein wird als die Magierversion, die Bhave von ihm angefertigt hat.

Wenn die Politiker heute, auf der einen wie der anderen Seite, von Gandhi oder Gandhianismus sprechen, meinen sie eigentlich Bhave. In lebenslanger anstrengender Parodie hat Bhave sich seinen Meister einverleibt. Als Gandhi siebenunddreißig war, gelobte er, nach heftigem Ringen, sexuelle Enthaltsamkeit. Bhave legte das Keuschheitsgelübde ab, als er noch ein Kind war. Das war seine Art: In der Parodie verblasste die ganze menschliche Vielschichtigkeit des Mahatmas zu bloßer Heiligkeit. Von Beginn an hat Bhave Erlösung im schlichten Gehorsam gesucht. Aber indem er sich an das hielt, was er in seiner Einfalt als den Regelkanon ansah, indem er die eher ostentativen Handlungen des Mahatmas übersteigerte, ist er noch antiquierter geworden, als der Mahatma es selbst in seinen letzten Jahren war.

Gandhi war geprägt durch London, Jurastudium, zwanzig Jahre Südafrika, Tolstoi, Ruskin, *Gita*. Bhave war ausschließlich geprägt durch die Aschrams und Indien. Schon als sehr junger Mann ging er in den Aschram von Ahmedabad. Er arbeitete in der Küche, reinigte die Latrinen und saß so viele Stunden am Spinnrad, dass Gandhi, der die Auswirkungen dieser übereifrigen Handarbeit auf den Geist des Jugendlichen fürchtete, ihn zum Studium wegschickte. Ein Jahr lang studierte er in der heiligen Stadt Benares. Bhaves

Biograph Lanza del Vasto (*Vinoba ou Le nouveau pèlerinage*, 1954; deutsche Übersetzung 1988 unter dem Titel *Vinoba – König der Armen*) vermittelt eine Vorstellung davon, wie viel diese Studien mit Magie zu tun hatten:

> Wahrscheinlich befragte er an den Steilufern des Ganges diesen oder jenen Einsiedler über die Geheimnisse der konzentrierten Kontemplation, der Beherrschung des Atems, über das Erwachen der Schlange, die am unteren Ende der Wirbelsäule zusammengerollt ist, über ihren Aufstieg von Wirbel zu Wirbel, von Chakra zu Chakra bis zum tausendblättrigen Lotus, der das obere Ende der Wirbelsäule krönt, bis zur Auflösung des Ichs, bis zur Entdeckung des Selbst.

Eines Tages fragte einer der Literaturschüler in Benares Bhave nach *Shakuntala*, dem Ende des vierten Jahrhunderts in Sanskrit geschriebenen Drama des Dichters Kalidasa. Das war eine gute Frage an jemanden, der Sanskrit beherrschte, denn *Shakuntala*, das sich in der englischen Übersetzung nur wie eine Wiedererkennungsromanze liest, gilt als eines der großen Werke der Sanskrit-Literatur und stammt aus einer Zeit, die man das goldene Zeitalter der indischen Kultur nennt. Aber Bhave wies den Fragesteller streng zurecht: »Ich habe die *Shakuntala* von Kalidasa nicht gelesen und ich werde sie auch nie lesen. Ich lerne die Heilige Sprache nicht, um mir mit Liebesgeschichten und literarischen Lustbarkeiten die Zeit zu vertreiben.«

Für Bhaves Biographen gehört das zu Bhaves Vollkommenheit. Hier zeigt sich, wie die bis zum Äußersten getriebene indische Geistigkeit eben jene Kultur, deren die Inder sich rühmen, von der sie aber meist wenig wissen, verschlingt und zunichte macht. Im eitlen Wahn seiner geistigen Untadeligkeit ist Bhave mehr als nur ein heruntergekommener Gandhianer. Seine Religion hat etwas von Barbarei, sie würde die Menschen in den Busch zurückschicken. Sie ist die Religion der Armut und des Staubes. Und es wäre keine Überraschung, wenn Bhaves Vorstellungen von Erziehung so ähnlich aussähen wie die von Dickens' Mr Squeers. Die Kinder auf die Felder schicken, zu den Tieren: schließlich war das die einzige Unterweisung, die der Gott Krischna erhielt.

Bhaves italienischer Biograph, auf Urlaub weit weg von Europa, lässt sich hier und da von der fernöstlichen Weisheit seines Studienobjektes, die so gut zur Umgebung mit ihrer leiblichen Misere passt, hinreißen, und das Buch ist gepolstert mit den Aussprüchen des Meisters. (Bhave hat zwar publiziert, glaubt aber nicht ans Schreiben von Büchern: Man muss ihn sich in seinen Aussprüchen zu Gemüte führen.) Hier der politische Bhave: »Der Wille des Volkes für sich allein ist gleich eins. Der Staat für sich allein ist gleich null. Fügt man beide zusammen, so entsteht die Zahl Zehn. – Ist es nun der Eins oder Null zu verdanken, dass zehn gleich zehn ist?« Und hier Bhave (noch vor 1954) zur Gottlosigkeit der Maschine: »Wo werden die besten Ernten eingeholt? In Amerika, wo man mit dem Flugzeug sät, oder in China, wo kleinste Parzellen von Hand bearbeitet werden?«

Heute ist es schwer vorstellbar, aber 1952, als das gerade erst unabhängige Indien in vielen Ländern so wahrgenommen wurde, wie es sich selbst einschätzte, prangte Bhave auf dem Titelblatt des Magazins *Time*. Der Nachfolger des Mahatma und auch er nahezu ein Mahatma! Das war kurze Zeit, nachdem Bhave jenes Projekt begonnen hatte, das er »Landschenkung« nannte. Es war sein Versuch als Gandhianer, das Problem der indischen Landlosen zu lösen, und mit diesem Unternehmen verbindet sich sein Name noch heute. Sein Plan war, zu Fuß durch Indien zu gehen, pausenlos umherzuwandern, vielleicht für immer, um Menschen mit Land zu bitten, etwas davon den Landlosen zu schenken. Das Titelblatt der *Time* war mit einem von Bhaves Ausprüchen versehen: »Ich bin gekommen, um euch aus Liebe zu plündern.«

Die Idee des langen Fußmarsches war von Gandhi geborgt. Aber sie beruhte auf einem Missverständnis. Gandhis Wanderungen oder Märsche waren rein symbolisch; sie waren als Gesten, als Schauspiel gedacht. Im Jahr 1930 ging Gandhi langsam, auf immer öffentlich bekannt gemachten Wegstrecken, von Ahmedabad zum Meer, nicht um dort irgendeine Großtat zu vollbringen, sondern um etwas Salz aufzusammeln, womit er gegen ein leicht übertretbares Gesetz verstieß und ganz Indien sein Nein zur britischen Herrschaft vor Augen führte. Im Jahr 1947, in Bengalen, wanderte er durch den Bezirk Noakhali, nur um sich zu zeigen, weil er hoffte, durch seine Gegenwart das Morden zwischen den Religionsgemeinschaften zu beenden.

Schon dies waren ziemlich lange Fußmärsche. Aber wie immer wollte Bhave, dass seine Wanderung viel, viel länger würde, gleichsam ein Lebensberuf, und er legte sie nicht symbolisch an. Als er so durch die indischen Dörfer hastete, hatte er nichts Geringeres im Sinn als die Umverteilung von Land, in der Hoffnung, mit einem Tag religiöser Exaltation zu erreichen, was nur per Gesetz, nur durch eine Konsolidierung des Staates und jahrelange geduldige Erziehung zu erreichen war (und ist). Das glich dem Versuch, einen Zaubertrick à la Gandhi zu vollführen: Ersetzung des Staatsapparates durch Geistigkeit. Es passte zu dem erklärten Ziel des Gandhianers Bhave, den Staat »absterben« zu sehen. Das von Gandhi aus der Unterdrückung herausgeführte Indien sollte sich nun mit denselben geistigen Mitteln noch einmal erneuern. Alle übrigen »Ismen« der Welt sollten überflüssig gemacht werden. Es war ein offenes, atemberaubendes Experiment in gandhischer Magie und das Interesse der *Time*, das Interesse des Westens – das für Indien, auch dort wo es besonders vergeistigt war, immer große Bedeutung hatte –, sorgte dafür, dass die Exaltation nicht abebbte.

Es wurde Mode, sich Bhaves Marsch anzuschließen. Es wurde, mit Lanza del Vasto gesprochen, »die neue Pilgerfahrt«. Anfang 1954 schloss sich Vasto ein paar Wochen lang Bhave an und er empfand es – obgleich er Gandhi-Anhänger war, bereits einen Bestseller über Gandhi geschrieben hatte und auch etwas über Bhave zu schreiben hoffte – als Strapaze. Selbst in seinem von Ehrfurcht triefenden Bericht bricht sich ein europäisch geprägter Ärger über die Unbequemlichkeit und das Chaos dieses Fußmarsches Bahn: das schlechte Essen, gepfeffert und versalzen; eine Zirkusatmosphäre mit ständigem Lärm, da die vielen Anbeter allerorten schnattern wie Vögel in einer Voliere und sich selbst in Gegenwart des Meisters leicht ablenken lassen; aber auch Bhaves Anhänger, die nur schreiend miteinander reden und permanent rülpsen, sich räuspern und furzen. Vasto bemüht sich sehr um Verständnis; als Gefangener seiner Pilgerfahrt nennt er in spontaner Ideenassoziation die lästige Unruhe des nächtlichen Lagers »unschuldig wie ein Furz« und sieht in ihr »die natürliche Lebensäußerung eines liebenswerten Volkes, das gerne plaudert und scherzt«.

Und jeden Tag das nächste Dorf und die harten Lehmstraßen von Bihar. Immer geht Bhave mit raschem Schritt an der Spitze, als Leittier. Kein Dorfbewohner darf, auch nicht vor lauter Anbetung oder Verzückung, seinen Weg kreuzen oder vor ihm gehen. Erlaubt ist nur das Nachfolgen – die Heiligkeit samt dem von ihr versprochenen Heil (das schon im bloßen Anblick des Heiligen liegt) hat ihre Regelzwänge. Irgendwann scheint Bhave ohne ersichtlichen Grund von Zweifeln gepackt zu werden und der Autor vermutet, er wolle fasten: aus Protest gegen die »Faulheit« der einen und den »Geiz« der anderen Mitarbeiter (unter ihnen übrigens auch eine Pressebeauftragte). Da ist offenbar etwas hinter den Kulissen vorgefallen, von dem Vasto nichts weiß. Aber schon längst ist dem Leser der Gedanke gekommen, dass allem Predigen zum Trotz diese Wanderung nichts ist als eine Wanderung; dass nichts oder nur sehr wenig getan wird; dass wohl keiner dieser schnatternden Dorfbewohner Land gibt oder erhält; dass jedermann sich einfach nur zu Gott bekennt.

Irgendwann in der ersten Zeit war die Rede von einer Universität, die speziell den Zielen der Bewegung dienen sollte, und für sie hatte man unweit der Stätte von Buddhas Erleuchtung ein Grundstück bekommen. Als Bhave nach dieser Universität gefragt wurde, antwortete er: »Das Land ist da und ich habe einen Brunnen darauf graben lassen. Wer dort vorbeigeht, kann einen Eimer Wasser hochziehen und seinen Durst gründlich stillen.« Der Fragesteller wollte mehr über die Universität wissen: »Aber was wird denn die Ausrichtung der Universität sein? Wie werden ihre Statuten und ihre Programme aussehen?« Darauf Bhave: »Das Land ist da, der Brunnen ist da, wer trinken will, kann trinken. Was wollen Sie mehr?«

Selbst für einen Heiligen war das ein gefährliches Leben. Aber Bhave war Bhave, und erst nach weiteren sieben Jahren gab er den langen Fußmarsch auf, ließ sich in aller Ruhe als Weiser nieder und versank in der Erstarrung der Meditation.

Die Magie hatte nicht gewirkt; die Geistigkeit hatte weder die Umverteilung von Land noch, was wichtiger war, jenen Umbruch in den sozialen Verhaltensweisen herbeigeführt, ohne den eine solche Umverteilung nicht gelingen konnte. Sie hatte ganz gegenteilige Folgen. Der lebende Heilige, der von offizieller Seite umschmeichelt wurde, dem Berichte von seiner Zauberkraft vorausgingen, der allen, die ihn erblickten, das Heil brachte, war ein lebender Beweis für die Rechtmäßigkeit der alten Verhältnisse, für die Notwendigkeit alter Ehrerbietung. Bihar, wo Bhave den größten Teil seines Fußmarsches hinter sich brachte, gehört weiterhin – in Sachen Landbesitz und Unberührbarkeit – zu den rückständigsten und unterdrücktesten indischen Bundesstaaten.

Selbst wenn Bhave begriff, dass Gandhi auf die Notwendigkeit sozialer Reformen pochte, war er doch außerstande, das hinduistische Indien ins Wanken zu bringen; dafür war er viel zu sehr Teil von ihm. Als Musterschüler, der gehorcht, ohne immer zu wissen, warum, hat er die Botschaft seines Meisters regelmäßig entstellt. Einmal, während des Marsches, sagte er, die Unberührbaren machten Arbeit, die Menschen nicht machen dürften; deshalb sollten sie Land erhalten, um Ackerbauern zu werden. Das hätte nach Gandhi klingen können; doch alles, was diese Worte besagten, war nur, dass Latrinenreiniger Latrinenreiniger und Unberührbare Unberührbare sind. Der ganze Sinn der gandhischen Botschaft ging verloren.

Hinduistische Spekulation kann sich in schwindelnde Höhen erheben, aber hinduistische Religionsausübung ist etwas Elementares, und für die meisten Menschen ist Geistigkeit ein greifbares Gut, Magie. Bhave hat Geistigkeit als ein solches Gut angeboten und anbieten konnte er sie als eine Ware, mit der zu handeln er, der Erbe Gandhis, eigens autorisiert war. Bei einer öffentlichen Versammlung im Jahr 1962 – in Shantiniketan, jener Universität, die der Dichter Tagore gegründet hatte, um die Künste in Indien zu neuem Leben zu erwecken – nannte Bhave sich einen »Verkäufer der Geistigkeit«. In Shantiniketan! So sicher war Bhave in Indien; in solchem Maße war das Verstandesdenken eines Mannes wie Tagore vom Kulturprimitivismus des gandhischen Indien zermalmt worden.

Ein paar Jahre zuvor, in einer denkwürdigen Erklärung während der großen Tage des langen Marsches, hatte Bhave sich mit dem Feuer verglichen. Seine einzige Aufgabe bestünde darin zu brennen; andere müssten sein Feuer nutzbringend verwenden. Sobald Demut zum Gelübde wird, hört sie auf, Demut zu sein (so Gandhi in seiner Autobiographie), und die Auslegung, die Bhave von seiner Funktion in Indien gibt, ist genauso eitel und dekadent, wie sie erscheint.

Sie pervertiert die in der *Gita* formulierte Idee der Pflicht, die Idee des *dharma*; sie ist die Sprache des Magiers.

Mit seiner Vereinfachung und Entstellung präsentierte Bhave den Gandhianismus als Zauberei und sich selbst als den Zauberer. Der südafrikanische Gandhi war für Indien zu vielschichtig. Aus dem rassenpolitischen Führer machte Indien den Mahatma und bei Bhave wurde der Mahatma zu Merlin. Bhave scheiterte, aber das hinterließ keinerlei Flecken auf seiner Heiligkeit. Schließlich scheiterte er nur, weil die Zeiten schlecht waren; weil, wie so viele Inder als tiefgründige Weisheit verkünden, seit Gandhis Tod die Wahrheit aus Indien und der Welt gewichen ist. In einem Schwarzen Zeitalter hatte Bhave sich tapfer an alte Zauberei gewagt und an seinem achtzigsten Geburtstag wurde er in Neu-Delhi geehrt. Dickbäuchige Kongresspolitiker saßen in frisch gestärktem weißen Streichgarn auf dem Podium und manche hielten eine Rede. Nach einigem Herumprobieren schmückte Mrs Gandhi sein Porträt mit einer Girlande.

Die letzte – zensierte und unvollständige – Nachricht über Bhave lautet, im Juni 1976 habe er mit einem öffentlichen Fasten begonnen. In diesem Fasten, das er als seine letzte öffentliche Handlung betrachtet haben muss, steckt noch immer etwas von der Gandhi-Parodie. Auch Gandhi hat ein berühmtes letztes Fasten veranstaltet. Aber es war die letzte Äußerung seiner Qual und Verzweiflung im geteilten Indien und richtete sich gegen das Abschlachten von Menschen im Pandschab und in Bengalen. Bhaves letztes Fasten richtete sich, wenn die Berichte zutreffen, gegen das Schlachten von Kühen.

Immer scheint es in Indien präsent: Magie, Vergangenheit, Tod des Intellekts, eine Geistigkeit, die die Kultur, aus der sie hervorgegangen ist, zunichte macht, und ein Indien, das sich wie die Schlange in den eigenen Schwanz beißt.

3

Da Indiens geborgte oder ererbte demokratische Institutionen während des Ausnahmezustands demontiert wurden und kein ausländischer Eroberer mehr da ist, der eine neue Ordnung oktroyieren könnte, steht das Land zum ersten Mal seit Jahrhunderten allein vor dem Nichts seiner zerfallenen Kultur. Die Freiheiten, die im unabhängigen Indien – zusammen mit den Institutionen, die es sich gab – einzogen, waren fremde Freiheiten, die besser zu einer anderen Kultur passten; in Indien blieben sie geschieden von der inneren Organisation des Landes, von seinen Glaubenslehren und uralten Restriktionen. Zu Anfang spielte das keine Rolle. Es gab Entwicklungspläne. Indien wurde zum Industrieland, und zwar mit größerem Erfolg als allgemein angenommen; seine Nahrungsmittelproduktion stieg auf mehr als das Doppelte; heute ist es der viertgrößte Getreideproduzent der Welt. Und aus dieser großartigen Leistung erwuchs neue aufrührerische Unruhe, die Indien völlig überraschte und mit der es nicht umzugehen wusste. Es war, als wisse das Land nicht, welchen Auftrag es mit seiner Unabhängigkeit übernommen hatte.

Die Bevölkerung wuchs; die Landlosen flohen vor der Dorfdespotie; die Städte erstickten; die durch die Anfänge einer ökonomischen Entwicklung – in einem seit undenklichen Zeiten entmutigten Land – entstandene Ruhelosigkeit äußerte sich in verschiedensten Formen auf der Straße. Aber genau dieser Sieg der Demokratie führte auch ihre Zerstörung herbei. Die konventionelle Politik hatte immer weniger Antworten und wurde immer konventioneller; gegen Ende trat sie auf wie ein Gesellschaftsspiel und wurde eine Sache des Köpfezählens und Parteiwechsels. Und die indische Presse, eine weitere geborgte Institution, versagte gleichfalls. Mit dem beschränkten Bild, das sie von ihrer Funktion hatte, war sie genauso belanglos wie die Politik;

sie wurde Teil der indischen Anarchie. Sie brachte Reden und noch mehr Reden; sie reduzierte Indien auf seine verschiedenen Parlamente. Zu nationalen Größen erhob sie die am wenigsten berechenbaren Politiker und genau wie die Pressefreiheit waren diese mit Beginn des Ausnahmezustands urplötzlich verschwunden.

Die demontierten Institutionen – Justiz, Presse und Parlament – können nicht umstandslos wieder zusammengebaut werden. Sie wurden zerschlagen; sie können erneut zerschlagen werden; der Beweis ist erbracht, dass Freiheit im unabhängigen Indien kein Absolutum ist. Mrs Gandhi hat dem Ausnahmezustand ihren Namen gegeben und ihm den Stempel ihrer Persönlichkeit aufgedrückt. Das ist bedauerlich, denn es hat alles, was auf beiden Seiten dazu gesagt wird, viel zu sehr vereinfacht und die wahre Natur der Krise in Nebel gehüllt. Mit oder ohne Indira Gandhi: In jedem Fall wäre das unabhängige Indien – mit seinen staatlichen Institutionen, die im Widerspruch zur Organisation der Gesellschaft stehen; mit Armutsproblemen, die jeder Inder instinktiv für unlösbar hält – in einem Ausnahmezustand gelandet. Und trotz Mrs Gandhis enormer Machtbefugnis ist der Ausnahmezustand nur ein Aufschieben. Wie immer er aufgelöst wird, am Ende wird Indien mit seiner eigenen Leere konfrontiert sein, mit der Unzulänglichkeit einer alten Kultur, die gehätschelt wird, weil sie alles ist, was die Menschen haben, die jedoch ihren Bedürfnissen nicht mehr entspricht.

Indien hat keine Leitideen – und darin besteht das Versagen, das es mit Gandhi teilt. Indiens Menschen haben keine Idee des Staates und keine der Einstellungen, die diese Idee begleiten: keinen historischen Begriff der Vergangenheit, keine Identität, die über die dürftige Ökumene der hinduistischen Glaubenslehren hinausginge, und nicht einmal, trotz des extremen Rassismus zur Zeit der Briten, die Anfänge eines Rassenbewusstseins. In Jahrhunderten der

Unterwerfung verkam diese Kultur zu einem Überlebensapparat: Sie wandte sich ab vom Geist (auf den die *Gita* so viel Wert legt) und von der Kreativität (Vinoba Bhave sieht im Sanskrit nur die Sprache der Götter, nicht die der Dichter) und reduzierte sich wie alle zerfallenden Kulturen auf ihre magischen Praktiken und restriktiven sozialen Formen. Die Menschen konnten nur dann überleben, wenn sie ganz klein gemacht wurden. Es war eine Kultur, die schrumpfte und dennoch als Ganzes erschien. Vielleicht liegt es an ihren unverkennbaren Ursprüngen in den Siegen einer Rasse über andere (siegreiche Arier, unterjochte Ureinwohner), dass sie mit zweideutigen Glaubenslehren durchsetzt ist, die den Menschen mal erheben, mal erniedrigen können.

Der hinduistische Schlüsselbegriff *dharma* – der rechte Weg, der sanktionierte Weg, dem alle Menschen, ihrer jeweiligen Natur entsprechend, folgen müssen – ist ein dehnbarer Begriff. Am erhabensten ist er dort, wo er Selbstverwirklichung und Treue zu sich selbst mit der Vorstellung verbindet, dass Handeln Pflicht ist, von sich aus schon geistiger Lohn, und der Mensch ein heiliges Gefäß. Dann verliert er auch alles Mysteriöse und trifft sich mit den hohen Idealen anderer Kulturkreise. Um den *dharma* geht es vielleicht bei Balzac, wenn er gegen Ende seines schöpferischen Lebens Müdigkeit und eine lange Leerphase überwindet, um innerhalb von acht Wochen seinen Roman *Tante Lisbeth* zu schreiben, und dabei über die Berufung des Künstlers nachdenkt:

> Beständige Arbeit ist das oberste Gesetz in der Kunst wie im Leben. Denn Kunst ist nichts anderes als idealisiertes Schaffen. Daher warten auch die großen Künstler und die vollendeten Dichter nicht die Aufträge und die Kunden ab: Sie bringen heute, morgen, unabhängig etwas Neues zur Welt. Daraus geht die Arbeitsgewohnheit hervor, das unaufhörliche Bewusstsein der zu bekämpfenden Schwie-

rigkeiten, das die wahren Künstler in ständiger Vermählung mit der Muse und deren schöpferischen Kräften erhält.

Und auch Proust, der sich mit seinem Buch zu Tode schreibt, kommt nahe an den Begriff *dharma* heran, wenn er, den Balzacschen Gedanken wiederholend, sagt, ein Schriftsteller vollende sein Werk letztlich nicht aus Ruhmsucht, sondern dank der »Gewöhnung an zähen Fleiß«. Aber der *dharma*, das Ideal der Treue zu sich selbst, des Auslebens der im eigenen Selbst beschlossenen Wahrheit, kann auch benutzt werden, um die Menschen mit der Knechtschaft zu versöhnen, und sie dazu bringen, im lähmenden Gehorsam das höchste geistige Gut zu entdecken. In der arischen *Gita* heißt es: »Die eigene Pflicht (dharma), auch ohne verdienstvoll zu sein, ist besser als die gut verrichtete Pflicht eines anderen. Es ist besser, in seinem eigenen Dharma zu sterben; der Dharma eines anderen bringt Gefahr.«

Der *Dharma* ist schöpferisch oder lähmend, je nach Zustand der Kultur, je nachdem, was von den Menschen erwartet wird. Anders geht es nicht. Die Qualität eines Glaubens ist keine Konstante; sie hängt ab von der Qualität der Menschen, die sich zu ihm bekennen. Die Religion eines Vinoba Bhave kann nichts anderes zum Ausdruck bringen als Staub und Niederlage des indischen Dorfes. Manche Inder haben in diesem Jahrhundert Beiträge zur Wissenschaft geleistet, aber abgesehen von ein paar beachtenswerten Ausnahmen arbeiteten sie im Ausland. Und das liegt nicht nur an technischen Geräten und Anlagen. Mit Sorge sehen die indischen Wissenschaftler – die ihren Berufsstand in Indien als gefährdet empfinden –, dass viele von denen, die im Ausland so kühn und originell sind, in Indien, sobald man sie dorthin zurückgelockt hat, auf ein Mittelmaß zurückfallen und dennoch zufrieden bleiben; dass sie zu Menschen werden, denen ihr früherer Wert nicht mehr bewusst zu sein scheint und die offenbar nur aus Zufall herausragend gewesen sind. Sie werden vereinnahmt von der geringeren Kultur, von der geringeren Idee des *dharma* und der Selbstverwirklichung. In einer auf ihre äußeren Formen reduzierten Kultur brauchen sie sich, um in den eigenen Augen geistiges Verdienst zu erwerben, nicht mehr intellektuell anzustrengen; dasselbe Verdienst ist nun auch durch richtiges religiöses Verhalten zu erwerben, durch Untadeligkeit.

Vor einigen Jahren trauerte Indien dem Wissenschaftler Har Gobind Khorana nach, der als amerikanischer Staatsbürger für die USA einen Nobelpreis in Medizin gewann. Indien lud ihn nach Hause ein und feierte ihn, aber das Wichtigste an ihm wurde ignoriert. »Alles würden wir tun für Khorana«, so einer der besten indischen Journalisten, »nur die Ehre, über seine Arbeit zu diskutieren, erweisen wir ihm nicht.« Die Arbeit, die Mühen, das Urteil über die Mühen: Man erwartete, dass das schon anderswo, außerhalb von Indien, erledigt würde.

So etwas gehört zu dem intellektuellen Schmarotzertum, das die Inder akzeptieren (und als besiegtes Volk schon seit langem), während sie zugleich ihre Kultur als ein Ganzes betrachten, das der einzigen Wahrheit folgt, die zählt: den »Beladenen« Zuflucht und »Erlösung von diesem irdischen Leben« gewähren (wie Gandhi es 1914 sah). Es ist, als läge Indiens besonderes Verdienst heute ausgerechnet in seinem Elend und seinem weltlichen Versagen – und nicht in seiner einst blühenden Kultur. Und das mutet an wie der Trost des Verzweifelten, weil es (wie selbst Gandhi wusste und all seine frühen politischen Aktionen gezeigt haben) an weltlichem Scheitern nichts Verdienstvolles gibt.

Die indische Armut ist entmenschender als jede Maschine, und mehr als in jeder von Maschinen geprägten Gesellschaft sind die Menschen in Indien bloße Exemplare, von der Idee ihres *dharma* eingeschlossen in den striktesten Gehorsam. Der Wissenschaftler streift, wenn er nach Indien zurückkehrt, die Individualität ab, die er sich während der Zeit im Ausland erworben hat; er kehrt in die Sicherheit seiner Kastenidentität zurück und die Welt wird wieder einfach. Es gibt minutiöse Regeln, die beruhigen wie Bandagen; persönliche Wahrnehmung und persönliches Urteil, die früher seine Kreativität auf den Plan riefen, werden als Bürde preisgegeben, der Mensch wird wieder zum Exemplar in seiner Herde und seine Wissenschaft auf eine Fertigkeit reduziert. Der Fluch des Kastenwesens liegt nicht nur darin, dass es die Unberührbarkeit und damit in Indien die Vergötterung der Unsauberkeit mit sich bringt; er liegt auch darin, dass es in einem wachstumswilligen Indien totalen Gehorsam fordert, vorgefertigte Befriedigungen anbietet, die Risikobereitschaft vermindert und den Menschen jede Individualität und jede Chance versperrt, sich auszuzeichnen.

Sie mögen zwar rebellieren, aber am Ende schließen sie in aller Regel ihren Frieden. Für Außenseiter gibt es in Indien keinen Raum. Der Arya Samaj – oder Verband der Arier –, eine reformorientierte Gruppierung, die gegen die traditionellen Kastenvorstellungen antrat und in der ersten Hälfte des zwanzigsten Jahrhunderts in Nordindien aktiv war, scheiterte aus einem ganz einfachen Grund. Er konnte seine Mitglieder nicht verheiraten; Indien holte sie zurück zu den Kasten und Vorschriften, von denen sie sich losgesagt hatten. Und vor fünf Jahren hörte ich in Delhi die folgende Geschichte. Ein ausländischer Geschäftsmann stellte fest, dass sein kastenloser Bediensteter intelligent war, und beschloss, dem jungen Mann Schulbildung zu verschaffen. Er tat es, und bevor er das Land verließ, versetzte er den Mann an eine bessere Arbeitsstelle. Ein paar Jahre später kam der Geschäftsmann nach Indien zurück. Er musste entdecken, dass der Kastenlose wieder Latrinenreiniger war. Sein Klan hatte ihn boykottiert, weil er einen eigenen Weg gegangen war; man schloss ihn von der abendlichen Rauchergruppe aus. Eine andere Gruppe, der er sich hätte anschließen können, gab es nicht und auch keine Frau, die er heiraten konnte. Seine Einsamkeit war unerträglich und so musste er zu seiner Pflicht, seinem *dharma,* zurückkehren; er hatte gelernt zu gehorchen.

Gehorsam: das ist alles, was Indien von den Menschen verlangt, und sie geben es bereitwillig. Die Familie hat ihre Regeln; die Kaste hat ihre Regeln. Für den Schüler nimmt der Guru – gleichgültig ob Heiliger oder Musiklehrer – die Stelle Gottes ein, man hat ihm schweigend zu gehorchen, selbst wenn man – wie Bhave bei Gandhi – nicht immer versteht, warum. Heilige Texte müssen auswendig gelernt werden; ebenso Schulbücher und Lehrbücher für Studenten und die Kommentare von Dozenten. »Das westliche Bildungssystem«, so Vinoba Bhave vor einigen Jahren, »krankt daran, dass es so wenig Wert darauf legt, große Texte auswendig lernen zu lassen.« Und die Kinder der *middle schools* leiern wie buddhistische Novizen ihre Lektionen in einem Sprechgesang herunter und heben wie sie, sobald der Besucher auftaucht, die Stimme, um ihren Lerneifer zu demonstrieren. So nimmt Indien alles Neue in sein altes Selbst auf: Neue Werkzeuge benutzt es auf alte Art, es reinigt sich von unnötigem Verstand und wahrt sein Gleichgewicht. Die Armut des Landes spiegelt sich in der Armut des Geistes; wäre es anders, wäre es eine Katastrophe.

Die Kultur der Eroberer war zugleich die Kultur der Besiegten; sie lehrte die Menschen, im Gehorsam gegenüber dem dehnbaren *dharma* mit ihrem Land zu schrumpfen. Gandhi rief Indien wach; aber das Indien, das er wachrief, war nur das Indien der Besiegten, das heilige Land, das er nach Südafrika so sehr brauchte.

4

Wie ein Romancier, der sich in seine Figuren aufspaltet und unbewusst die Akkorde aufbaut, die seinem Thema geschlossene Intensität verleihen, ist Gandhi mit seinen vielen Facetten im modernen Indien allgegenwärtig. Man sieht ihn nicht selbst, man kennt ihn nur noch in seiner mittlerweile todgeweihten Bhave-Inkarnation, aber das Drama, das heute in Indien gespielt wird, ist immer noch dasjenige, zu dem er vor mehr als sechzig Jahren den Anstoß gab, als er nach den Rassenkämpfen in Südafrika nach Indien zurückkehrte. Der schöpferische Mensch braucht die Wurzeln seiner Obsessionen nicht zu verstehen; seine Aufgabe beschränkt sich darauf, Ereignisse in Gang zu setzen. Von Gandhi erhielt Indien eine ihm eigene Politik; durch Gandhi wurden seine archaischen religiösen Gefühle heraufgerufen. Indem er beide einander dienstbar machte, führte er ein Erwachen herbei. Aber im unabhängigen Indien negieren sich die zwei Seiten dieses Erwachens. Keine Regierung kann überleben, wenn sie sich von gandhischer Phantasie ernährt, und die Vergeistigung – Trost eines unterworfenen Volkes –, die Gandhi in eine Form nationaler Selbstbehauptung verwandelte, ist nun unverkennbar zu jenem Nihilismus verkommen, der sie immer war.

Die Sprecher der Opposition im Exil beklagen den Verlust von Demokratie und Freiheit und diese Klagen sind gerechtfertigt. Aber hinter den geborgten Worten stehen antiquierte, gandhischem Geist entsprungene Obsessionen, die ebenso zerstörerisch sind wie viele Maßnahmen des Notstandsregimes: Phantasiebilder von *Ramradsch*, von Geistigkeit, Rückkehr zum Dorf, Einfachheit. In diesen Obsessionen – die politische Kämpfe auslösen – überdauern auf erstaunlichste Weise sowohl die Verstörung, die Gandhi in den Jahren der Blindheit als Londoner Jurastudent empfand, wie auch die Wunden, die zwanzig Jahre in Südafrika seinem Rassenempfinden schlugen. Jetzt sind sie vergessen, diese Ursachen für Gandhis Nein zum Westen und seinen Nihilismus; gelöscht im Bewusstsein der Inder ist der Fehlschlag der zwanzig südafrikanischen Jahre. Hätte Gandhi seine Probleme auf andere Weise gelöst, hätte er nicht wie der phantasiebegabte Romancier seine anfängliche Kränkung (die bei ihm großenteils rassisch motiviert gewesen sein muss) so erfolgreich umgestaltet, hätte er einen anderen Überlebenskodex auf Indien projiziert, so hätte er dem Land womöglich Leitideen hinterlassen können – vielleicht sogar zusammen mit etwas für Indien wahrhaft Revolutionärem, nämlich einem den Kontinent umspannenden Rassenbewusstsein (dem Gefühl, einem gesamtindischen Volk anzugehören), das all seinen politischen Zielen entsprochen und sie zugleich übertroffen hätte: weil es nicht nur der Unberührbarkeit einen Schlag versetzt und die Kaste in den Hintergrund gedrängt hätte, sondern auch das Individuum auf den Plan gerufen, die Menschen gelehrt hätte, im Rahmen einer umfassenderen Identität für sich allein zu stehen, weil es herausragende menschliche Leistung denkbar gemacht hätte.

Diejenigen, die heute um ihn kämpfen, kämpfen um gar nichts; weder bei ihm noch beim alten Indien liegen die Lösungen für die gegenwärtige Krise. In seiner Person hat sich das alte Indien zum letzten Mal Ausdruck verschafft; er ging jenen Weg mit Indien zu Ende. Alle Debatten um den Ausnahmezustand, alle Berufungen auf seinen Namen verraten nur, welches intellektuelle Vakuum in Indien herrscht und wie leer jene Kultur ist, der er neues Leben einzuhauchen schien.

Im eroberten Indien bedeutete Renaissance immer die Wiederentdeckung des Unterdrückten oder Entehrten, die Verklärung der alten Sitten und Gebräuche; in Zeiten der Atempause nahmen die Inder nie die Gelegenheit wahr (oder hatten die intellektuellen Mittel nicht), um vorwärtszuschreiten, und dann kam die nächste Katastrophe. Von Kunsthistorikern wissen wir, dass die europäische Renaissance Einzug hielt, als die Menschen begriffen, dass die Vergangenheit nicht mehr fortlebte; dass Ovid und Vergil nicht als eine Art antike Priester zu begreifen waren; dass die Menschen auf Distanz zur Vergangenheit gehen mussten, um sie besser verstehen und sich zunutze machen zu können. Indien hat seine Erneuerung immer auf anderem Wege gesucht: durch Kontinuität. Schon in den frühesten Texten blicken die Inder in die Vergangenheit zurück und sprechen vom Schwarzen Zeitalter der Gegenwart; genauso schauen sie heute zurück auf die Zeiten Gandhis und den Kampf gegen die Briten und sehen alles Folgende als Entweihung und nicht als Weiterentwicklung der Geschichte. Solange Indien versucht, auf eine alte Vorstellung von seiner Vergangenheit zu rekurrieren, wird es diese weder besitzen noch aus ihr etwas gewinnen. In Besitz nehmen kann man sie heute nur durch Hinterfragen und Studieren, also weniger durch spirituelle als vielmehr durch intellektuelle Disziplin. Es gilt zu begreifen, dass die Vergangenheit tot ist; sonst wird sie tödlich.

Die Stabilität des gandhischen Indiens war eine Illusion, und es wird lange dauern, bis das Land wieder stabil ist. Aber in der gegenwärtigen Unsicherheit und Leere liegt die Chance eines echten Neubeginns, die Chance, dass nach langer spiritueller Nacht der Intellekt wieder wach wird. »Indiens Krise ist keine politische: Das glaubt man nur in Delhi. Eine Diktatur oder Militärherrschaft werden nichts ändern. Und die Krise ist auch keine bloß ökonomische. Beides sind nur Aspekte einer umfassenderen Krise, der Krise einer zerfallenden Kultur, deren einzige Hoffnung im weiteren schnellen Zerfall liegt.« Dies schrieb ich 1967 und die damalige Zeit kam mir schwärzer vor.

August 1975 – Oktober 1976

Zitierte deutsche Übersetzungen

Mohandas Karamchand Gandhi, *Eine Autobiographie oder Die Geschichte meiner Experimente mit der Wahrheit*, hg. von B. Schorr, Berlin 1982.

U. R. Anantha Murthy, *Samskara oder Was tun mit der Leiche des Ketzers, die uns im Weg liegt und das Leben blockiert*, übersetzt von G. Schneider, Frauenfeld 1994.

Bhagavadgita. Der vollständige Text mit dem Kommentar Shankaras, übers. von J. Dünnebier, München 1989.

Lanza del Vasto, *Vinoba – König der Armen*, übers. von M. de Voss, Waldkirch 1988.

Honoré de Balzac, *Tante Lisbeth*, übers. von P. Zech, Zürich 1981.

Marcel Proust, *Im Schatten junger Mädchenblüte*, übers. von E. Rechel-Mertens, revid. von L. Keller und S. Laemmel, in: *Werke II*, Band 2, Frankfurter Ausgabe, hg. von L. Keller, 2. Aufl. Frankfurt/M. 2002.

Die Mitte finden

Auf halber Strecke

Da ich von einer kleinen Insel stamme – Trinidad hat nicht mehr Fläche als Goa –, hat mich Größe schon immer fasziniert. Den breiten Strom, das hohe Gebirge zu sehen, vierundzwanzig Stunden lang mit dem Zug zu fahren: Das gehörte zu den Freuden, die mir die Welt draußen bot. Jetzt aber, nach sechs Monaten Indien, mischt sich Beunruhigung meiner Faszination bei. Denn diese Dimensionen hier übersteigen die Vorstellungskraft – ein Himmel, der so weit und tief ist, dass Sonnenuntergänge sich nicht mit einem Blick erfassen lassen, sondern in Abschnitten betrachtet werden müssen, eine Landschaft, die durch ihre Ausmaße eintönig und durch ihre Primitivität und durch ihren eigentümlichen Zustand von Ausgemergeltheit furchterregend wirkt: armselige, gedrückte Feldfrüchte auf kleinen, krummen Äckern, im Wachstum zurückgebliebene Menschen, schlecht ernährte Tiere, verfallende Dörfer und Städte, in denen sogar die Neubauten von Vergängnis gezeichnet erscheinen. Es dämmert, die Nacht bricht herein; wir erreichen und verlassen Bahnhöfe, die einander aufs Haar gleichen und deren Namensschilder man mit List und Tücke versteckt hat – für kurze Zeit Menschen und Getöse. Und immer noch geht die Reise weiter, bis das Riesenhafte alle Bedeutung verliert und unerträglich wird und man nur noch aus dieser ewigen Abfolge von Verfall und Verelendung entrinnen möchte.

Was ich sage, klingt abgedroschen. Aber in Indien ist

das Abgedroschene erdrückende Empirie und oft habe ich mich in den letzten sechs Monaten am Rande der Hysterie befunden und mir gewünscht, Indien vergessen zu können, wenn ich mich in einen Wartesaal oder Schlafwagen erster Klasse geflüchtet hatte, nicht so sehr der Ungestörtheit und der Bequemlichkeit halber, sondern um mich zu schützen und abzuschirmen, um den Anblick der dürren, auf den Bahnsteigen ausgestreckten Menschenleiber, der Essblätter sauber leckenden, halb verhungerten Köter los zu sein und nicht mehr hören zu müssen, wie ein Hund winselt, weil ihm jemand aus Spaß einen Tritt versetzt. Solch einen Augenblick erlebte ich in Bombay, am Tag meiner Ankunft, als Indien mir wie eine einzige große Zumutung an die Sinne erschien. Und solch einen Augenblick erlebte ich fünf Monate später, in Jammu, wo die simple, furchterregende Geographie offen zutage liegt – nach Norden die Berge, in Ketten gestaffelt und immer höher ansteigend; nach Süden, jenseits der Tempeltürme, die Ebene, deren Grenzenlosigkeit, die ich bereits kennengelernt hatte, nichts als Unbehagen erregte.

Freilich gab es zwischen diesen sich immer wieder einstellenden Augenblicken viele andere, in denen Furcht und Ungeduld der Begeisterung und Freude wichen, wenn sich etwa das Bild von Verelendung, das die Stadt vom Zug aus bot, bei genauerem Hinsehen als bloßer Schein entpuppte und ich entdeckte, dass in Indien mehr als in jedem anderen Land, das ich besucht habe, die Dinge in Bewegung sind. Hört man in einer kleinen Stadt im Pandschab, wie Metall mit Hammerschlägen bearbeitet wird, oder besucht man eine Chemiefabrik in Haiderabad, deren Ausrüstung zu einem großen Teil in Indien entworfen und gefertigt worden ist, dann begreift man, dass man sich inmitten einer industriellen Revolution befindet, die man, vielleicht mangels öffentlicher Berichterstattung, als Möglichkeit gar nicht ernsthaft in Betracht gezogen hat. Angesichts der Neubauviertel, die überall in indischen Städten aus dem Boden wachsen, erkennt man, dass, unabhängig von dem Gerede über die alte indische Kultur (das mich unfehlbar zu meinem *lathi* greifen lässt) der indische Sinn für Ästhetik wieder zum Leben erwacht und imstande ist, aus international üblichen Baustoffen etwas zu schaffen, das seinem Wesen nach indisch ist. (Die trotzig zur Schau gestellte altindische Kultur hat aus dem Ashoka-Hotel eines der albernsten Gebäude Neu-Delhis gemacht, das an Lächerlichkeit nur noch von der pakistanischen Botschaft, einem aufsässigen Fanal des Glaubens, überboten wird.)

Ich bin in namenlosen Dörfern gewesen, halbentwickelten und unentwickelten. Und wo ich früher nur Verzweiflung gewittert hätte, da spüre ich jetzt, dass die Verzweiflung eher ein Problem des Beobachters als die Sache der Bewohner ist. Ich habe gelernt, hinter den Schmutz und die auf Gurtbetten lagernden Gestalten zu sehen und Ausschau nach den Zeichen des Fortschritts und der Hoffnung, wie schwach sie auch immer sein mögen, zu halten: nach der unter all dem Dreck, der sie bedeckt, mit Ziegeln gepflasterten Straße, nach den in sauberen Reihen gepflanzten und nicht wild verstreuten Reiskulturen, nach der entspannten Haltung, mit der die Dörfler der Amtsperson oder dem Besucher begegnen. Auf solche Kleinigkeiten habe ich zu achten gelernt: Im Laufe der Monate hat sich mein Auge angepasst.

Und doch bleibt die abgedroschene Empirie überwältigend. Man ist Reisender, und sobald eine bestimmte Region durch größere Vertrautheit ihren Schrecken eingebüßt hat, ist es an der Zeit, die Reise fortzusetzen, durch endlose Weiten, mit denen man nicht vertraut wird, die einen traurig stimmen, und das Bedürfnis fortzulaufen kehrt wieder.

In vielen anderen Hinsichten aber ist die Größe des Landes nichts als ein geographisches Faktum. Vielleicht nämlich ist es genau diese Größe, die den Indern das augenscheinliche Bedürfnis eingibt, strenges Schubladendenken zu praktizieren, Dinge genau einzugrenzen, sie auf fassliche Verhältnisse zu reduzieren.

»Wo kommen Sie her?« Eine in Indien typische Frage – und Menschen, die in Dörfern, Bezirken, Provinzen, Gemeinschaften, Kasten denken, kann meine Antwort, dass ich aus Trinidad komme, nur in Verwirrung stürzen.

»Aber Sie sehen aus wie ein Inder.«

»Nun, ich bin auch Inder. Aber wir leben bereits seit mehreren Generationen in Trinidad.«

»Aber Sie sehen aus wie ein Inder.«

Drei- oder viermal täglich kommt es zu diesem Dialog und mittlerweile verzichte ich auf Erklärungsversuche. »Eigentlich bin ich Mexikaner.«

»Ach so.« Tiefe Befriedigung. Pause. »Was machen Sie?«

»Ich schreibe.«

»Für Zeitungen oder Bücher?«

»Bücher.«

»Westernromane, Krimis, Liebesromane? Wie viele Bücher schreiben Sie im Jahr? Wie viel verdienen Sie damit?«

Mittlerweile lasse ich mir etwas einfallen: »Ich bin Lehrer.«

»Was für Examen haben Sie gemacht?«

»Ich habe den untersten akademischen Grad.«

»Nur den untersten Grad? Was unterrichten Sie?«

»Chemie. Und ein bisschen Geschichte.«

»Wie interessant«, sagte der Mann im Bus von Pathankot nach Srinagar. »Ich bin ebenfalls Chemielehrer.«

Er saß auf der anderen Seite des Ganges und wir hatten noch mehrere Stunden Busfahrt vor uns.

In diesem riesigen Land Indien wird von einem erwartet, dass man sich definiert, dass man seine Funktion und Stellung in der Welt kundtut. Dieser Anforderung zu genügen, ist nicht leicht.

Vorstellungen von Zugehörigkeit zu bestimmten Ethnien oder Gemeinschaften, soweit ich sie mitbrachte, war diese

Erfahrung mit Sicherheit zu zerstreuen geeignet. Als Inder war ich noch nie zuvor durch Straßen gegangen, in denen ausschließlich Inder unterwegs waren und ich in keiner Weise auffiel. Das war merkwürdig desillusionierend, denn mein ganzes Leben lang hatte ich darauf gepocht, dass man mich irgendwie als etwas Besonderes zur Kenntnis nahm; erst in Indien wurde mir bewusst, welch großen Wert ich auf diesen Stimulus legte, wie sehr ich durch die gemischtrassige Gesellschaft Trinidads und dann durch mein Außenseiterleben in England geprägt war. Angehöriger einer Minderheitengemeinschaft zu sein war mir stets als etwas Reizvolles erschienen. Einer von vierhundertneununddreißig Millionen Indern zu sein ist eine entsetzliche Vorstellung.

Als Kolonialer in dem doppelten Sinne, dass ich in einer Kronkolonie aufwuchs und dass ich mich von der Metropole ausgeschlossen fand, mochte diese Metropole nun England oder Indien sein – als dieser Koloniale kam ich nach Indien und erwartete, metropolitane Verhaltensweisen anzutreffen. Ich nahm an, dass sich die Größe des Landes in irgendeiner Weise im Verhalten der Menschen spiegeln müsse. Was ich stattdessen vorfand, war, wie gesagt, Revierbewusstsein und Bienenstockmentalität. Und ich war überrascht von der Ähnlichkeit zwischen Indien und dem winzigen Trinidad. Hier wie dort begegnete mir das Bewusstsein, dass sich die Metropole andernorts befindet, in Europa oder Amerika. Wo ich Größe, Eigenständigkeit und Selbstsicherheit erwartet hatte, traf ich all die typischen Formen kolonialen Selbstzweifels an.

»Ich Sucht nach Ausländisch«, erklärte mir die Frau eines überaus erfolgreichen Bauunternehmers. Und diese Sucht erstreckte sich von ausländischen Lebensmitteln über deutsche Badezimmerarmaturen bis zu einer eventuellen europäischen Frau für ihren Sohn, der seinen Anspruch dadurch zu untermauern suchte, dass er am Mittagstisch verkündete:

»Ach, habe ich Ihnen übrigens erzählt, dass wir dreitausend Rupien im Monat ausgeben?«

»Sie sind Tourist, Sie wissen nicht Bescheid«, sagte der Chemielehrer im Bus nach Srinagar. »Aber das hier ist ein schreckliches Land. Böte sich mir die Gelegenheit, ich würde es morgen verlassen.«

Bei bestimmten Indern nämlich, die gewöhnlich einer wohlhabenderen Schicht angehören als das Gros ihrer Landsleute, existiert ein dringendes Bedürfnis, dem Besucher klarzumachen, dass sie nicht Teil des armen, schmutzigen Indiens sind, dass sie höhere Werte und Ansprüche haben; sie leben in ständiger Empörung über das Land, das ihnen ihr Auskommen sichert. In ihren Augen ist jedes minderwertige ausländische Erzeugnis, ob Mensch oder Ding, dem indischen allemal vorzuziehen. Sie machen deutlich, dass für sie nicht weniger als für den europäischen »Techniker« Indien nichts weiter als ein Land ist, in dem man sich vorübergehend aufhält, um sich zu bereichern. Seltsam, im unabhängigen Indien diese Erobererhaltung vorzufinden, diese Vorstellung vom Beute machen – geprägt von Hektik, als könne sich die Chance jeden Augenblick wieder vertun – bei eben den Menschen anzutreffen, denen die sich entwickelnde Gesellschaft so viele Chancen eröffnet.

Diese Idee des Beutemachens ist typisch für eine von Einwanderern geprägte Kolonialgesellschaft. In Trinidad zum Beispiel hat sie zu dem traurigen Spießertum des *renonçant* geführt (ein französisches Wort, das hervorragend den Einheimischen charakterisiert, der seine eigene Kultur verleugnet und alles Französische hochhält). Und in Indien ist dieses Spießertum, in dem sich östliche und westliche Gemeinheit vermengen – man denke an die tristen Tanzdielen, an die tristen »westlichen« Cabarets, die auf Radio Ceylon eingestellten Transistorradios, die Don Juans in Lederjacke oder kariertem Tweedjackett –, besonders schrecklich. Dieses Spießertum umgibt so etwas wie ein falscher Glanz, wie er auch jenen Indern anhaftet, die nach zwei oder drei Jahren im Ausland beanspruchen, über die Einteilung in Ost und West hinaus zu sein.

Zugegeben, als Problem stellt sich das dem Beobachter selten dar. Die Frau des Bauunternehmers, die unbedingt demonstrieren wollte, wie westlich sie war, suchte regelmäßig ihren Astrologen auf und pilgerte täglich zum Tempel, um sicherzustellen, dass ihr das Glück hold blieb. Der Lehrer, der von Herzen die Disziplinlosigkeit und Primitivität der Inder beklagte, nahm, kaum dass wir am Busbahnhof in Srinagar angekommen waren, keinen Anstand daran, sich in aller Öffentlichkeit umzuziehen.

Der Trinidader, gleichgültig, welcher Ethnie er angehört, ist ein echter Kolonialer. Der Inder, was immer er behaupten mag, ist in Indien verwurzelt. Aber während der koloniale Trinidader danach strebt, der Metropole anzugehören, ist der Inder, von dem hier die Rede ist, darauf aus, kolonial zu werden, obwohl er doch dank der Einzigartigkeit seines Landes und dessen, was das Land in der Vergangenheit geleistet und in jüngster Zeit alles vollbracht hat, in einer Metropole lebt.

Wo man also Stolz erwartet, findet man Beutegier vor. Wo man ein Metropolendasein erwartet, trifft man auf koloniale Existenzen. Wo man Weite erwartet, stößt man auf Enge. Das kaum erst befreite Goa ist Zankapfel in einem unziemlichen Streit zwischen Bundesstaaten. Fünfzehn Jahre nach der Unabhängigkeit scheint der Politiker als Führer der Nation durch den Politiker als Dorfhäuptling ersetzt (einen Typus, von dem ich dachte, er sei eine Besonderheit der indischen Gemeinschaft im kolonialen Trinidad, wo sich Politik auf ein Gemauschel beschränkte, bei dem wenig mehr als öffentliche Bauaufträge auf dem Spiel standen). Für den Dorfhäuptling besteht Indien aus nichts weiter als einer Vielzahl von Dörfern. Sodass die Vorstellung von Indien als einem großen Land wie etwas von außen Aufgestülptes wirkt und die Größe des Landes eigentümlich irreführend erscheint.

Und doch bleibt da eine Idee von Indien – als was? Als etwas, das über die städtische Mittelschicht, die Politiker, die Industriellen, die einzelnen Dörfer hinausgeht. Weder dies noch das sei das »wirkliche« Indien, bekommen wir häufig zu hören. Und wie genau beginnt man zu verstehen, warum dieses Wort gebraucht wird! Vielleicht ist Indien nur ein Wort, eine geheimnisvolle Idee, die all diese riesigen Ebenen und Flüsse umgreift, die der Zug passiert, all diese namenlosen Gestalten die auf Bahnsteigen und auf den Bombayer Gehsteigen schlafen, all diese armseligen Felder und verkümmerten Tiere, das ganze ausgelaugte, ausgeplünderte Land. Vielleicht ist es dies, diese unendliche Weite, die niemand je ermessen kann: Indien als ein tiefes Weh, etwas, an dem man von Herzen hängt, von dem man aber letztlich immer loskommen möchte.

1962

Aus Jamshed mach Jimmy

»Sie sind zur falschen Zeit nach Kalkutta gekommen«, erklärte der Verleger. »Ich fürchte sehr, dass die gute alte Stadt dabei ist, fast widerstandslos in einen Zustand bürgerlicher Ehrbarkeit hinüberzugleiten.«

»Hat man nicht neulich noch eine Straßenbahn in Brand gesteckt?«

»Stimmt. Aber das war die erste Bahn seit fünf Jahren.«

Und tatsächlich hatte ich mir mehr von Kalkutta erwartet, diesem »Alptraum« Mr Nehrus, diesem »pestilenzianischen Behemoth« eines zeitgenössischen, an den Rand der Hysterie getriebenen amerikanischen Schriftstellers, dieser Stadt, die, ausgelegt für zwei Millionen Menschen, heute auf ihren Gehsteigen und in ihren Elendsvierteln über sechs Millionen beherbergt – unter Verhältnissen, die 1960 einer Delegation der Weltbank den Atem raubten und sie zu einem Bericht veranlassten, den das Bombayer *Economic Weekly* als »ein bemerkenswert menschliches Dokument« charakterisierte.

Wie jeder Zeitungsleser kannte ich Kalkutta als die Stadt, in der Straßenbahnen abgefackelt werden und sich Studenten regelmäßig mit der Polizei »Straßenschlachten liefern«. 1954 wies eine kurze Meldung in der *Times* auf denkwürdige Weise auf die Probleme der Stadt mit ihrer Arbeiterschaft hin: Einige verärgerte Arbeiter hatten ihren Fabrikleiter in den Hochofen geworfen. Und während meines Aufenthalts in Indien hatte ich die Vorgänge in der von der Kongresspartei dominierten Stadtverwaltung verfolgt, die, in den zwanziger Jahren noch die Hochburg einer progressiven Nationalbewegung, mittlerweile zu einer Körperschaft verkommen war, der nach Ansicht von Kennern der indischen Szene keine aus der Vielzahl korrupter öffentlicher Einrichtungen in Indien auch nur entfernt das Wasser reichen konnte, was das Ausmaß der Korruption betraf: die Hälfte der fünfhundertfünfzig städtischen Fahrzeuge fahruntüchtig, viele von ihnen ausgeschlachtet, Instandsetzungsbemühungen durchkreuzt, die Rechnungsbücher vier Jahre im Verzug, die »Einmischung« durch bundestaatliche Behörden, Neu-Delhi und eine verzweifelnde Ford Foundation auf jede nur denkbare Weise behindert.

Kalkutta genoss, wie ich feststellen konnte, in jeder Hinsicht einen legendären Ruf. Der Bengale sei unerträglich arrogant (»Der Betelverkäufer würdigt Sie keines Blickes, wenn Sie sich nicht auf Bengali mit ihm verständigen können«), der Bengale sei faul, die Bürgersteige seien rot eingefärbt vom Betelsaft und der Zentralpark der Stadt sei übersät mit benutzten Damenbinden (»sehr unordentliche Menschen«, hatte mir der südindische Romanschriftsteller erklärt). Und sogar in Bombay, dem Stammsitz des Durchfalls, sprach man mit Entsetzen davon, wie unzulänglich (dreizehn von zweiundzwanzig Rohrbrunnen der Stadt seien außer Betrieb) die Wasserversorgung Kalkuttas und wie verseucht das Wasser dort sei.

Ich hatte mir deshalb einiges versprochen. Und der Bahnhof Howrah machte auch einen vielversprechenden Eindruck. Die Bahnbeamten waren noch gleichgültiger und träger, als sonst üblich, die Zigarettenverkäufer blickten durch mich hindurch und im Bahnhofsrestaurant lenkte ein lächelnder Kellner meine Aufmerksamkeit auf eine halbkahle Ratte, die lustlos auf dem gefliesten Boden herumspazierte. Nicht im Geringsten aber war ich auf die Stadt aus roten Backsteinen auf der anderen Seite des Flusses gefasst, die, wenn man von den Menschenmassen, den Verkaufsständen, den Leuten, die ihre Rikschas zogen, und den zum Pissen Hingekauerten absah, nicht an eine tropische oder asiatische Großstadt, sondern an das Zentrum von Birmingham denken ließ. Nichts ließ mich auf den mit Bäumen gesprenkelten Maidan gefasst sein, der im frühabendlichen Dunst an den Hyde Park erinnerte, wobei Chowringhee Road eine strahlendere Ausgabe der Oxford Street darstellte. Und nichts machte mich gefasst auf den Anblick von General Cariappa im Maidan, der im dunklen Anzug, englisch steif, eine kleine unaufmerksame Zuhörerschaft in einem von Sandhurst geprägten Hindustani über die chinesische Invasion aufklärte, während die Straßenbahnen, grau wie Schlachtschiffe und mit keilförmigem Bug, im gleichmäßigen Tempo von zwölf Kilometern pro Stunde den Verkehr durchpflügten – die berühmte Straßenbahn von Kalkutta, schwerfällig und wehrlos, an den Eingangs- und Ausgangstüren Blasen aus weiß gekleideten Büroangestellten ausstülpend, und im Dunst jenseits des Maidan fröhlich leuchtende Neonröhren, die mit Espressobars, Cabarets, Flugreisen winkten. Überraschend und zum ersten Mal in Indien fand man sich hier mitten in der Großstadt wieder, in der als solche erkennbaren Metropole, deren Straßennamen – Elgin, Allenby, Park, Lindsay – einen merkwürdigen Kontrast zu den betriebsamen Menschenmassen bildeten, einen Widerspruch, der sich in dem Maß vertiefte, wie der Dunst zum Smog wurde und man auf der Fahrt in die Vororte Fabrikschornsteine zwischen den Palmen rauchen sah.

Und wo in diesem hellen Herzen der Stadt, sah man einmal über die Pissenden hinweg, waren die Haufen von Dreck und Abfall, von denen man mir erzählt hatte, oder die Damenbinden? Tatsächlich hatte der Verleger recht: Ich war zur falschen Zeit nach Kalkutta gekommen. Kurz vorher hatten die »Freiwilligen« des neuen Ministerpräsidenten von Bengalen die Stadt einer raschen, hektischen

Säuberungsaktion unterzogen; man hoffte, damit die Angestellten der Stadtverwaltung »zur Nachahmung anzuregen«. Mit einer »Operation Bulle« war versucht worden, aus den Hauptstraßen die Bullen zu vertreiben, die von frommen Hindus im Zentrum von Kalkutta ausgesetzt wurden, damit sie die heiligen Kühe besprangen. Man hoffte, dass die Kühe den Bullen folgen würden. Wie sich herausstellte, blieben die Kühe aber da und die Bullen kamen zurück. Und kein Bewohner von Kalkutta hatte Zweifel daran, dass mit dem Rückzug der freiwilligen Helfer und mit der Einstellung von so vielen Aktivitäten aufgrund der Verhängung des Ausnahmezustands – Beschränkungen und Verbote waren zur Zeit der Handlungsersatz, den die Regierung bevorzugte – der Dreck wiederkommen würde. Im Augenblick freilich erstrahlte die Stadt in gewohntem Glanz.

Die vier wichtigsten Städte in Indien wurden alle von den Briten entwickelt; keine aber ist so britisch geprägt wie Kalkutta. Das Neu-Delhi Lutyens ist ein Graus, ein pseudoimperialer Scherzartikel, weder britisch noch indisch, eine Stadt, erbaut für Paraden statt für Menschen, die heute ihr zu Recht groteskes Gegengewicht in den lärmenden kleinen Scooter-Rikschas findet, die durch ihre langen Prachtstraßen und um ihre endlosen Kreisel sausen. Madras besitzt zwar mit der Festung St. George einen der schönsten Komplexe britischer Architektur aus dem achtzehnten Jahrhundert, der sich außerhalb von Großbritannien finden lässt, ist aber ansonsten ein Kolonialnest. Bombay schuldet viel seiner unternehmenden, bürgerlich gesinnten, kulturell unentschiedenen parsischen Gemeinschaft. Der bereits zitierte hysterieanfällige Amerikaner redet von der »Fließbandarchitektur« Bombays und tatsächlich ist diese Stadt, die so gut verwaltet wird wie keine andere in Indien, kosmopolitisch bis zum Punkte der Charakterlosigkeit. Allein Kalkutta scheint nach dem Bilde Englands geschaffen worden zu sein: Ungewöhnlich für sie, sind die Briten hier der imperialistischen Praxis der Franzosen und Portugiesen gefolgt. Das in Kalkutta bestehende Ergebnis ist eine Prachtentfaltung, die fundierter wirkt als die in Neu-Delhi: »Stadt der Paläste« wurde Kalkutta genannt, wobei die Paläste, egal, ob indisch oder britisch, in einem Stil errichtet sind, der sich am besten als korinthisch à la Kalkutta bezeichnen lässt: Kalkutta, lange Zeit die Hauptstadt des britischen Indiens, die zweitwichtigste Stadt des britischen Imperiums.

Nirgends prallten Ost und West heftiger aufeinander als in Kalkutta und zwei Bauwerke, die jetzt beide als Denkmäler gelten, zeugen von diesem Zusammenprall: der Mullick-Palast und das Victoria Memorial. Mittlerweile im Verfall begriffen, mit Bediensteten, die in den Marmorfluren kochen, gleicht der Mullick-Palast immer noch einer Filmkulisse. Beherrscht wird er von hohen korinthischen Säulen; italienische Wasserspiele schmücken seine Gartenanlagen; Marmorräume mit übertrieben prachtvollen Kronleuchtern findet man vollgestopft mit dem Trödel aus Hunderten von europäischen Antiquitätenläden des neunzehnten Jahrhunderts – vorne der verstaubte Gipsabguss einer griechischen Nymphe, dahinter ein ausgebleichtes, nichtssagendes Gemälde, das britische Rotröcke zeigt, die irgendeinen Eingeborenenangriff zurückschlagen. Im Hof vier Marmorfiguren, Allegorien der Hauptkontinente, und im unteren Stockwerk lässt die monumentale Statue einer jugendlichen Königin Victoria einen großen Raum klein erscheinen. Nichts von den verstaubten Schätzen des Mullick-Palastes ist indisch, außer vielleicht ein Porträt des Sammlers: des klassischen bengalischen *babu*, der dem überheblichen Europäer unbedingt vorführen möchte, dass er die europäische Kultur zu würdigen weiß. Und im Maidan steht das Victoria Memorial, Curzons Antwort auf das Tadsch Mahal und ein ebenso ausgetüfteltes Imitat wie der Mullick-Palast, halb Tadsch, halb Maria della Salute. »Tritt man durch die Vorhalle des Ehrenmals in seine Kuppelhalle«, schreibt Murrays

Handbuch, das bezeichnenderweise diesem Tadsch des britischen *radsch* doppelt so viel Platz widmet wie dem Kailasa-Tempel in Ellora,

> dann erblickt man das würdevolle Bildwerk, das Königin Victoria zur Zeit ihrer Thronbesteigung zeigt (eine Arbeit von Sir Thomas Brock RA) und die Grundidee für das ganze Bauwerk liefert.

Aus diesem Zusammenprall freilich entstand etwas Neues in Indien, eine sprengkräftige Mischung aus Ost und West, eine einzigartige Kultur, die – mochte der nicht in Kalkutta heimische Bengale sie noch so sehr als Aufsteiger- und Mitläufertum verachten – dem indischen Nationalismus viele seiner Propheten und Heldenfiguren bescherte. Der Bengale erzählt einem, die britischen Kolonialbeamten seien angehalten worden, den Südinder als Sklaven, den Pandschabi als Freund und den Bengalen als Feind zu behandeln. Aber wenn der Bengale einem das erzählt, dann spricht er von längst vergangenen ruhmvollen Zeiten, denn heute, nach der Unabhängigkeit und der Teilung von Bengalen (für die Bewohner von Kalkutta bedeutet das ein und dasselbe), ist das Leben in Kalkutta erloschen. Die Stadt hat kein Hinterland mehr, stirbt allmählich ab. Sogar der Hooghly versandet und alle sind sich darin einig, dass Kalkutta sein ökonomisches Wachstum eingestellt hat, selbst wenn es sich geographisch immer noch ausdehnt. Mögen sich auch etwa in der Literaturkritik von Professor Sadhan Kumar Ghosh (Malcolm Muggeridge lässt sich im *New Statesman* voll Mitgefühl darüber aus) noch anrührende Überbleibsel des alten Geistes finden, der den Mullick-Palast schuf, Kalkutta ist am Ende, seine Bewohner sind isoliert. Es gibt in der Stadt Satyajit Ray, den Filmregisseur, es gibt Sunil Janah, einen Fotografen von Weltrang, die bengalische Typographie ist mit ihrer nervösen Eleganz vielleicht das Beste, was Indien zu bieten hat. Aber der Ruhm gehört der Vergangenheit an, gebührt Tagore, Bankim Chandra Chatterji, den Terroristen, Subhas Chandra Bose. (Für den Bose-Mythos war 1962 ein gutes Jahr: eine Verleumdungsklage, die ein Mitglied der Familie gegen eine Engländerin anstrengte, und Berichte von einer weiteren Wiederkehr, diesmal als *sadhu* im Himalaja.)

Kalkutta bleibt sich durch alles Wachstum, alles kreative Durcheinander, allen Stillstand hindurch gleich. Trotz der starken Konkurrenz Bombays stellt es nach wie vor die kommerzielle Hauptstadt Indiens dar; das für die Kultur Kalkuttas maßgebende Element dürfte am besten durch die Geschäftshäuser am Dalhousie Square und durch die vierschrötigen Gebäude der Imperial Tobacco und der Metal Box an der Chowringhee Road repräsentiert werden. Dort trifft man in den klimatisierten Büros die jungen leitenden Angestellten Indiens an, die *boxwallahs*, die neue indische Elite. Eine Generation zuvor wären Anstellungen dieser Art für einen Inder aus der Oberschicht noch nicht akzeptabel gewesen und mit ziemlicher Sicherheit wäre er auch nicht akzeptiert worden. Der Sinn für Kompromisse ist freilich bei Indern nicht weniger ausgeprägt als bei Briten. Die *boxwallah*-Kultur Kalkuttas ist eigentümlich reich an Erscheinungsformen, und wenn sich indische Schriftsteller dieser Kultur bislang noch nicht angenommen haben, dann deshalb, weil sie noch zu sehr mit der Abfassung oder Kolportage todtrauriger Geschichten über junge Mädchen beschäftigt sind, die sich prostituieren müssen, um die Arztrechnungen ihrer Familie zu bezahlen, oder die, arm und schön, wie sie sind, aus unerfindlichen Gründen sterben. Mag die *boxwallah*-Kultur aber auch aus Kalkutta stammen, notwendig bengalisch ist sie nicht. Kontrolliert wird das Geschäftsleben von den Briten und seit der Unabhängigkeit in zunehmendem Maße von den Marwari – fast mit Stolz erklären einem die Bengalen, dass es keinen bengalischen Geschäftsmann gebe, der diesen Namen verdiene.

Die Marwari sind Inder; überall in Indien aber gilt ihre Gemeinschaft sogar als noch fremder als die der Briten. In Kalkutta ist das Ressentiment gegen sie mit Händen zu greifen. Niemand, der etwas auf sich hält, möchte bei Marwari in Dienst stehen. Die Anstellungsbedingungen bleiben hinter denen zurück, die angesehene Briten bieten; im öffentlichen Bewusstsein werden Marwari-Geschäftsleute mit Schwarzmarkt und Spekulationsgeschäften assoziiert. Niemand, der für Marwari arbeitet, kann deshalb als *boxwallah* im eigentlichen Sinne betrachtet werden – der echte *boxwallah* arbeitet für die besten britischen Firmen. (»Sagen Sie«, wurden die Leute bei Imperial Tobacco gefragt, »hat man dieses riesige Gemälde von der Königin eigens für deren Besuch aufgehängt?« »Nein«, lautete die *boxwallah*-Antwort. »Es hängt *immer* dort.«)

In Kalkutta weiß niemand genau, wo das Wort *boxwallah* herstammt. Man hat vermutet, es rühre vom Bauchladen, der *box*, des Straßenhändlers her; in Kalkutta indes bezeichnet das Wort einen zu erlesenen und beschränkten Personenkreis, und mir kommt es wahrscheinlicher vor, dass es sich von der anglo-indischen Bürokabine herleitet, von der Kipling in *Something of Myself* so voll Erbitterung berichtet. Vielleicht war die Bürokabine wie der Tropenhelm (den Beamte des Indischen Verwaltungsdienstes, die alle Hoffnung auf weitere Beförderung haben fahren lassen müssen, mit kummervollem Trotz immer noch tragen) ein Machtsymbol, und wenn sich auch die Symbole gewandelt haben, die Macht wird weitergereicht und besteht fort.

Der typische *boxwallah* Kalkuttas kommt aus guter Familie: Indischer Verwaltungsdienst, Armee, Big Business; vielleicht auch fürstliche Abstammung. Er ist auf eine indische oder englische Privatschule gegangen und hat eine der beiden englischen Universitäten besucht, deren Akzent er, allen Verführungen der ihn umgebenden indischen Artikulation trotzend, eisern beibehält. Sein Eintritt in eine

Firma geht mit einer Namensänderung einher. Aus dem indischen Namen Anand zum Beispiel wird Andy; Dhandeva wird zu Danny, Firdaus zu Freddy, Jamshed zu Jimmy. Wo sich der indische Name nicht anpassen lässt, wird aus dem Betreffenden normalerweise ein Bunty. Zu Buntys Anstellung gehört, dass er Golf spielt, und auf jedem Golfplatz kann man ihn mit einem gleichermaßen missmutigen Andy spielen sehen; beide müssen sich der von London verfügten Mixtur aus Beruf und Freizeit fügen.

Natürlich wird sich Bunty gut verheiraten; er weiß, dass es ihm Pluspunkte bringt, wenn er eine Mischehe eingeht, wenn er, sagen wir, als Hindu aus dem Pandschab eine bengalische Muslimin oder eine Parsin aus Bombay heiratet. Er und seine Frau leben in einer der luxuriösen Firmenwohnungen; für ihre zwei englischsprachigen Kinder sind die Eltern Daddy und Mummy. In ihrer Wohnungseinrichtung sind Ost und West eine glückliche Verbindung eingegangen (indische Keramik kommt gerade erst in Mode). Das gilt auch für ihr Essen (dem indischen Mittagessen folgt ein Dinner westlichen Stils), für ihre Bücher, ihre Musikaufnahmen (anspruchsvolle Musik der indischen Klassik und europäische Kammermusik) und ihre Bilder (nordindische Miniaturen, Van-Gogh-Nachdrucke).

Von den alten Kastenzwängen befreit, unterwerfen sich Bunty und seine Frau neuen. Wenn Bunty sein Büro gemütlich einrichtet, dann grenzt er sich damit von Andy ab, dessen Büroeinrichtung Strenge verrät, und wenn Bunty, der ein eigenes klimatisiertes Büro hat, Andy, der sich eines mit Freddy teilt, zu sich nach Hause einlädt, begeht er einen Fauxpas. Seine neue Kaste unterwirft Bunty neuen Ritualen. Jeden Freitag isst er bei Firpo an der Chowringhee Road zu Mittag und die den ganzen Nachmittag dauernde Festlichkeit markiert das Ende seiner Arbeitswoche. Zu Zeiten der Briten feierte man mit diesem freitäglichen Mittagessen bei Firpo die Abfahrt des Postschiffs nach England. Wenn Bunty heute Post nach England schickt, so mit dem Flugzeug; aber er hat eben Traditionsbewusstsein.

Man kann über Bunty nicht schreiben, ohne dass er eine komische Figur abgibt. Aber Bunty selbst ist der Erste, sich über seinesgleichen lustig zu machen, und das Gesagte reicht schon, um sichtbar werden zu lassen, wie bewunderungswürdig er sich im Kontext indischer Verhältnisse ausnimmt. Wo körperliche Anstrengung nach wie vor als despektierlich gilt und dicke Fettpolster immer noch als Zeichen des Wohlstands erscheinen, spielt Bunty Golf und geht schwimmen. Wo man bei Wahlen seine Stimme nach Gruppenzugehörigkeit abgibt, heiratet Bunty außerhalb seiner Gemeinschaft. Bunty ist intelligent und belesen; wie die meisten gebildeten Inder kann er sich gut ausdrücken; auch wenn er die sozialen Verpflichtungen der indischen Großfamilie abgestreift hat, bleibt er großzügig und gastfreundlich; er fördert die Künste. Zu seinen guten Eigenschaften zählt nicht zuletzt, dass er seine Toilette makellos sauber hält. Ost und West mischen sich mühelos in ihm. Für ihn, der in einem unabhängigen Indien aufgewachsen ist, stellt Verwestlichung kein solches Problem mehr dar wie für seinen Großvater und selbst noch für seinen Vater. Er fühlt sich nicht ständig angegriffen, hat nicht das Bedürfnis, dem Gast mit der uralten Kultur Indiens zu kommen.

Gelegentlich, nur ganz gelegentlich, platzt Bunty der Kragen. »Diese verdammten Engländer!«, wettert er. »Wann werden sie endlich zur Kenntnis nehmen, dass 1947 ein Fakt ist?« Die Worte klingen wie ein ferner Widerhall aus dem Mullick-Palast. Aber es ist nichts weiter als eine flüchtige Anwandlung. Bald schon zieht Bunty wieder mit Andy über den Golfplatz. Und auf Golf sind sie mittlerweile beide versessen.

1963

Ein zweiter Besuch

1. Tragik: Der fehlende Realitätssinn

Der Radscha ruht unter einem kaputten Kronleuchter in einem dunklen, engen Raum ganz hinten im Palast. Der Raum befindet sich im dritten Hof, dem einzigen Teil des Palastes, der noch bewohnbar ist. Der Sessel des Radschas gehört zu einer ausladenden »Sofagarnitur« – spießiges Mobiliar aus dem England der dreißiger Jahre des zwanzigsten Jahrhunderts –, die sich durch den ganzen Raum erstreckt; die magentarote Polsterung ist verschmutzt. Ein Flickenteppich bedeckt den gesamten Fußboden. Man hat ihn aus einem größeren Teil herausgeschnitten und untergeschlagen, wo er nicht passt. Er weist ein grelles Muster aus Gelb und Grün auf, das die Millionen Fliegen kaschiert, die aus den Flicken aufsteigen und in sie zurückfallen. Ein Foto vom Vater des Radschas neigt sich einem von der Wand entgegen; flach an der Wand hängen ein Foto, das eine Familiengruppe zeigt, ein Druck mit einer Jagdszene, primitiv gerahmt, und darüber, in den vergilbenden Farben eines erfolglosen Reproduktionsverfahrens, eine Reihe von verschwommenen europäischen Landschaften.

Davor sitzt der Radscha, jung, pummelig, in kühle weiße Baumwolle gehüllt, und hört ausdruckslos seinem letzten Hofmann zu, der zu seinen Füßen auf dem Flickenteppich sitzt und, in der Hand ein vielseitiges, zerknittertes, getipptes Memorandum, einmal mehr die Probleme darlegt, die der innerfamiliäre Streit um das verbliebene Vermögen bereitet. Der Hofmann ist hager, sein knochiges Gesicht edler geschnitten als das seines Herrn; er trägt schäbigere Kleider. Er hat ein akademisches Examen – darauf ist er nach wie vor stolz. In den Dienst der Familie des Radschas ist er vor fast fünfzig Jahren getreten und jetzt – sein eigener Sohn ist gestorben – hat er sonst kein Zuhause mehr.

Es wird nach einem Mittagessen für die Gäste geschickt. Der jüngere Bruder des Radschas, ein dünner junger Mann mit eleganten Bewegungen – er ist ein eindrucksvoller Federballspieler –, bietet sich an, die Gäste herumzuführen. Der Palast ist im nichtssagenden Lucknower Stil erbaut und nicht alt. Das meiste von dem, was wir zu sehen bekommen, ist in den zwanziger Jahren des zwanzigsten Jahrhunderts entstanden und hat eine halbe Million Pfund gekostet. Die Einkünfte der Familie betrugen damals sechzigtausend Pfund. Im Vorhof ein oval geformter zugewachsener Garten. Hohe, gedrechselte Holztüren, die von einer ländlichen Ausstellung im Jahr 1911 stammen (damals war der britische *radsch* auf der Höhe seiner Pracht; Kalkutta, die Hauptstadt, besaß zu dieser Zeit mindestens zwei Zeitschriften, die das Leben der High Society protokollierten). Der Hof mit dem Uhrturm und mit kleinen, primitiven Nischen entlang dem Bogengang – zwischen den Hindus und Muslimen ein englisches Paar: er in Tropenhelm und Jackett mit breitem Revers, sie in den lose sitzenden Gewändern der zwanziger Jahre. Dahinter die Wohnungen, Miniaturpaläste, der Frauen des früheren Radschas: Hier wurde der Grund für die gerichtlichen Auseinandersetzungen gelegt.

Dem jüngeren Bruder des Radschas zufolge gibt es insgesamt sechshundert Räume. Diese Behauptung wirkt irritierend. Es kann sich nur um eine Übertreibung handeln. Übertreibung passt nicht zur Tragik; sie verdirbt die tragische Stimmung. Und früher, gerade einmal fünfundzwanzig oder dreißig Jahre zuvor, hätten sich fünfhundert Bedienstete um die fünfundzwanzig Familienmitglieder gekümmert.

Runde Zahlen, so viel steht fest. Dabei habe der Palast sein eigenes Kraftwerk, Ställe für Pferde und Elefanten, seinen eigenen Tierpark, seinen eigenen Wasserspeicher besessen. Vom Uhrturm herab – das englische Uhrwerk ist kaputt, der Wandputz in Stücken – wird uns all das gezeigt. Vom Uhrturm herab aber ist kein anderes nennenswertes Gebäude zu sehen. Zu sehen sind nur die Grasdächer der Basarniederlassung vor den Palasttoren und die flachen verbrannten Felder.

Der Eifer, mit dem der Bruder des Radschas uns herumführt, lässt keine Trauer aufkommen. Und für Trauer besteht auch gar kein Grund. Weil da gar keine wirkliche Größe war. Weil es da nichts weiter gab als Maßlosigkeit und Übertreibung, die der Gesetzgeber mit einem Federstrich, durch den die großen Ländereien abgeschafft wurden, zum Verschwinden brachte. Der Palast stieg aus dem Staub empor und war Ausdruck des Staubes, nichts weiter; jetzt wird er wieder zu Staub, in einem fruchtlosen Zyklus (die Sofagarnitur, die Landschaftsdrucke). Bauer, für kurze Zeit in Saus und Braus lebend, wird wieder zu Bauer, wie die Küchen im dritten Hof zeigen. Leerlauf gibt es nicht; der Rechtsstreit nimmt das Gemüt vollständig in Anspruch. Von Tragik kann keine Rede sein. Es herrscht Trübsinn – und hat vielleicht schon immer geherrscht. In dieser öden Landschaft war selbst der Reichtum nur ein weiteres schlichtes Ereignis, ein Vorfall gleich dem Verfall.

So legt uns Indien herein. Wir nehmen das Land zu persönlich. Wir kommen mit einem Gefühl der Tragik und Dringlichkeit hin, mit unserer Gewohnheit, den Menschen als Menschen ernst zu nehmen, mit der Vorstellung, dass etwas getan werden muss, und wir stellen fest, dass man uns damit allein lässt.

In Bihar gab es eine Hungersnot. Sie hatte sich schon einige Zeit angekündigt, und während dieser Zeit hatten die

Witzbolde in Delhi sich über sie lustig gemacht. Jetzt war sie Wirklichkeit: Dreißig Millionen Menschen waren am Verhungern, ihre Leiber hoffnungslos ausgezehrt. Dennoch schaffte es die Hungersnot nie, Gesprächsthema zu werden; in ausländischen Zeitungen wurde mehr über sie berichtet als in den indischen, die sich weiterhin mit den Winkelzügen und Verlautbarungen der Politiker im Anschluss an die Wahl beschäftigten. Die Filmbranche drehte einen Film über die Hungersnot, der in Bombay und Delhi als Film, als Durchbruch im Bereich des Dokumentarfilms, diskutiert wurde. Es war, als finde die Hungersnot andernorts statt, wie der Krieg in Vietnam. Man fuhr als Beobachter hin; sie diente Künstlern dazu, ihre Originalität unter Beweis zu stellen.

»Hungersnot?«, sagte der Staatsangestellte in Kalkutta. »Für uns ist das Alltag.« »Hungersnot?«, sagte der Herausgeber in Delhi. »Wie soll ich daraus eine tägliche Schlagzeile machen?«

Nach diesem Muster verliefen in Indien die Unterhaltungen. Nach der Aufregung, dem ausgeklügelten Katalog von Katastrophen und Bedrohungen – China, Pakistan, Korruption, Führungslosigkeit, Geldentwertung, Geldmangel, Lebensmittelknappheit –, danach also legte sich die Aufregung wieder und es folgte die Auskunft, das alles spiele eigentlich keine Rolle, sei nichts Neues. Der junge Dichter, den ich in Delhi kennenlernte, hatte diese Auskunft in ein langes englischsprachiges Gedicht gefasst, an dem er monatelang gearbeitet hatte. Das Gedicht hatte die Form eines Dialogs zwischen historischem und spirituellem Indien; es drehte sich um »die metaphysische Zeitlosigkeit« Indiens. So absurd das klang, der Dichter verband damit einen Sinn. Wie der Staatsangestellte und der Herausgeber verkündete auch er, dass es keine Katastrophen, nichts Neues unter der Sonne gab, dass Indien unendlich alt war und fortbestehen werde. Sowenig es ein Ziel gab, sowenig gab es ein Scheitern. Es gab nur Ereignisse. Tragik kam nicht vor.

Das war das Gleiche, was auf seine eigene, modische Weise der Maharishi Mahesh Yogi auf der Eröffnungsveranstaltung seiner Spirituellen Erneuerungsbewegung verkündete. Die rot-schwarze Baumwollfahne hing über der Delhi Ring Road, unmittelbar neben dem Indischen Institut für Öffentliche Verwaltung. Drinnen, im Halbdunkel hinter geschlossenen Jalousien, saß der kleine, schwarz gelockte, bärtige, cremefarben gewandete Maharishi mit gekreuzten Beinen vor dem Mikrophon, hinter ihm auf dem Podium Stuhlreihen mit seinen amerikanischen, kanadischen und sonstigen weißhäutigen Jüngern, die Männer in dunklen Anzügen, die Frauen und Mädchen in Seidensaris: quasi ein Indien, das vom Westen einen Schluck seiner eigenen Medizin eingeflößt bekam.

Der Maharishi redete seiner andächtigen indischen Zuhörerschaft mittelständischer Provenienz ins Gewissen, weil sie »ismen« hinterherlaufe und es versäume, im Einklang mit dem Unendlichen zu bleiben, das allem Wandel zugrunde liege. Kein Wunder, dass im Land Chaos herrsche. Dem Tadel verliehen die schönen Menschen auf dem Podium Nachdruck, die einer nach dem anderen an das jetzt höher gestellte Mikrophon traten und das Loblied der indischen Meditation, des Schlüssels zum Unendlichen, sangen. Einen ziemlich jungen grauhaarigen Kanadier stellte der Maharishi als einen Mann vor, der das Bohren nach Öl zugunsten des Bohrens nach Wahrheit aufgegeben habe. Er sagte sein Sprüchlein auf und bedankte sich dann – im Namen der ganzen Welt, wie es schien – bei Indien. Sodass am Ende alles war, wie es sein sollte. Alles nur Gerede, keine Probleme, alles wie gehabt!

Die unendliche, metaphysische Zeitlosigkeit: Darauf lief es stets hinaus. Egal, von wo man den Ausgang nahm – der Maharishi hatte sogar Bihar erwähnt und kurz die Torheit gegeißelt, Land an unwissende Bauern zu verteilen, als könne damit das Nahrungsproblem gelöst werden –, stets kam der Punkt, an dem Inder, egal ob Verwaltungsbeamte, Journalisten, Dichter, heilige Männer, sich wie Aale in den Schlamm der Abstraktion fortstahlen. Intellekt, Beobachtung, Vernunft – all das ließen sie fahren und wurden »geheimnisvoll«.

Exakt in diesem Punkt, der Indien vom Begreifen trennt, liegt die indische Schwäche. Wer das Geheimnisvolle beschwört, betrachtet das intellektuelle Scheitern mit Nachsicht oder sieht darüber hinweg. Anzunehmen, dass sich die Armut des indischen Landes zwangsläufig auch auf das Bewusstsein der Inder erstrecken muss, heißt, Indien auf den Leim zu gehen. Es bedeutet, sich der Romantik von *Bengali* oder dem Exotismus von *Auf der Suche nach Indien* zu verschreiben. Man bekundet nichts weiter als naives Staunen.

Tatsächlich ist es die Simplizität Indiens, die uns desillusioniert und am Ende Überdruss bereitet. Der Exotismus führt uns hinters Licht. Die barbarischen religiösen Rituale des Hinduismus *sind* barbarisch; sie stammen aus der alten Welt. Die heilige Kuh ist absurd; wie Nirad Chadhuri in *The Continent of Circe* darlegt, handelt es sich um die von Unwissenheit zeugende Verunstaltung eines alten arischen Kultes. Die Kastenmale und die Turbane sind typisch für Leute, die sich nicht anders ihrer Identität zu versichern wissen, weil sie außerstande sind, Menschen in ihrem Menschsein wahrzunehmen. In Indien liegt alles offen zutage. Hat man bestimmte grundlegende Lektionen gelernt, ist man jeder Situation gewachsen, kann Unterhaltungen steuern und ermessen, wo die Grenzen des Verständnisses liegen. Es war mir sogar möglich, vieles von dem vorherzusehen, was auf der Eröffnungsveranstaltung der Spirituellen Erneuerungsbewegung zur Sprache kam. Wo der Geist keinen Spielraum hat, bleiben Überraschungen aus.

Die Beatniks aus Amerika, Australien und anderen Ländern haben mittlerweile Indien als ihre Spielwiese entdeckt. Ihr Instinkt hat sie nicht getrogen. Vor fünf Jahren verließ Ginsberg Amerika, um das Terrain zu erkunden. Er traf freundliche indische Einheimische an; sie fühlten sich durch das Interesse eines Mannes von solch strahlendem und modernem Ruf geschmeichelt; der Westen erwies dem Osten wieder einmal seine Reverenz. Inzwischen trifft man die Beatniks überall an, nicht heiter, sondern in sich gekehrt, und manchmal als rührende Kleinfamilie: Papa Beatnik, Mama Beatnik, Baby Beatnik, der Mann im Schutze seiner Jeans und seines Vollbarts, die dünne junge Frau weniger gut versteckt, mit Schmutzspuren an ihren in Sandalen steckenden Füßen und auf der sonnengebräunten, aber blassen Haut ihres knochigen, fältchenübersäten Gesichts. Sie finden in Tempeln Aufnahme (die Sikhs geben jedem Besucher zu essen); sie reisen per Anhalter oder dritter Klasse mit dem Zug; in den großen Städten machen sie manchmal den Bettlern Konkurrenz; sie schließen sich den Camps heiliger Männer an – wie etwa jenes Heiligen, von dem man mir in Haiderabad erzählte: Sein großer Trick bestand darin, aus seinem Mund einen Stachel zutage zu fördern (wessen Stachel, habe ich nicht in Erfahrung bringen können). In Indien haben sie das Wanderleben des Mittelalters wiederentdeckt.

Natürlich existiert ein Unterschied. Verkrüppeltes gesellt sich zu Verkrüppeltem: Der Westen überlässt dem Osten wieder das Geheimnisvolle und die Weltverneinung, während in Neu-Delhi und Washington demütigende Abkommen über Waffen- und Lebensmittellieferungen geschlossen werden. Es ist wie ein grausamer Scherz, mit dem sich der reiche, vielseitige Westen am armen Osten rächt, der nichts zu bieten hat außer seinem Geheimnis. Indien aber merkt nicht, dass ihm ein böser Streich gespielt wird. Im März begann das Hochglanzblatt *Indian Hotelkeeper and Traveller* mit einer »Indische Seher« betitelten Serie:

> Die Seher und Weisen Indiens haben der Welt draußen etwas zu bieten. Auf einige der materiell wohlhabenden,

aber seelisch kranken und spirituell orientierungslosen Ausländer aus weit entfernten Weltgegenden üben die Heiligen und Sadhus Indiens eine unwiderstehliche Anziehungskraft aus. Das von Spiritualität tief durchdrungene Indien kann die Welt draußen mit einer einzigartigen Facette bereichern, die gleichermaßen Beachtung und Bewunderung erheischt.

Die Absurdität Indiens kennt keine Grenzen. Sie scheint aller Vernunft zu spotten. Sie treibt den Beobachter über alle Wut und Verzweiflung hinaus in einen Zustand schierer Indifferenz.

Wir befanden uns weit entfernt von der Region, in der Dürre und Hungersnot herrschten. Aber sogar hier war schon seit einiger Zeit kein Regen mehr gefallen und an den blattlosen Bäumen im Anwesen des Bezirksverwalters erinnerten die von der strahlenden Frühlingssonne herausgetriebenen Bougainvillea-Blüten an Blutstropfen. Dreißig Kilometer weit weg zerstörte ein Hagelsturm die Ernte eines Dorfes. Die Dörfler, die das Drama auskosteten und als Vorwand für einen Ausflug nutzten, kamen in Scharen, um das Ereignis zu melden. Wir fuhren zur Besichtigung hin und nutzten die Fahrt zu einigen Überraschungsbesuchen.

Der erste Besuch galt einer Grundschule, einem kleinen, drei Räume umfassenden Ziegelbau neben einem Banyan-Baum. Zwei Brahmanen in makellosen weißen Baumwollgewändern, beide gewaschen und eingeölt, beide mit der kastenspezifischen Haarsträhne, beide mit einem Gehalt von neunzig Rupien pro Monat, leiteten die Schule. Fünfundzwanzig Kinder saßen auf dem kaputten Ziegelsteinboden mit ihren Schreibtafeln, ihren Schreibfedern aus Rohr und ihren kleinen Töpfchen mit flüssigem Lehm. An der Schule gebe es zweihundertfünfzig Kinder, erklärten die Brahmanen. Der Bezirksverwalter sagte:

»Aber hier sind nur fünfundzwanzig.«

»Wir haben eine regelmäßige Anwesenheit von *hundert* und fünfundzwanzig.«

»Aber hier sind nur fünfundzwanzig.«

»Was soll man machen, Sahib?«

Auf der gegenüberliegenden Seite der Straße wälzten sich einige der Kinder, die nicht in der Schule waren, in den staubigen Feldern. Sogar schon mit den fünfundzwanzig Kindern wirkten die beiden Räume überfüllt. Im dritten, vor der Sonne geschützten und gegen Diebstahl gesicherten Raum standen die Fahrräder der Lehrer, ebenso gut geölt und gepflegt wie ihre Herren.

In der nächsten Schule, die wir nach einigen Kilometern Fahrt entlang der Straße erreichten, schlief der Lehrer im Schatten eines Baumes, ein kleiner Mann, ausgestreckt auf seinem winzigen Pult, die Füße auf der Stuhllehne balancierend, als habe ihn ein Hypnotiseur dort platziert. Seine Schüler saßen in lückenhaften Reihen auf Mattenbahnen, die in feuchtem Zustand in die Erde gepresst worden waren und die deren Farbe angenommen hatten. Der Lehrer schlief so tief und fest, dass er nicht gleich aufwachte, obwohl unser Jeep nur ungefähr drei Meter von seinem Pult entfernt anhielt. Als er dann wach war – die Kinder begannen, kaum dass sie uns sahen, im indischen Singsang ihre Lektionen aufzusagen –, erklärte er, es gehe ihm nicht gut. Er hatte tatsächlich gerötete Augen, ob nun von Krankheit oder vom Schlafen. Die Röte schwand allerdings in dem Maße, wie er zu sich kam. Die Schule habe dreihundertsechzig Schüler; wir sahen nur sechzig.

»Welche Aufgabe hat ein Schullehrer?«

»Zu unterrichten.«

»Aber wozu?«

»Um bessere Staatsbürger zu schaffen.«

Seine Schüler waren zerlumpt und ungewaschen, befeuchtet höchstens durch Rotze; ihr Haar, dem Sonne und Unterernährung einen rötlichen Ton verliehen, war steif und hell von Staub.

Zwei oder drei und Schluss. Der Hindi-Slogan an der Mauer gab dem Geburtenkontrollzentrum einen professionellen Anstrich, aber abgesehen von Diagrammen und weiteren Werbesprüchen und einem Pult, einem Stuhl und einem Kalender war das Zentrum selbst leer; es dauerte einige Zeit, bis der Beamte zum Vorschein kam, ein gut aussehender junger Mann in Weiß mit einem adretten Bleistiftbärtchen und einer Armbanduhr heimischer Fabrikation. Er arbeite zwölf Tage im Monat für die Geburtenkontrolle, sagte er. Er veranstalte Diskussionen und »ermuntere« die Menschen dazu, sich sterilisieren zu lassen. »Wie viele Leute haben Sie im letzten Monat dazu ermuntert?«, fragte der Bezirksverwalter.

»Drei.«

»Ihr Plansoll beträgt hundert.«

»Die Menschen hier, Sahib, lachen mich aus.«

»Wie viele Diskussionen haben Sie im letzten Monat veranstaltet?«

»Eine.«

»Wie viele Leute sind gekommen?«

»Vier.«

»Was haben Sie gerade getan, als wir kamen?«

»Ich habe gegessen und ein bisschen geruht.«

»Was haben Sie heute Morgen getan?«

»Nichts.«

»Zeigen Sie mir Ihren Terminkalender.«

Aus dem Terminkalender fielen lose Anträge für die Erstattung von Reisekosten heraus. In den Kalender selbst war seit zwei Monaten nichts eingetragen. Der junge Mann hatte den Posten seit zwei Jahren inne; jeden Monat bezog er hundertachtzig Rupien Gehalt.

»Versuchen Sie, mich zu motivieren«, sagte der Bezirksverwalter. »Also los! Sagen Sie mir, warum ich mich am Geburtenkontrollprogramm beteiligen sollte.«

»Um Ihren Lebensstandard zu verbessern.«

»Wieso dient die Geburtenkontrolle der Verbesserung des Lebensstandards?«

Die Frage war gemein, weil sie zu konkret war und sie ihm noch nie jemand gestellt hatte. Er blieb die Antwort schuldig. Er hatte nur das Abstraktum »Lebensstandard« zu bieten.

Geburtenkontrolle hier und gar nicht so weit weg ein Zentrum für künstliche Befruchtung. Ein Bauer saß auf dem Bewässerungsbetonrohr eines verwahrlosten Blumenbeets und hielt an einem Strick seine weiße Kuh. In einem Stall am anderen Ende des Gartens stand der schwarze Zebubulle. Verhütung, Befruchtung: Egal, was das Ziel war, die Natur ging in diesem Bezirk ihre eigenen Wege. Dass das bevorstehende Ereignis kein künstlicher Vorgang sein würde, war klar erkennbar: Die männlichen Dörfler versammelten sich, um zuzuschauen. Und dabei war das Zentrum gut ausgerüstet. Es besaß einen Kühlschrank, verfügte über all die obszönen Instrumente, die man für künstliche Befruchtungen brauchte. Der Bulle freilich, erklärte der Beamte, spreche auf künstliche Stimuli nicht mehr an. Und das könne auch nicht überraschen, denn der Bulle sei erschöpft. Die Behörden hätten für ihn gewisse Stärkungsmittel bereitgestellt, aber die Mittel seien nicht abgeholt worden. Im vergangenen Jahr habe man ihn siebzig Kühe bespringen lassen. Aber niemand wisse, wie hoch die Erfolgsquote gewesen sei, all den Unterlagen im Aktenschrank und den vielfarbigen Diagrammen an den Wänden zum Trotz. Dem für die Nachkontrolle zuständigen Beamten sei es nicht in den Sinn gekommen, die Kontrolle vorzunehmen.

»Welchem Zweck dient die künstliche Befruchtung?«

»Sie erlaubt es, durch einen Bullen mehrere Kühe zu befruchten.«

Damit war alles erklärt. Der allgemeinere Zweck – die allmähliche Verbesserung des Viehbestands im Bezirk – war ihm entgangen. Wo der Geist sich nicht in Abstraktionen verlor, da klammerte er sich in seiner Not ans Handgreifliche und Nächstliegende.

Nun also zur Abstraktion schlechthin – zum Bezirkscollege, zu den Geisteswissenschaften, zum Professor für Literatur. Er war ein winziger Mann in weißem Hemd und grellgelben Hosen, die ein lose geschnallter Gürtel über einem netten, kleinen Bäuchlein festhielt, das von absoluter Zufriedenheit kündete. Jetzt allerdings sah er verängstigt aus: Den Besuch fand er gemein. Sein Mund stand offen über den vorstehenden Stummelzähnen, die sich quadratisch aneinanderschmiegten und einen vollkommenen Elfenbeinbogen bildeten. Er lehre das Übliche, sagte er. »Wir fangen an mit Eshakespeare. Und –« Hier stockte er.

»Die Romantiker?«, fragte der Direktor, bemüht, dem Prüfling Hilfestellung zu leisten.

»Ja, ja, die Romantiker. Eshelley.«

»Keine Modernen?«, fragte der Bezirksverwalter. »Ezra Pound und solche Leute?«

Der Professor grunzte. Die Schulter gegen das Pult des Direktors gelehnt, beugte er sich über sein kleines Bäuchlein, der Mund eingefallen, Panik in den Augen. Aber er stellte sich dem modernen Schrifttum. »Ja, ja. Ich habe *so* viel Esomerset Maugham gelesen.«

»Wozu taugt nach Ihrer Meinung ein Literaturstudium in einem Land wie unserem, Professor?«

»Persönlichkeitsbildung.« Die Frage kannte er schon. »Allem Schmutz und Dreck zum Trotz erfährt der kultivierte Geist, wie Aristoteles sagt, eine Reinigung. Und diese Katharsis, wie man es nennt, trägt zur Persönlichkeitsbildung bei. Weil der kultivierte Geist sogar aus all diesem Schmutz und Dreck die Bildung zieht, die geringeren Geistern unzugänglich bleibt.

»Lady Chatterley?«, unterbrach ihn der Direktor. Er hatte mysteriöserweise verstanden.

Der Professor warf ihm einen kurzen dankbaren Blick zu und schloss mit Erleichterung: »Darin besteht der Wert von Literatur.«

Armer Professor, armes Indien. Und doch nicht arm – das waren sie nur in den Augen des Außenstehenden. Sich selbst erschienen der Professor und die anderen Beamten, die wir kennengelernt hatten, erfolgreich. Inmitten unsicherer Verhältnisse bezogen sie ihr festes Einkommen. Viele Rupien waren es nicht, dafür aber trafen sie regelmäßig ein; sie verliehen einem Menschen Status. Ganz Indien, das diese Sicherheit genoss, ruhte auf diesem prekären Fundament gegenseitiger Protektion; niemand ergriff gegen andere die Strafmaßnahmen, von denen er fürchten musste, dass sie vielleicht eines Tages gegen ihn Anwendung finden würden. Überleben – die regelmäßig eintreffenden Rupien – nur darauf kam es an! Der Standard, was Wohlstand, Ernährung, Bequemlichkeit betraf, war niedrig und das galt, wie nicht anders möglich, auch für die Leistung. Es brauchte wenig, um einen Menschen glücklich zu machen und von weiterem Streben zu entbinden. Pflichtbewusstsein spielte keine Rolle; nach dem *Wozu* fragte man am allerwenigsten, wenn man irgendeinen sicheren Posten ergattert hatte. Einem Kollegen des Professors zufolge machten sich die Lehrer im Bezirk nur um zweierlei Sorgen: um »Geltung und Geld«. (Er stand freilich auf Stabreime: Seine Schüler charakterisierte er als »Rüpel und Raufbolde«.)

Die abstrakten Begriffe und guten Absichten von Neu-Delhi – der gefährlichen, aus nichts als Worten und Bauten bestehenden Verwaltungszentrale, wo Schwätzer gediehen und das Interesse der Welt fehldeuteten, wo Analysten, die noch nie einen Gedanken an das Vakuum verschwendet hatten, in dem sie operierten, die Probleme Indiens auf die Überlebensstrategien von Politikern reduzierten und wo Zeitungen, die sich noch nie nach ihrer eigenen Funktion gefragt hatten, diese Überlebensstrategien in die Länge und Breite kolportierten und meinten, damit ihre Pflicht gegenüber einem Land von fünfhundert Millionen erfüllt zu haben – die abstrakten Begriffe Neu-Delhis also blieben abstrakt, während sie nach unten weitergereicht wurden und zunehmender Schwindsucht verfielen. Die Unsicherheit verband sich mit dem intellektuellen Scheitern zur indischen Öde.

Und da war die materielle Öde, das Gegenstück zur spirituellen Öde: Auch sie zeugte von der Schwäche Indiens. Armut allein reichte nicht aus, um sie zu erklären. Armut erklärte nicht die abgewetzten Teppiche im Fünfsternehotel Ashoka in Neu-Delhi, die verschmutzten Sessel in der Empfangshalle des Hotels, in der sich kein Personal blicken ließ, den langstieligen Besen, den der in Khaki gekleidete Angestellte dort zurückließ, nachdem er die Lüftungsgitter gesäubert hatte. Armut erklärte nicht, warum teure, mit Personal vollgestopfte Hotels durchweg so schlecht waren, warum die Erste-Klasse-Wagen der Eisenbahn von Schmutz starrten und die Mahlzeiten, die man dort bekam, einem den Magen umdrehten. Armut erklärte nicht, warum es nirgends Bäume gab: Sogar die Hügel am Fuß des Himalaja in der Nähe des Kurorts Naini Tal präsentierten sich als eine braune, in der Hitze schmorende Wüste. Armut erklärte nicht die offenen, stinkenden Abwasserkanäle in Lake Gardens, einem neuerbauten mittelständischen Vorort Kalkuttas. Wer hier wohnte, hatte ein sicheres Niveau erreicht, bezog regelmäßig seine Rupien. Solche Zustände zeugten nicht einfach nur von einer asketischen Indifferenz gegenüber Sinneseindrücken oder vom Vordringen der umgebenden Wüste. Sie legten Zeugnis von einem umfassenderen Zusammenbruch des Realitätssinns ab, von verrohten, gleichgültig gewordenen, sich selber beschädigenden Menschen, denen ihr seichtes Bild von der Welt das Gefühl für Tragik verschlug.

Das ist das Entsetzliche an Indien. Der Palast zerfällt und

versinkt im Staub des umgebenden Landes. Der Fürst freilich war immer Bauer; es gibt gar nichts zu verlieren. Vielleicht steigt ein neuer Palast empor. Aber solange sich keine geistige Revolution vollzieht, wird das keine Erneuerung sein.

2. Magie und Abhängigkeit

Vor etwa einem Jahr verkündete ein indischer Heiliger, er sei in Erfüllung eines lange gehegten Traums nunmehr imstande, auf dem Wasser zu wandeln. Eine progressive Bombayer Wochenzeitschrift mit hoher Auflage forderte den Heiligen auf, den Beweis anzutreten. Eine öffentliche Vorführung wurde vorbereitet. Die Eintrittskarten waren nicht billig; sie gingen an ein Publikum aus den höchsten Kreisen. Filmteams waren zugegen. Das Wasserbecken wurde von angesehenen beziehungsweise skeptischen Vertretern aus dem Publikum genau in Augenschein genommen. Sie fanden keine heimlichen Vorrichtungen. Zur angesetzten Zeit betrat der Heilige das Wasser und versank darin.

Die Leute waren nicht nur peinlich berührt. Sie waren tieftraurig. Magie ist für Inder ein Bedürfnis. Sie vereinfacht die Welt und macht sie sicher. Sie vervollständigt das seichte Bild von der Welt, diese intellektuelle Schwäche der Inder, die weniger dem Versagen des einzelnen Intellekts entspringt als der Unzulänglichkeit einer von Ritualen und Mythen beherrschten Kultur, der es an Offenheit fehlt.

Im Bundesstaat Madras war die Kongresspartei bei den Wahlen unterlegen. Überall hingen die rot-schwarzen Fahnen der Drawidischen Partei und auf den ersten Blick hatte man den Eindruck, eine Kolonie feiere ihre Unabhängigkeit. Aber dieser Sieg ließ sich nur voll verstehen, wenn man die hinduistischen Verhältnisse in Rechnung stellte. Das hier war die Rache des Südens am Norden, der Drawiden an den

Ariern, der Nichtbrahmanen an den Brahmanen. Sogar mit den hinduistischen Epen, den heiligen Texten der arischen Eroberer, hatte man abgerechnet: Jetzt brauchte man seine Drohung nicht mehr wahr zu machen und die Texte aus drawidischer Perspektive umzuschreiben.

Die Studenten eines Colleges hielten eine Versammlung ab, um einem Ministerkandidaten zu gratulieren – sie verwendeten das englische Wort »felicitate«. »Der Abend ist kühl und die milden Lüfte umschmeicheln uns«, erklärte ein Student in seiner Begrüßungsansprache. Dabei wirkte er mitgenommen; es war ein heißer Abend. Aber wir hatten bereits die Realität hinter uns gelassen: Der Student forderte den Ministerkandidaten auf, das Publikum »mit dem Nektar seiner Worte« zu laben. Der Ministerkandidat bedankte sich mit einer Reihe von Lebensweisheiten. Ein kluger Mann lächle nie; zugleich sei jemand schlecht beraten, wenn er die ganze Zeit über lache. Manche Menschen könnten selbst den Verlust einer kleinen Münze nicht verschmerzen; andere könnten sechs reich beladene Schiffe verlieren, ohne sich deswegen aufzuregen. Mit der Realität war es jetzt aus und vorbei und wir steckten tief in der alten Märchenwelt: der Welt der Volksweisheit, jenes Nektars, der sogar politisch aktiven Studenten als befriedigender Ersatz für Beobachtung, reflektierte Erfahrung, Wissbegier galt.

Die landesweit erscheinende Zeitung, die über diesen Empfang berichtete, enthielt auch einen Bericht über ein Religionsgespräch:

Nachsinnen über Gott einziger Weg zur Erlösung

Madras, 9. März

Selbst ungewöhnlich intellektuelle und scharfsinnige Menschen sind nicht dagegen gefeit, den Mut zu verlieren und sündhaften Selbstmord zu begehen, wenn das Schicksal ihnen zusetzt. Die Folgen der Verfehlungen, die man im früheren Leben begangen hat, muss man mit Geduld tragen …

In Südindien war das nach wie vor einen Zeitungsbericht wert. Allerdings hatte es auch eine Wahl gegeben, ein Ereignis des zwanzigsten Jahrhunderts. Und dazu las man auf der Hauptnachrichtenseite einer anderen Zeitung folgende Schlagzeilen:

> Massen brauchen Bildung, wenn Demokratie Erfolg haben soll
> – *Prof. Ranga*
>
> Frühere Fehler verantwortlich für jetzige Probleme
> – *Ajoy Mukherjee*
>
> Rückschläge der Kongresspartei mangelndem Weitblick geschuldet

Unablässig war eine Nation damit beschäftigt, Banalitäten auszutauschen: Diesen Eindruck vermittelten die Inder am häufigsten, wenn sie sich analytisch zu betätigen versuchten. Das eine Mal brachten sie nichts als die alte Welt, die Welt der Mythen und der Magie, zur Sprache; ein anderes Mal interpretieren sie das Neue im Rahmen des Alten.

***

Es gibt einen Essay aus dem Jahr 1899 mit dem Titel *Modern India*, in dem Swami Vivekananda, Anhänger des Vedanta, uns die indische Verwirrung und Naivität näherbringt. Vivekananda kam aus Bengalen, der fortschrittlichsten Provinz Indiens. Ihn schmerzten die Unterwerfung seines Landes und die ethnische Demütigung, die er selber erfuhr. Qualen bereiteten ihm auch die Kastenunterschiede des Hinduismus, die religiöse Verachtung, mit der die Höheren den Niederen begegneten, dem »wandelnden Aas«, wie arischer Hochmut sie beschimpfte. Vivekananda selbst gehörte der Kayastha-Kaste an, deren Stellung bis heute umstritten ist. In der Religion fand Vivekananda später hinlänglich Entschädigung: Er machte die Veden im Westen bekannt und fand Bewunderer. *Modern India* lässt sich als Bindeglied zwischen der politischen Verzweiflung Vivekanandas und ihrer religiösen Auflösung betrachten. Darin wird die indische Geschichte in apokalyptisch-hinduistischen Begriffen interpretiert, die kaum verhohlene westliche Ideen aufgreifen.

Jedes Land, behauptet Vivekanada axiomatisch, wird nacheinander von den vier Kasten der Priester, der Krieger, der Kaufleute und der Schudra, der Plebejer, beherrscht. Die oberen Kasten Indiens sind verfault. Sie haben ihre religiösen Pflichten vernachlässigt und außerdem den Kontakt zur Quelle aller Macht, zu den Schudra, verloren. Indien befindet sich deshalb in einem Zustand der »Schudraschaft«, der perfekt mit der durch Großbritannien verkörperten Herrschaft der Vaiscya oder Kaufmannschaft vereinbar ist. Im Westen aber steht die Schudra im Begriff, die Herrschaft anzutreten, und es besteht die Möglichkeit, dass, wie im Westen, so auch in Indien »die Schudraklasse *mit ihrer Schudraschaft*« an die Macht gelangt. Die Hervorhebung stammt von Vivekananda; von seiner merkwürdigen Position aus scheint er die Aussicht zu begrüßen, während er gleichzeitig erklärt, Indien könne die Schudraschaft genauso abstoßen, wie das Europa getan habe, das »einst das Land der von Rom unterworfenen Schudra« gewesen, aber »heute vom Kampfgeist der Kschatriya (Kriegerkaste) erfüllt« sei.

So also benutzt Vivekananda eine historische Scheinanalyse, geborgte Ideen und seine persönliche Kränkung, um die Situation seines Landes zum Gegenstand einer naiven, wenn auch von traditionellen religiösen Vorstellungen leicht abweichenden hinduistischen Betrachtung zu machen. Das

Scheitern Indiens hat religiöse Gründe; Errettung kann dem Land nur durch die Religion zuteil werden, dadurch, dass jede Kaste sich auf ihre moralische Pflicht besinnt und zugleich Indien der Tatsache gewahr wird, dass alle Inder Brüder sind.

Modern India zählt zu der regelmäßig wieder aufgelegten, wenn auch ungelesenen Literatur des indischen Nationalismus. Es ist nicht leicht zu lesen. Es irrt ab, ist häufig verworren und steckt voll von den komplizierten Details der hinduistischen Metaphysik. Es musste schon immer schwer zu verstehen gewesen sein. Aber bei indischen Weisen wie Vivekananda genügt es, dass sie überhaupt etwas äußern; was sie sagen, spielt keine Rolle. Eine Nation, die Banalitäten austauscht: Wo die Überzeugung herrscht, dass Erneuerung nicht die Folge einer wie immer unvollkommenen Bereitschaft zum Denken ist, sondern der Magie entspringt, dem ehrfurchtsvollen Kontakt zum Mächtigen, Heiligen oder Weisen, da kann das auch gar nicht anders sein. Die Person als solche übt die Magie.

In der zentralstaatlichen Regierung arbeitet ein ganzes Ministerium an der Herausgabe der Gesammelten Werke Mahatma Gandhis; im Telefonbuch findet man es unter diesem Namen eingetragen. Die in Madras erscheinende Zeitung *The Hindu* freilich berichtete im März, neunzig Prozent der Oberschüler eines Bezirks wüssten nichts weiter von Gandhi, als dass er ein guter Mann gewesen sei, der für die Unabhängigkeit gekämpft habe. In einer Stadt im Süden lernte ich einen zwanzigjährigen drawidischen Studenten kennen. Er war ein Geschöpf der Unabhängigkeit, durch sie begünstigt, und wir trafen uns, ganz zwanzigstes Jahrhundert, bei einer Flugschau. Der unsichere Einheimische aus Jabalpur oder Gerrard's Cross bemühte sich, den Besucher durch eine rasche Zurschaustellung seiner Vorurteile zu beeindrucken. Und sämtliche gesellschaftlichen Ansichten, die dieser Student kundtat, schlugen Gandhi ins Gesicht. Das war ihm völlig neu. Der Name Gandhi war ihm heilig. Nur der Name war geblieben – als Beschwörungsformel.

Dem Geist wird nicht erlaubt, sich an den Problemen Indiens abzuarbeiten. Das gehört mit zur indischen Frustration.

Mittlerweile aber spüren die Inder, dass etwas nicht stimmt. Wie die Spanier haben sie ein Gefühl der Unzulänglichkeit entwickelt und wie den Spaniern gilt auch ihnen ihre Unzulänglichkeit als Zeichen ihrer einzigartigen Begabung. »Intelligent« ist das Wort, mit dem sich die Inder vorzugsweise charakterisieren, und immer häufiger begegnet man bei ihnen der romantischen Vorstellung, ihre Intelligenz grenze schon an Wahnsinn. Selbstreflexion hat in Indien keinen Platz. Sie mündet in nichts weiter als in Tollheit oder Gemeinplätze über die indische »Mentalität«.

Die Sozialwissenschaften sind geborgte Disziplinen, in denen sich jede Diskussion über Hungersnöte oder Bankrotte in akademische Vorträge verwandelt. Richtige Schriftstellerei ist nicht möglich. Das Ritual des indischen Lebens erstickt die Phantasie, weil es einen Ersatz für sie bietet, und das Bild von Indien, das der indische Roman – auch er eine geborgte Form – entwirft, bewegt sich auf dem immer gleichen niedrigen Niveau. »Ich erwarte keinen weiteren *Roman*«, sagt Graham Greene im Blick auf den indischen Schriftsteller, den er bewundert; er erwarte die Begegnung mit einem weiteren Fremden, »dass sich die Tür zu einer weiteren menschlichen Existenz öffnet«. Die in Delhi lebende Romanschriftstellerin R. Prawer Jhabvala hat sich von den rein indischen Themen, mit denen sie anfing, entfernt; sie fühlt sich vom Stoff im Stich gelassen.

In solch einer Situation ist der Roman fast Bestandteil der Autobiographie und Autobiographien sind in Indien viele geschrieben worden. Wie durch ein Vergrößerungsglas lassen sie – immer mit Ausnahme des Werks von Nirad

Chaudhuri – die indische Schwäche sichtbar werden. Gandhi lässt nicht ein beschreibendes Wort über das London der achtziger Jahre des neunzehnten Jahrhunderts fallen und sogar Mr Nehru weiß nichts darüber zu berichten, wie man sich vor 1914 in Harrow fühlte. Die Welt in diesen Büchern ist reduziert auf eine Abfolge von Außenreizen und der reagierende Organismus teilt mit, was für stereotype Lust- oder Schmerzempfindungen dadurch ausgelöst wurden: Ausdruck einer derart exklusiven Ichbezogenheit, dass die Welt, weit entfernt davon, etwas zu sein, was zur Erforschung einlädt, zuzeiten regelrecht verschwindet und die Autoren selbst verkrüppelt und unfertig erscheinen. Alle indischen Biographien wirken, als wären sie von ein und derselben unfertigen Person geschrieben.

Das Gefühl, dass etwas nicht stimmt, findet also keine Auflösung. Aber mittlerweile hat der Besucher die Möglichkeit, das Problem zur Sprache zu bringen und ein bisschen mehr herauszulocken, besonders bei Männern unter fünfunddreißig. Bei einer Abendgesellschaft in Delhi lernte ich einen jungen Geschäftsmann kennen, der in Amerika studiert und sich dort unterlegen gefühlt hatte. »Intellektuell« – des Inders ganzer Stolz! – »fühlte ich mich ihnen weit überlegen«, sagte er. »Aber gleichzeitig sah ich, dass sie etwas hatten, was ich nicht hatte. Wie soll ich es ausdrücken? Sie hatten etwas, was mir *ausgetrieben* worden war. Eine Art Zielstrebigkeit, könnte man sagen.«

Er drückte sich verschwommen aus, aber ich spürte, dass er, all seinem unternehmerischen Geschäftsgeist zum Trotz, den Bauern ähnelte, denen ich etliche Hundert Kilometer entfernt begegnet war. An einem Spätnachmittag voller Staub und Bagasse; goldenes Licht drang durch die Mangobäume. Die Bauern verkochten Zuckerrohrsaft zu grobem braunen Zucker. Die Ochsen drehten die Presse; ein schwarzer Kessel siedete über einer Feuergrube. Ein gut gebauter junger Mann mit nacktem Rücken kratzte aus dem in die Erde eingelassenen flachen Ziegelbecken Zucker und presste ihn zu Kugeln. Sein Vater kaute Betel und sah ihm zu. Beiläufig erzählte er, sein Sohn müsse am nächsten Morgen ein schriftliches Examen ablegen. Er werde natürlich durchfallen; ein anderer Sohn habe sechs Monate zuvor die Prüfung abgelegt und sei durchgefallen. Für ihn und vielleicht auch für seinen Sohn existierte kein Zusammenhang zwischen dem Durchfallen und der Feldarbeit hier. Die Bauern waren Kurmis, eine Kaste, die sich radschputischer Abstammung rühmt. Die britischen Reallexika des neunzehnten Jahrhunderts sind voll des Lobes für die Kurmis als fleißige, anpassungsfähige Landwirte; ganz ähnlich werden sie heutzutage von indischen Staatsrepräsentanten gepriesen. Aber sie sind Kurmis geblieben, die nichts weiter verlangen als die Anerkennung ihrer Radschputenherkunft.

Was den Kurmis ausgetrieben worden war, hatte man auch dem Geschäftsmann ausgetrieben: »Zielstrebigkeit«, jenen ausgeprägten Sinn für den Zusammenhang von Ursache und Wirkung, mit dem die Magie endet und eine neue Welt beginnt.

Kausalität: Das war vor zweitausendfünfhundert Jahren das Thema Buddhas in dem von Not und Elend heimgesuchten Land Bihar. Es war vor hundertfünfzig Jahren das Thema Radscha Ram Mohan Roys, des ersten von den Briten beeinflussten indischen Reformers. Es ist das Thema, das bis heute nottut. Er ist deprimierend, dieser ewige Kreislauf immer gleicher Reformen und immer gleicher Rückfälle. Die Reform ändert nichts; sie sorgt nur für eine vorübergehende Neubelebung. Ritual und Magie nehmen die Welt auf ewig in Anspruch, mag sie auch noch so neuartig konstruiert sein.

In unserer Zeit lässt sich am Werk von Vinoba Bhave, dem gandhischen Landreformer aus Bihar, der vor fünfzehn Jahren auf der Titelseite von *Time* prangte, studieren, wie der Rückfall vor sich geht. »Ich bin gekommen«, zitiert ihn *Time*, »um euch aus Liebe zu plündern.« Sein Programm sei einfach: Er werde die Grundbesitzer bitten, den Landlosen Land abzugeben. So sehe der spirituelle Weg Indiens aus. »Wir sind dem Glauben an Gott vermählt und sind nicht anfällig für die Haarspaltereien der Vernunft. Wir glauben an das, was uns unsere *rishi* (Weisen) gelehrt haben. Meinem Gefühl nach schulden wir unsere heutigen Hungersnöte und anderen Katastrophen allesamt unseren Sünden.« Es sei deshalb nicht seine Sache, in praktischer Absicht über das Lebensmittelproblem oder über die Schaffung ökonomisch sinnvoller Landflächen nachzudenken. »Feuer brennt einfach; ob jemand einen Topf daraufstellt, ihn mit Wasser füllt und Reis hineintut, um eine Mahlzeit zu kochen, kümmert das Feuer nicht. Es brennt und darin erschöpft sich seine Aufgabe. Es ist an den anderen, *ihre* Aufgabe zu erfüllen.«

Hand in Hand damit gingen bestimmte Vorstellungen, wie Erziehung beschaffen sein müsse. »Das menschliche Leben gleicht einem Baum, der nicht lebensfähig ist, wenn man ihn vom Erdboden abschneidet ... Deshalb muss jedermann Gelegenheit erhalten, Land zu bestellen ...« Die landwirtschaftliche Arbeit werde auch das Bevölkerungswachstum dämpfen, weil es vom Sex ablenke. Wenn man für den Schulunterricht ein Handwerk aussuche, müsse man allerdings aufpassen. Das Fischen zum Beispiel eigne sich nicht dafür, weil »ich (den Kindern) zeigen muss, wie ich den Fisch überliste«; Geflügelhaltung sei geeigneter. Man dürfe die Literatur nicht vernachlässigen. »Das ist ein Mangel im westlichen Erziehungssystem, dass es so wenig Wert auf das Auswendiglernen großer Verse legt.« Die beste Erziehung aber sei jene, die Krischna, die mythologisch-religiöse Figur, erhalten habe. »Schri Krischna weidete Kinder, molk sie, säuberte den Kuhstall, arbeitete hart, hackte Brennholz ...; später, als Wagenlenker Arjunas, lenkte er seine Pferde nicht nur, sondern versorgte sie auch.«

Dass so vieles davon absurd ist oder dass Bhave bis vor kurzem ernst genommen wurde, ist nicht das Schlimmste. Schlimmer noch ist, dass Bhaves Gutmenschentum auf eine subtile, aber entscheidende Entstellung der Lehren Mahatmas hinausläuft. Die stoische Forderung nach Handeln und Pflichterfüllung wird bei Bhave zu einer Übung in Selbstvollendung, zu einem Akt heiliger Überheblichkeit und Beweihräucherung der eigenen Person. Er fühlt sich nicht voll und ganz verantwortlich; Aufgabe des Feuers ist es nur, zu brennen. Auf eine Weise, wie das Mahatma niemals tat, trennt er das private religiöse Tun von seinem gesellschaftlichen Zweck. Die Lehre von der Brotarbeit, durch die Mahatma alle Arbeit, auch die der Unberührbaren, zu adeln suchte, missversteht er, indem er erklärt, die Unberührbaren leisteten Arbeit, die »sich nicht mit der menschlichen Würde verträgt«, und müssten deshalb Bauern und Landbesitzer werden. Faktisch belässt er sie in dem Zustand, in dem er sie vorfindet. Und er unternimmt nichts, um das Lebensmittelproblem zu lösen, das in Indien damit zusammenhängt, dass das Land nicht richtig genutzt wird.

Bhave kommt immer wieder auf die heiligen Schriften zu sprechen: Ihre Wiederentdeckung wird zu einem Selbstzweck. Im Namen der Reform, des Mahatma und der Menschlichkeit wird Bhave zum Reaktionär. Die alte Welt fordert ihren Tribut.

Die Inder sind stolz auf ihre uralte, fortdauernde Kultur. Tatsächlich sind sie deren Opfer.

Diesmal wird die Reform rücksichtsloser ausfallen. China macht Druck; Pakistan droht; die Neutralitätspolitik bricht in sich zusammen und Amerika stellt harte Bedingungen. Die neue Welt lässt sich nicht mehr verleugnen. Unfähig zu dauerhaften Reformen oder zu einem angemessenen Verständnis der neuen Welt, bleibt Indien zutiefst abhängig. Wenn es darum geht, Fragen zu stellen und Antworten zu geben, ist es auf andere angewiesen; nirgends spielen ausländische Journalisten eine größere Rolle als in diesem Land. Und Indien ist zersplittert; das gehört zu seiner Abhängigkeit. Die Zersplitterung ist nicht einfach regionaler, religiöser oder kastenspezifischer Natur. Es ist die Zersplitterung eines Landes, das durch keine intellektuelle Bewegung zusammengehalten wird, das kein eigenes Innenleben entwickelt. Es ist die Zersplitterung eines Landes ohne die mindeste Vorstellung von einer, aller Ungleichheit zum Trotz, einen Zusammenhang bildenden Gesellschaft.

Es gibt keine echte indische Aristokratie, kein Element, das die Würde des Landes wahrt und in Augenblicken der Niederlage seinen ungebrochenen Stolz verkörpert. Es hat schmarotzende Grundbesitzer, Steuerpächter gegeben; das Land hat seine Herrscher gehabt. Sie bildeten eine gewalttätige Macht, waren der bäuerlichen Unterschicht abstrakt übergestülpt. In Notzeiten konnten sie – von Ausnahmen abgesehen – nichts als ihre Distanz zum Volk geltend machen. Sie wurden passenderweise mit dem Begriff »heimische Fürsten« belegt, und auch wenn sie hie und da ihre primitive Macht – gewirkt aus Geld oder Einfluss – behaupten konnten, sind sie doch verschwunden und haben nicht die mindeste Spur hinterlassen. Dass gerade der Nisam gestorben war und das Ende einer Dynastie besiegelt hatte, die hinter die Schlacht von Plassey zurückreichte, davon war in Haiderabad nichts zu merken. Jeder Inder, egal, ob Fürst oder Bauer, ist ein Dorfbewohner. Alle leben getrennt und gleichen einander, was den Verfall des Sinns für die Realität betrifft.

Es gibt Bauunternehmer und Staatsangestellte in Delhi, wo man bei einer »Dame der Gesellschaft« davon ausgehen kann, dass sie die Ehefrau eines Bauunternehmers ist. Es gibt führende Geschäftsleute in Kalkutta, wo man nach wie vor isolierte Kreise von alternden Herren mit britischen Titeln trifft. Es gibt die Fabrikanten, Werbeagenten und Filmleute

Bombays, bei denen »Verbindlichkeit«, »Kultiviertheit« und »Renommee« besondere Wertschätzung genießen. Aber das sind Berufsgenossenschaften; sie stiften keinen gesellschaftlichen Zusammenhang. Was fehlt, ist jenes Element, zu dem alle beitragen und durch das alle verbunden sind, wo gemeinsame Normen in Geltung kommen und ein wandelbarer Sinn für die Realität sich wie von selbst einstellt. Jede der Berufsgenossenschaften führt ein Eigenleben. Sogar die Politiker sind in ihrem Reservat in Neu-Delhi zur Sterilität verdammt, während der Staat mangels Ideen alle Lebenskraft einbüßt. Und jeder Geschäftszweig – von der Unterhaltungsbranche abgesehen – ist eine ausländische Leihgabe.

Jede Disziplin, jede Fertigkeit, jede Idealvorstellung im modernen Indien sind Abziehbilder von etwas, das in seiner wahren Form andernorts existiert. Wer die Kabinettspolitik verstehen will, blickt nach Westminster wie in den Lösungsteil eines Lehrbuchs. Die kritischen Zeitschriften orientieren sich, sogar in der Typographie, am *New Statesman*. Ständig müssen die Inder, ihre heiligen Männer eingeschlossen, draußen nach Anerkennung suchen. Die Zersplitterung und die Abhängigkeit sind total. Eigene Urteile sind wertlos. Es ist, als seien die Inder ohne das Zeugnis aus dem Ausland außerstande, sich ihrer Realität zu versichern.

Mag Indien aber auch kein einheitliches Land sein, ein einzigartiges bleibt es. Die zur Lösung seiner Probleme importierten Ideen verfangen nicht mehr. Das führt zu wilder Betriebsamkeit. Regelmäßig werden aufrührerische Zeitschriften gegründet; es handelt sich um Initiativen Einzelner, die fast keine Leserschaft brauchen und niemandem Rechenschaft schuldig sind; nach wenigen Wochen sind sie verbraucht und null und nichtig, Teil eben dessen, wogegen sie aufbegehren. Die Sitten verfallen. Jeder Inder möchte als Einziger seinesgleichen im Ausland Anerkennung finden: wie Mr Nehru höchstpersönlich, der in seinen Glanzzeiten von Schriftstellern, die ihn besuchten, am häufigsten als der einsame indische Aristokrat – den Begriff hatte er selbst kommentarlos in den Raum gestellt – bezeichnet wurde, der über eine debile, aber ihm treu ergebene Landbevölkerung herrscht. Jeder Inder, der in sich hineinblickt und seiner eigenen Unzulänglichkeit gewahr wird, attestiert sie allen anderen Indern und hat damit normalerweise recht. »Scharlatan« ist ein beliebtes Schimpfwort in Indien. Das Ausmaß dieser selbstzerstörerischen Gehässigkeit überrascht und deprimiert den Besucher. »Der Hass, den Menschen gegeneinander, gegen die eigene Klasse hegen – ein für die Schudra typisches Merkmal«: Diese Worte stammen von Vivekananda; sie charakterisieren ein Volk in Abhängigkeit.

Die von Hektik geprägte Abhängigkeit findet heutzutage ihren Ausdruck in der Flucht. Der Flucht nach England, nach Kanada, überallhin, wo Inder aufgenommen werden; keiner bloßen Flucht nach dem Geld, sondern einer Flucht in die vertraute Geborgenheit einer Staatsbürgerschaft zweiter Klasse, mit all den Chancen einer nörgelnden Existenz, die sie bietet und zu der gehört, dass man Schutz genießt, dass andere die Verantwortung tragen, andere die Ideen liefern.

Natürlich war es vorherzusehen. Die Unabhängigkeitsbewegung hatte ihren Preis.

Die Bewegung, wie sie sich unter Gandhi entwickelte, wurde zu einer religiösen Reformbewegung, und das entsprach der indischen Tradition, die bis zu Buddha zurückreichte. Gandhi durchtränkte die Behauptung eines politischen Selbstwertgefühls mit der religiösen Emphase des Strebens nach Selbstvollendung. Dieses Werk seiner Eingebung war eine bemerkenswerte Leistung. Aber es richtete auch Schaden an. Mit Ideen hatte es nichts zu schaffen. Es überantwortete Indien einem heiligen Philistertum, das bis zum heutigen Tage Bestand hat.

Zum Beginn des neunzehnten Jahrhunderts hatte Radscha

Ram Mohan Roy erklärt, vierzig Jahre Kontakt mit den Briten werde die indische Zivilisation wieder beleben. Das sagte er vor der Zeit der imperialistischen und rassistischen Exzesse; die Kluft im technischen Entwicklungsstand war nicht so groß, wie sie es später werden sollte; der fortschrittlich gesinnte Inder sah im Westen weniger die Quelle neuer Techniken, als den Ursprung neuer wissenschaftlicher Erkenntnisse. Aber die Kluft verbreiterte sich und die Stimmung schlug um. Die Unabhängigkeitsbewegung wandte sich, wie nicht anders möglich, von Leuten wie Roy ab. Sie blickte zurück in die indische Vergangenheit. Sie unternahm keinen Versuch, die Vergangenheit kritisch zu beurteilen; sie gewahrte nur Glanz und Gloria. Gleichzeitig wollte man vom einfallsreichen Empirismus des Westens nichts mehr wissen. Und an ihn hat man auch nie mehr angeknüpft. Diese Tatsache wird übersehen. Vom Westen, der heute noch so viel nachahmenswerter ist, als er es 1800 war, übernimmt man vielleicht Institutionen und Techniken; man schätzt auch seine Anerkennung. Aber die politisch-religiöse, philiströse Ablehnungshaltung bleibt bestehen. Der Westen ist »materiell wohlhabend, aber seelisch krank«; er ist ein Blender. Kein Inder kann das näher erklären. Aber das braucht er auch nicht; die Schlacht wurde ja gewonnen; der Beweis dafür ist die Unabhängigkeit.

Ein Akademiker in Delhi erinnerte mich an Macaulays Ausspruch, die ganze Gelehrsamkeit Indiens wiege nicht ein einziges Regalbrett in einer europäischen Bibliothek auf. Wir hatten uns über das eingeborene Afrika unterhalten und Macaulay wurde als Beispiel für die Kurzsichtigkeit einer bestimmten Art von Scheinevidenz angeführt. Danach kam mir zum ersten Mal der Gedanke, dass Macaulay von der indischen Revolution vielleicht gar nicht Lügen gestraft worden war. Man war einfach über ihn hinweggegangen. Seine Äußerung findet sich heute krasser bestätigt als je zuvor. Die Kluft zwischen Indien und dem Westen erschöpft sich nicht in wachsenden Unterschieden des Reichtums, des Stands der Technik und des Wissens. Alarmierender ist die zunehmende Kluft, was Realitätssinn und Klugheit betrifft. Der Westen ist wach, facettenreich und in ständigem Wandel begriffen; seine Schriftsteller und Philosophen reagieren auf das komplexe Ganze und sind ständig bemüht, ihren Sinn für die Realität zu verändern und zu entwickeln; weder die Praxis noch die Theorie kennt Stagnation. Indien besitzt nichts als seine unbesehen akzeptierte Vergangenheit und seine pathetische Spiritualität. Der indische Philosoph übt sich in Exegese; der heilige Mann möchte wiederentdecken, was bereits entdeckt ist; wie schon 1962 verlieren sich auch noch 1967 die literarischen Zirkel in akademischen Disputen nicht etwa über das Schreiben, sondern darüber, ob es statthaft ist, Übersetzungen von heiligen Texten anzufertigen, die in alten Sprachen abgefasst sind. Indien ist simpel; der Westen wird immer klüger.

Ihre Revolution hat die Inder nicht für eine dem zwanzigsten Jahrhundert gemäße Unabhängigkeit tauglich gemacht. Als die Unabhängigkeit kam, geschah dies unter der Voraussetzung einer fortdauernden Abhängigkeit: einer angenehmen Welt, einer magischen Welt, in der indische Worte die Kraft behielten, die Inder ihnen zuschrieben. Der Bluff musste auffliegen; die Katastrophe konnte nicht ausbleiben.

Indien hat seine Vorstellungen von sich und der Welt eine nach der anderen fallen lassen müssen. Leid und Konfusion lassen sich nicht länger durch das magische Eingreifen eines Vivekananda, eines Gandhi, eines Nehru, eines Vinoba Bhave bewältigen. Vor fünfzehn Jahren erklärte Bhave sinngemäß, sein Ziel sei es, den Staat absterben zu lassen. Er nannte das »Gottes dezentralisierte Methode« und sogar die Gläubigen taten das als Träumerei ab. Mittlerweile ist der Staat abgestorben. Nicht kraft Heiligkeit, sondern einfach deshalb, weil die Politiker, die in ihr Streichgarn gekleideten Dörfler in Neu-Delhi, nicht den Hauch einer Idee mehr kultivieren. Magie vermag die Welt nicht mehr einfach und sicher zu machen. Indien reagiert jetzt nur noch auf Vorkommnisse, und da dem Geist die freie Entfaltung genommen ist, erweist sich jedes unangenehme Vorkommnis – der Angriff der Chinesen, der Krieg mit Pakistan, Geldentwertung, Hungersnot und demütigende Lebensmittellieferungen der USA – als Straflektion, erteilt von der wirklichen Welt. Es ist, als hätten aufeinanderfolgende Fremdherrschaften durch die Reaktion, die sie hervorriefen, durch jene spezifisch indische Abhängigkeitshaltung, für den Fortbestand einer alten Welt gesorgt, die man schon Jahrhunderte zuvor hätte zugrunde gehen lassen müssen, und als hätte nun, nach der Unabhängigkeit, diese alte Welt endlich angefangen, sich aufzulösen.

Indiens Krise ist keine politische: Das glaubt man nur in Delhi. Eine Diktatur oder Militärherrschaft werden nichts ändern. Und die Krise ist auch keine bloß ökonomische. Beides sind nur Aspekte einer umfassenderen Krise, der Krise einer zerfallenden Kultur, deren einzige Hoffnung im weiteren schnellen Zerfall liegt. Die wilde Hektik, die derzeit herrscht, lässt sich nicht einfach nur als ein Verlust an Stabilität verstehen. Die Stabilität war die eines Landes, das von Magie, von Schlagworten, von Gesten und großen Namen beherrscht wurde. Es war die Stabilität einer kranken Zivilisation, die meinte, sie könne ihren Frieden mit der Welt machen und brauche mehr nicht zu tun. Die derzeitige Stimmung allgemeiner Ablehnung birgt Gefahren. Aber in ihr steckt auch die Chance zum Leben. Die Ablehnung ist nicht religiös motiviert, auch wenn ihr erklärtes Ziel die Bewahrung der einen oder anderen Religion ist. Ihr geht es nicht um eine Reform durch Selbstvervollkommnung. Die *Art* der Ablehnung ist neu und gehört der neuen Welt an.

Mag sein, dass ich übertreibe – dass ich den heiligen Mann vergesse, der den Daumen in den Mund steckt und unter allgemeinem Beifall einen Stachel herauszieht – dass ich die Gläubigen vergesse, die in Zeiten knapper Lebensmittel Hunderte von Litern Milch über ein riesiges Heiligenbild ausgießen, während ein Hubschrauber der Luftwaffe Blumen abwirft. Magie aber hat nur Bestand, wenn sie zu funktionieren scheint. Und der Beweis ist erbracht, dass nicht einmal in Indien Menschen auf dem Wasser wandeln können.

1967

Die Wahl in Ajmer

Für wen sich entscheiden? stand auf dem englischsprachigen Plakat in Neu-Delhi. Und als ich Mitte Februar, vierzehn Tage vor dem ersten Wahltag, in südlicher Richtung nach Ajmer in Rajasthan fuhr, schien es in der Tat so, als hätte die halbe Million Menschen, die hier zur Wahl aufgerufen war, teils Landvolk, teils städtische Bevölkerung, ein Problem. Die Kongresspartei hatte die Freiheit für Indien errungen und hatte dann über zwanzig Jahre lang, vier Wahlperioden hindurch, regiert. Jetzt hatte sie sich gespalten. Die Spaltung war der Anlass für diese Neuwahl, die mitten in die parlamentarische Sitzungsperiode fiel. Beide Seiten aber benutzten den alten Namen weiter. *Kangrace ko wote do* stand auf den Wahlplakaten beider zu lesen: Wählt die Kongresspartei. Und an den Wahlkampf-Jeeps beider Fraktionen flatterten Fähnchen in den gleichen Farben Safrangelb, Weiß und Grün. Jeeps waren die bevorzugten Wahlkampffahrzeuge: Amtsgewalt und Wichtigkeit ausstrahlend, fuhren sie durch die staubigen Straßen von Ajmer, zwischen zweirädrigen Einspännern, den ramponierten Bussen, Hunderten von Fahrrädern, Handwagen und Ochsenkarren.

Beide Seiten hätten gerne das alte erfolgreiche Symbol der Kongresspartei, das ins Joch gespannte Ochsenpaar, verwendet. Die Gerichte aber hatten entschieden, das Ochsenpaar dürfe überhaupt nicht benutzt werden, und so hatten sich beide Seiten ihre eigenen komplizierten naturalistischen

Symbole ausgedacht. Eine Kuh, die ein saugendes Kalb leckte: Das war die Partei, die auf Seiten von Mrs Gandhi, der Ministerpräsidentin, kämpfte. Eine Frau mit üppigem Busen am Spinnrad (der üppige Busen stach stets hervor, selbst bei Hektographien): Das war das Symbol der alten, als Organisation bekannten Kongresspartei, die in die Opposition gegangen war. Beide Symbole hatten in Indien gleiches Gewicht. Das Spinnrad war gandhisch, die Kuh heilig. Beide Symbole beanspruchten, legitime Wahrer der Kongresstradition zu sein.

In mancher Hinsicht glich das Ganze also einem Familienstreit. Und wie es der Zufall wollte, waren die Kandidaten der beiden Kongressfraktionen, die sich in Ajmer zur Wahl stellten, miteinander verwandt. Insgesamt gab es fünf Kandidaten. Drei waren unabhängig und spielten keine große Rolle. »Sie kandidieren nur, um sich die Zeit zu vertreiben«, erklärte ein Mann vom Wahlamt. »Sie bezahlen ihre fünfhundert Rupien Kaution. Sie bekommen ein paar Tausend Stimmen, verwirken ihre Kaution und sitzen die Sache aus, und damit basta. Es ist für sie nur ein Zeitvertreib.«

Die Hauptkandidaten waren Mr Mukut Bharvaga und Mr Bishweshwar Bhargava. Mr Mukut kandidierte für die alte Kongresspartei und ihre sämtlichen oppositionellen Verbündeten. Er war der Onkel von Mr Bishweshwar, der seinen Parlamentssitz verteidigte, den er für die Kongresspartei Indira Gandhis innehatte. Und hier ergab sich – als lokaler Reflex des landesweiten Streits darum, wer im Recht war – auch schon das erste Problem in Ajmer: Wer setzte sich moralisch ins Unrecht? Der Onkel, weil er den Neffen bekämpfte? Oder der Neffe, weil er gegen den Onkel antrat?

Mr Mukut, der Onkel, war achtundsechzig Jahre alt, ein Anwalt und blind. In Rajasthan war er berühmt für sein ungeheuer gutes Gedächtnis und seine außerordentliche Beschlagenheit in Pachtzinsfragen. Seine Honorare beliefen sich angeblich bis auf tausend Rupien, fünfzig englische Pfund, täglich; seine Einkünfte wurden auf zwei Lakh, rund zehntausend Pfund, im Jahr geschätzt. Mr Mukut stand aber auch im Ruf, unentgeltlich Bauern beizustehen, die nach wie vor auf der Suche nach dem »Anwalt ohne Augen« nach Ajmer kamen. Mr Mukut war ein altes Mitglied der Kongresspartei und ein Freiheitskämpfer der ersten Stunde; 1942 wurde er zu Gefängnis verurteilt. Seine politische Karriere nach der Unabhängigkeit verlief unauffällig, frei von Makel und von Höhen und Tiefen: Am ehesten kannte man ihn vielleicht wegen seines Kampfes um die deutliche Unterscheidbarkeit geklärter Butter von ihrem Substitut, das aus Erdnüssen gewonnen wurde. 1952, 1957 und 1962 hatte er den Abgeordnetensitz von Ajmer für die Kongresspartei gewonnen. Mit vierundsechzig hatte er sich 1967 aus der Politik zurückgezogen und seinen Parlamentssitz an seinen sechsunddreißigjährigen Neffen und Schützling Mr Bishweshwar abgetreten. Jetzt, nachdem die Kongresspartei sich gespalten hatte, wollte Mr Mukut seinen Sitz zurückhaben, und um ihn zu bekommen, hatte er sich mit sämtlichen seiner alten politischen Feinde verbündet. Handelte Mr Mukut recht? Tat Mr Bishweshwar Unrecht, wenn er sich dem widersetzte?

Die weit überwiegende Ansicht war, dass Mr Bishweshwar Unrecht tat. Er hätte weichen müssen, hätte nicht gegen seinen Onkel, dem er so viel verdankte, antreten dürfen. Das jedenfalls meinte Mr Mukuts Sohn, der für seinen Vater den Wahlkampf managte, und auch Mr Bishweshwars Wahlkampfmanager war dieser Meinung. Wenn Mr Mukut selbst über den Wahlkampf sprach, machte er den Eindruck permanenter Gekränktheit. »Eine gemeinere Methode, als meinen Neffen gegen mich in den Kampf zu schicken, konnte sich die Kongresspartei des Bundesstaats gar nicht einfallen lassen«, erklärte er. »Sie wissen, dass ich sehr familienbewusst bin, und sie hofften, *ich* würde meine Kandidatur zurückziehen.« Der Maharana von Udaipur, der Mr Mukut unterstützte, verkündete auf einer Wahlversammlung: »Die Kongresspartei Indiras spaltet das Land, und nicht nur ideologisch. Sie zerreißen ganze Familien.« Und das radschputische Dorfoberhaupt, ein treuer Gefolgsmann seines Maharanas, stimmte zu. »Ein Neffe, der die Angehörigen seiner eigenen Familie nicht zu lieben vermag, wie kann der die Bevölkerung lieben?«

Aber handelte der Onkel nicht auch unrecht, wenn er seinen Neffen zu Fall brachte? »Ich wollte nicht, dass mein Vater diesen Wahlkampf führt«, erklärte Mr Mukuts Sohn. »Ich sagte: ›Bapuji, du bist jetzt alt, du bist gebrechlich.‹ Aber was er mir daraufhin antwortete, warf mich um. Mir stiegen Tränen in die Augen. Er sagte: ›Es ist an der Zeit, Opfer zu bringen.‹«

Auf Opferbereitschaft konnte Mr Bishweshwar keinen Anspruch erheben, und während seines Wahlkampfes wirkte er meist gequält und unsicher und manchmal regelrecht gehetzt. Im Unterschied zu seinem Onkel, der stets frei sprach, um nicht zu sagen, Reden schwang, hatte Mr Bishweshwar wenig mitzuteilen, und seine Haltung schreckte mögliche Gesprächspartner eher ab. Er starrte blicklos durch seine Brille, wie ein Mensch, der darauf achtet, nichts zu äußern, was man gegen ihn wenden könnte. »Ich verstehe nicht, wie mein Onkel gegen all die Prinzipien kämpfen kann, die er mir eingeimpft hat«, sagte er irgendwann. Es war das Einzige, was ich ihn je über seinen Onkel äußern hörte, und er leierte es herunter wie eine auswendig gelernte Zeile.

Mr Bishweshwar genoss keine Popularität. Er litt darunter, dass man ihn ständig mit seinem Onkel verglich. Mr Mukut war ein kleiner, magerer, brauner Mann, ein asketischer Politiker der alten Schule, einschließlich Aufenthalt im Gefängnis. Mr Bishweshwar war so groß und rundlich wie ein Filmstar. Ein Politiker der Zeit nach der Unabhängigkeit, ein Mann der Parteiorganisation. Leute aus der eigenen Partei bescheinigten ihm: »Er ist Berufspolitiker.« »Würde man ihm die Politik wegnehmen«, sagten sie, »er könnte sich kaum sein Brot verdienen.« Und: »Sein Onkel ließ für ihn Hunderte von Parteimitarbeitern über die Klinge springen.« Aber das legte man nicht dem Onkel, sondern Mr Bishweshwar zur Last.

»Ich arbeite nicht für Bishweshwar«, erklärten seine Wahlhelfer. »Ich arbeite für Indira.« Und das erklärten sie sogar am Wahltag, während sie in den farbigen Zelten der Partei auf Wähler warteten. »Die Menschen wählen nicht Bishweshwar. Sie wählen Indira.«

Darum ging es nach jedermanns Ansicht bei der Wahl: um Indira, Mrs Gandhi, die formidable Dame in Neu-Delhi, die mit der Kongresspartei umgesprungen war wie ein De Gaulle und die Macht in der Partei an sich gerissen, der alten Konsenspolitik der Partei den Garaus gemacht hatte. Sie hatte den Privilegierten den Krieg erklärt; sie wandte sich an die Armen, die Unberührbaren, die Minderheiten. Sie hatte die Banken verstaatlicht, die Fürsten um ihren Sonderstatus gebracht; um den Fürsten ihre Privatschatullen zu nehmen, plante sie eine Verfassungsänderung.

Disziplinlosigkeit nannten das Leute wie der alte Mr Mukut, die um all die Parteimitglieder trauerten, die entmachtet worden waren. *Indira Hatao*, stand auf den Wahlplakaten der Opposition: Weg mit Indira. Und auf den Plakaten der anderen Seite stand *Garibi Hatao*, Weg mit der Armut. Die Reichen, die Armen: Das Wundersame war, dass es in Indien so lange gedauert hatte, bis diese grundlegende Unterscheidung politisch in Worte gefasst wurde. Die Sozialisten und Kommunisten hatten das nicht getan: Sie hatten den Menschen Theologien geboten. Und in Ajmer war dies die erste Wahl, bei der die Parteien mit Programmen auftraten.

Reich und Arm. Aber die Sache hatte einen regionalen Haken. Rajasthan ist das Land der Fürsten. Ajmer selbst, obwohl in der Mitte Rajasthans gelegen, hatte keinen Fürstenstaat gebildet und besaß keinen Maharadscha. Der Wahlbezirk Ajmers indes war riesig: Ajmer und Char Bazaar trennten dreihundert Kilometer, die in der Hauptsache aus Wüste, Fels und gezackten braunen Bergen bestanden – mehr als sechs Stunden Fahrt im Jeep. Zwei der Bezirke Ajmers lagen auf dem Gebiet des früheren Staates Udaipur und der Maharana von Udaipur, der bei der letzten Wahl Mr Bishweshwar unterstützt hatte, hatte sich diesmal für Mr Mukut ausgesprochen. Die Fürsten von Rajasthan, die von der Regierung um ihre Privilegien gebracht worden waren und die ihre Privatschatullen bedroht sahen, liefen auf unterschiedliche Weise Sturm gegen die Regierung. Und sie konnten ihr Problem den Leuten vortragen und fanden bei ihnen Gehör, eben weil sie Fürsten waren.

Für andere in der Opposition, die gleichfalls Mr Mukut unterstützten, war die Sache weniger leicht. Mr Kaul, ein langjähriges Mitglied der Kongresspartei in Mr Mukuts Alter, saß mittlerweile im indischen Oberhaus. Mr Kaul aß nur eine Mahlzeit am Tag; seinem Bekunden nach hatte er diese Gewohnheit 1932 im Gefängnis angenommen. Das Gefängnis war ihm allerdings nicht mehr anzusehen; die von Macht, Ehrungen und Politisieren erfüllten Jahre nach der Unabhängigkeit hatten seinem Äußeren etwas Glattes verliehen. Nach Mr Kauls Ansicht sollten persönliche Wahlkampagnen verboten werden.

»Wir verkünden unsere Programme. Warum sollen wir uns noch persönlich an die Leute wenden? Das Werben um Stimmen dient als ein Weg, die Leute zu bestechen. Die Menschen bei uns sind arm; sie verstehen nicht, worum wir kämpfen. Ihre Unwissenheit wird ausgenutzt. Die Kongresspartei Indiras gibt Millionen von Rupien aus, um die Leute zu bestechen, die Bauern, die Dörfler, die Ungebildeten und die Arbeiterschichten. Sie liefert ihnen Schlagworte. Nichts als Schlagworte. So ist unser Nationalcharakter.«

Was er mit Nationalcharakter meine, wollte ich wissen.

»Den Menschen bei uns geht es nicht primär um unser Land.«

»Worum geht es ihnen?«

»Um *gar nichts.*« Er lachte. »Haben Sie das nicht gemerkt? Denen ist alles egal.«

***

An diesem ersten Tag, den ich in Ajmer verbrachte, schien die Wahl weit weg zu sein. Die Einspänner trugen Reklameplakate für den Zirkus Apollo; überall waren die Mauern mit Slogans bemalt, die in Hindi für Geburtenkontrolle warben. Es war Dienstag, der Tag des allwöchentlichen Gottesdienstes im Hanuman-Tempel; Affen aus dem Tempel sprangen auf dem nahe gelegenen Hügel, auf dem das Gästehaus der Regierung stand, von Baum zu Baum. Oben vom Hügel hatte man einen Blick auf den See, an dessen Rand Ajmer liegt; nach dem Staub der Straßen war das klare Wasser eine Überraschung. Scharen von Wäschern droschen am Seeufer die Baumwollgewänder der Armen erbarmungslos auf die schwarzen Felsen; sie schwangen die nassen, zu Strängen gewundenen Kleidungsstücke in einer kreisförmigen Bewegung und stöhnten bei jedem Schlag um die Wette.

Die Sonne stieg höher. Der braune Dunst hob sich über den braunen Hügeln. Die Wäscher breiteten die weißen und farbigen Baumwollbahnen aus und gingen weg. Milane schwebten über dem See, über dessen Rändern Mückenschwärme wie Zigarettenrauch wirbelten und zerstoben, um sich dann neu zu formieren. Von der weißen und ockerfarbenen Stadt unten mit ihren flachen Dächern tönte ein Lautsprecher herauf: Kinos, die ihre Attraktionen anpriesen. Am späten Nachmittag Musik: ein Hochzeitszug.

Im Kalender von Ajmer drängten sich die Termine. Am Samstag fand die neunundachtzigste Preisverleihung im

Mayo-College statt, einem der wichtigen indischen Internate nach dem Vorbild der englischen Public Schools, das für die Erziehung von Fürstensöhnen gegründet worden war. Drei Tage danach dann das hinduistische Fest Schiwratri und die Eröffnung der Blumenschau von Ajmer. Nach dem Durcheinander auf der Hauptstraße – dem vielfältigen Verkehr, den Kühen, dem Abfall, dem Staub, den offenen Essensbuden – entpuppte sich Ajmer selbst als geradezu übertrieben ordentlich. Da war die Stadt der Eisenbahn mit ihren großen Lokomotivschuppen und ihren streng nach Dienstgrad abgestuften Behausungen. Da war die mittelalterliche Stadt mit ihren engen Gassen rund um das berühmte muslimische Heiligtum, einen Wallfahrtsort. Da waren die neueren Wohngebiete; da war der Basar, eine Erweiterung des Durcheinanders auf der Hauptstraße; und da waren die wohlgeordneten Flächen des Mayo-Colleges, wo nur die Dienstbotenunterkünfte von Indien zeugten.

Jenseits der braunen Hügel lagen die kleineren Städte und die Tausende von Dörfern, die den Wahlbezirk bildeten, wobei jedes der Dörfer die gleiche Aufteilung und Anordnung aufwies wie Ajmer selbst: jeder in seiner Kaste, seiner Gemeinschaft, seiner Sippe – Unterscheidungen, die weder rein ethnisch noch rein sozial waren, so, als würde in einem englischen Dorf, wo alle mehr oder minder gleich aussahen, die gleiche Sprache sprachen und der gleichen Religion anhingen, jedermann sich daran erinnern, dass er Däne oder Angelsachse oder Jütländer war, und sich nach wie vor seinesgleichen verbunden fühlen. Kuh-mit-Kalb, Spinnrad; Arm und Reich, Linke und Rechte: Konnten diese Unterteilungen überhaupt greifen?

Am Abend ging ich ins Honeydew, eines der drei als solche zu bezeichnenden Cafés in Ajmer, die in dieser Stadt mit ihren 300 000 Einwohnern mit Mühe und Not überleben konnten. Das Café hatte Klimaanlage, war in trübes Licht getaucht und die Kellner trugen Weiß. Ein junger Mann, mit dem ich ins Gespräch kam, erzählte mir, das Honeydew werde von den Jungen und »Modernen« in Ajmer frequentiert. Er sagte das mit höhnischem Grinsen, wollte aber doch kundtun, dass auch er zu den Modernen zählte. »Mein Vater konnte halbwegs lesen und schreiben. 1920 ging er zur Eisenbahn und quittierte siebenunddreißig Jahre später den Dienst. Dann starb er. Am Ende seines Lebens verdiente er dreihundert Rupien monatlich. Mein Vater betrachtete das als sein Los, sein Karma. Was er in einem früheren Leben gesät hatte, erntete er in diesem Leben. So bin ich nicht. Ich verdiene nur vierhundert. Aber wenn die Leute meinen Anzug und meinen Schlips anschauen und sehen, dass ich im Honeydew verkehre, halten sie mich für reich.«

Eine Tasse Honeydew-Kaffee kostete etwa drei Pennies. Man konnte beim Kellner eine Zigarette bestellen und bekam eine offene Schachtel auf den Tisch gelegt; man zahlte nur für die, die man herausnahm. Der Luxus in Indien war bescheiden und kleine Gesten nahmen den Charakter großer Trotzhandlungen an. Einen Schlips zu tragen, wo Geld seit ewigen Zeiten Seltenheitswert hatte, im Honeydew einen Kaffee zu trinken: Das war mehr als extravagant. Damit lehnte man sich gegen sein Karma auf, stellte den väterlichen Glauben grundlegend in Frage.

Und von Auflehnung sprach auch Mr Desai, vormals stellvertretender Ministerpräsident unter Mrs Gandhi, jetzt aber in der Opposition und auf Seiten Mr Mukuts, an diesem Abend im Naya-Basar. In den Gassen des Basars erstrahlten die auf ihren Plattformen ruhenden schmalen Läden in hellem elektrischen Licht und lockten Kundschaft. In dem weiten, offenen Areal des Naya-Basars selbst, über den Köpfen der Menge, über den Fahnen und Fähnchen und Plakaten, die die Straße überspannten, und am Ende zweier Reihen kleiner Leuchtstoffröhren erhob sich eine weitere Plattform, sehr sauber und sehr hell, und dort redete Mr Desai, der keineswegs aussah wie vierundsiebzig – zu seinen

Füßer, Mr Mukut und Mr Kaul und natürlich noch andere Honoratioren –, über die »Indira-Psychose«, die Verstaatlichungen und darüber, dass die Verfassung bedroht sei.

Auf den ersten Blick wirkte das Ganze, um es mit dem in Indien beliebten Wort zu sagen, »anspruchsvoll«. Aber in dieser Straße, vor dieser Menge eine Ansprache, ohne dass auf die so sichtbare Not eingegangen, ohne dass für die Zukunft etwas versprochen wurde! Eine Wahlrede, in der im Tone persönlicher Kränkung über Fragen der Wirtschaft und des Rechts doziert wurde! Und als Mr Desai auf die Verstaatlichungen zu sprechen kam, war das für ihn keine wirtschaftliche Frage. Er sprach über einen Akt der Auflehnung, über eine Bedrohung der gesellschaftlichen Ordnung und des *dharma*, über ein Sakrileg, das die Welt erschütterte. Anstelle dieser Auflehnung hatte er sich, seine Person, anzubieten: seine Gandhi-Kappe, sein weißes Streichgarn, seine schlichte braune Weste, seinen wohlbekannten Asketismus, seine gandhische Gewohnheit, Garn zu spinnen: all diese persönlichen Qualitäten, die er in langen Jahren des Dienstes ausgebildet hatte. Religion, *dharma*, der hinduistisch »rechte Weg« als politisches Bekenntnis: Bei der Menge fand, was er sagte, Resonanz. Sie hörte achtungsvoll zu; es wurde sogar leise applaudiert.

Garibi Hatao, Weg mit der Armut: Man konnte verstehen, warum noch niemand vor Mrs Gandhi diesen simplen politischen Slogan aufgebracht hatte. Und man konnte auch verstehen, warum in Ajmer behauptet wurde, die Wahlkampfparolen – Weg mit der Armut, Weg mit Indira – seien zu abstrakt und abgehoben. Für Wahlen zum Parlament des Bundesstaats würden sich die Leute mehr interessieren, hieß es, weil da die Politiker mit unmittelbareren Problemen der Kaste und der Gemeinschaft Punkte machen und handgreiflichere Prämien in Aussicht stellen könnten: eine geteerte Straße, einen Wasserspeicher, Elektrizität.

Am gleichen Abend indes, weniger als dreißig Kilometer

entfernt, auf der Straße nach Jaipur, wurde der sechsundvierzigjährige Maharadscha von Kishangarh, der für die Opposition politisch aktiv und Mitglied des bundesstaatlichen Parlaments war, ermordet.

Kishangarh gehörte zum benachbarten Wahlbezirk. Es zählte zu den unbedeutenderen Fürstentümern Rajasthans – in der Form, in der es 1947 existierte, umfasste das Staatsgebiet wenig mehr als tausendsechshundertachtzig Quadratkilometer. Der Maharadscha aber war blutsverwandt mit den großen Fürstenhäusern. In Ajmer kannte man ihn gut. Er spielte Badminton im Ajmer Club und Tennis auf der Anlage des Mayo-Colleges.

An diesem Abend wollten er und die Maharani zu einer Hochzeit fahren. Sie waren gerade im Aufbruch, als das Telefon klingelte. Kishangarh nahm das Gespräch selbst entgegen. Dann sagte er der Maharani, er müsse kurz weg und werde in zehn Minuten wieder da sein. Als er den Palast in einem kleinen Fiat indischer Produktion verließ (er fuhr selbst), hatte er einen Revolver und reichlich Munition dabei, außerdem etwa tausendfünfhundert Rupien. Ein paar Kilometer vom Palast entfernt, auf der Straße zwischen Jaipur und Ajmer, hielt das Auto an oder wurde angehalten; der Schuss traf Kishangarh ins rechte Ohr. Sein Revolver war verschwunden; das Geld hatte man nicht angerührt.

Das war die Geschichte, die am nächsten Morgen publik wurde. Und er bot einen seltsamen Anblick, um elf, im gleißenden Wüstenlicht, die Straße gesäumt von Neembäumen und Kaktus, das löchrige braune Land übersät mit Dornbüschen – er bot einen seltsamen Anblick, der kleine »champagnergrüne« Fiat, wie er, weder fürstlich noch tragisch, ohne einen einzigen Kratzer, keine einzige Scheibe zerbrochen, nur an der Tür auf der Fahrerseite eine blutige Fingerspur, still am sandigen Rand der Straße stand, mit der vorderen Stoßstange an einem hohen Gebüsch aus *ker*-Sträuchern, von deren roten Blüten man ablesen kann, wie stark der Monsun sein wird. Das fürstliche Nummernschild, weiß auf rot, auf dem *Kishangarh, Nr. 22* steht. Eine Reihe von Steinen markierte die Spur, auf der das Auto von der Straße abgekommen war. Auf der anderen Straßenseite standen die Jeeps der Bezirkspolizei und eine Gruppe von Bauern in *dhoti* und Turban.

Auch einige lokale Politiker waren gekommen, unter ihnen Mr Makrana, klein und dick und grimmig, in staubigen Hosen, einem abgetragenen Pullover und einem schneeweißen Musselinturban, der in Form und Größe an den Reifen eines Motorrollers erinnerte. »Ich bin ein Marwari«, sagte er, »und wir Marwari tragen diese Turbane, weiß oder khakifarben, bei traurigen Todesfällen, Begräbnissen.« Mr Makrana war Mitglied des Parlaments des Bundesstaats und Einpeitscher in der Partei, der auch der Maharadscha angehört hatte. »Der Maharadscha war uns mit seinem Einfluss sehr angenehm. Hinter diesem Mord steckt jemand von ganz oben.« Mr Makrana hatte vormals ungefähr tausend Hektar Land besessen. »Ich verlor mein Land, als das *jagir*-System abgeschafft wurde.« Unter diesem System erhielt er von seinen Pächtern ein Drittel oder die Hälfte dessen, was sie erwirtschafteten. »Mit diesem Anteil konnten wir unseren Unterhalt bestreiten. Jetzt bin ich im Marmorgeschäft. Nur von der Politik könnte ich nicht leben. Ich lebe vom Marmor. Die Politik ist nur mein Zeitvertreib.« Dann ließ er mich allein und fing an, auf der Straße vor den regungslosen Bauern auf und ab zu gehen, mit einem verdrießlichen Ausdruck in seinem starren, rundlichen Gesicht und seinem weißen Turban auf dem Kopf, ostentativ um ein Mitglied seiner Partei trauernd.

Der Bezirksrichter von Ajmer im Anzug und zwei leitende Polizeibeamte in Khaki-Uniform kamen in einer schwarzen Limousine, an der ein blauer Polizeistander flatterte. Die Bauern sahen aufmerksam zu; auch Mr Makrana blieb stehen, um die Vorgänge zu beobachten. Ein lächelnder Offizier mit grünem Barett, Unterinspektor der Hundestaffel von Jaipur, traf ein und erstattete Bericht. Und dann erschien Mr Kaul, Mitglied des indischen Oberhauses. Er kletterte behände aus seinem Auto – enge, modisch gefältelte Hosen, langer brauner Rock – und eilte über die Straße zu den Beamten, mit dem Gebaren eines Mannes, der gewöhnt ist, überall mit offenen Armen empfangen zu werden. Dann besah er sich ernsten Gesichts, als handele es sich um den Leichnam selbst, den Fiat.

Mr Kaul war nicht der Typ für weiße Turbane und ländliche Trauer. Sein Betragen verriet Neu-Delhi und es dauerte nicht lange, da gab er auf Englisch eine Stellungnahme ab: »... feiger Mord ... allgemeines Klima der Gesetzlosigkeit und Gewalt ... Führer der herrschenden Partei, angefangen von der Ministerpräsidentin bis ganz nach unten ... die der von ihnen als kapitalistisch, industriell und feudal bezeichneten Ordnung so verunglimpfende Namen beilegen ... womit sie Gefühle und Ressentiments der Massen, insbesondere der Jugend aus den unteren Gesellschaftsschichten, anheizen ...«

In Kishangarh waren die Läden geschlossen, aber in den Straßen wimmelte es von Menschen, von schlechtentwickelten, dünnknochigen Bauern aus dem Landesinneren, die sich, sofort nachdem die Nachricht sie morgens erreicht hatte, zu Fuß oder per Fahrrad auf den Weg zum Palast gemacht hatten. Kishangarh war eine heruntergekommene indische Provinzstadt, mit neuen Betonbauten, die oben von Balkonen und Balustraden strotzten, während sie auf Straßenniveau das nackte Elend verkörperten, mit primitiven Anbauten und Verschlägen, deren Dächer aus Segeltuch oder Stroh bestanden. Die Asphaltstraße glich einem unordentlichen schwarzen Pfad zwischen Staub und Dung, unbefestigten Gehwegen, Abfallhaufen und altem Schotter. Dann, plötzlich, tauchte ein See auf und in der Mitte des Sees ein altes steinernes Gebäude, vielleicht ein Sommerpavillon, und am Ende der Uferstraße des Sees die hohen Mauern der Festung von Kishangarh und die Altstadt.

Drinnen war bereits der Leichenzug zur Verbrennungsstätte und zu dem dort aus Sandelholz und anderen Dufthölzern aufgetürmten Scheiterhaufen unterwegs. An der Straße und auf den Mauern drängten sich die Leute, in den Farben des bäuerlichen Rajasthans, Rot, Orange und Safrangelb, erstrahlend. Der offene Jeep mit dem Leichnam kam durch das Palasttor gefahren. Die Verwandten des toten Maharadschas trugen Weiß, hierzulande die schreckliche Trauerfarbe.

Am Nachmittag stand der Fiat unverändert an der alten Stelle, mit der Stoßstange am *ker*-Gebüsch. Einige der Markiersteine lagen verstreut. Niemand passte jetzt mehr auf. Ein Stück entfernt saßen zwei oder drei Bauern im Schatten eines Dornstrauchs. Die braunen Hügel wirkten fahl in der gleißenden Sonne. Die private Tragödie war vorbei. Mr Mukut und Mr Kaul hatten bereits auf einer Kondolenzveranstaltung Ansprachen gehalten.

Die Kishangarh-Affäre hatte Mr Bishweshwars Zeitplan durcheinandergebracht, und als ich zu seinem Haus fuhr, war nur seine Frau dort. Das Haus lag auf einer freien Fläche am Ende einer unbefestigten Straße; dort hatte auch Mr Mukut seine Anwaltskanzlei. Die zwiespältige Fahne der Kongresspartei hing schlapp in dem kleinen Garten, wo aus kahler Erde Blumen und Sträucher wuchsen.

Man hatte mir erzählt, Mr Bishweshwar lebe schlicht. Die von Gitterwerk eingezäunte Veranda, auf der ich zuerst saß, wirkte mit ihrem primitiven Mobiliar und ihrem schmutzigen Mattenbelag dunkel, angestaubt, hausbacken. Die kleine Terrasse im Obergeschoss machte mit ihrem nackten Betonboden und ihren Korbstühlen (heimische Produktion, fünf Rupien das Stück), die nach Bedarf herausgeholt wurden, einen noch weniger kultivierten Eindruck. In einem kleinen Raum neben der Treppe hockte eine Hausangestellte und scheuerte Geschirr. Ein hinduistisch-bäuerliches Hausinneres: Abgesehen vielleicht vom Telefon deutete nichts darauf hin, dass ich mich hier im Haus einer der politisch aufstrebendsten Familien Rajasthans befand und dass Mrs Bishweshwars Vater zu seiner Zeit ein bekannter Politiker und so heftig verstrickt in Fraktionskämpfe mit Mr Kaul war, dass sich Mr Nehru persönlich einschalten musste.

Mrs Bishweshwar erwies sich als eine hübsche Frau von dreiunddreißig, hellhäutig und leicht spitzgesichtig, den Kopf züchtig mit einem dunkelroten Sari bedeckt. Anfangs sprach sie nur Hindi. Englisch könne sie nicht gut, sagte sie; später aber entspannte sie sich, und wie sich herausstellte, sprach sie tadelloses Englisch. Erzogen worden war sie in einer ländlichen Schule, die ihr Vater gegründet hatte. Dort hatte sie klassische indische Musik studiert und spinnen gelernt. Später schloss sie dann in Musik, Englisch und Hindi-Literatur ihr Studium mit dem untersten akademischen Grad ab. Ans Spinnrad setzte sie sich noch immer. »Ich glaube an Gandhis Lehren.« Die Beschäftigung mit der Literatur aber hatte sie aufgegeben. »Ich mag moderne Literatur nicht. Ich kann sie nicht verstehen. Ich mag auch die moderne Hindi-Literatur nicht. Ich mag Shakespeare, Browning, Shelley.«

Das politische Leben gefiel ihr nicht. »Mein Mann ist kein Politiker. Er ist ein Werktätiger.« Das war der Gandhische Ausdruck: ein Vollbringer guter Werke. »Auch ich glaube inbrünstig an die Aufgabe, das Los der Unterdrückten zu verbessern. Aber ich möchte im Stillen wirken. Ich möchte für mich keine öffentliche Anerkennung. Für meinen Mann allerdings wünsche ich mir weit mehr. Die Menschen sollen seine Fähigkeiten anerkennen. Wenn er ein ehrlicher, hart arbeitender Mensch ist, sollen die anderen das auch erfahren.«

Mr Bishweshwar traf ein, groß und dick, in Hosen und braunem Sporthemd. Er wirkte gehetzt und außer Atem; die Kishangarh-Affäre hatte ihn unverkennbar mitgenommen. Er hatte außerdem eine Versammlung in einem Dorf namens Saradhna verpasst und dorthin brachen wir unverzüglich auf, begleitet – sei es, um an diesem unheilvollen Tag für ein bisschen Heil zu sorgen, sei es aus Gründen der Pietät – von einem kleinen, energischen *sadhu*, der von Kopf bis Fuß safrangelb eingekleidet war. Der *sadhu* machte den Eindruck, vor Kälte zu zittern; jedenfalls suggerierte das seine safrangelbe Kopfbedeckung, eine raffiniert aus einem Baumwolltuch geknüpfte Kreuzung aus Mitra und Narrenkappe, mit Klappen über den Ohren.

Das typische Dorf in Rajasthan besteht aus einer Masse dicht zusammengedrängter Häuser, die kaum freien Raum kennt. So war auch Saradhna. Wir hielten bei den beiden Teebuden, deren Feuer im Dunkeln leuchteten. Niemand war da, um uns zu begrüßen, und wir zogen zu Fuß los, um im Bogen auf die andere Seite des Dorfs zu gelangen. Dann aber schlug Mr Bishweshwar den Weg quer durch das Dorf ein, mit Riesenschritten Staub aufwirbelnd, an seinen Fersen den rennenden *sadhu*, dessen Ohrklappen vom Kopf abstanden. Wir rasten vorbei an entlaubten Bäumen, über Abfallhaufen, passierten holprige Höfe, überquerten mit Unrat gefüllte Abwasserkanäle. Die enge Gasse wand und schlängelte sich und öffnete sich abrupt zu winzigen Plätzen. Wir kamen an einer Gruppe von Rauchern vorbei, die, um eine Messingplatte mit den Rauchutensilien geschart, friedlich im dicken, warmen Staub saß. Dann hatten wir plötzlich das Dorf hinter uns und befanden uns wieder in der Nähe der Teebuden.

Ein paar Männer traten an Mr Bishweshwar heran und flüsterten. *Unanimous, einstimmig*: das englische Wort war aus all dem Hindi deutlich herauszuhören. Nicht weit entfernt hockte ein Mann im Staub und kochte irgendetwas

Undefinierbares in einem winzigen schwarzen Topf über einem gewaltigen Strohfeuer.

»Sie haben eine eigene Versammlung abgehalten«, erklärte mir Bishweshwar. »Das ganze Dorf hat beschlossen, mich zu unterstützen.«

»*Unanimous*«, sagte ein Dörfler mit schwarzer Kappe und schwenkte den Kopf hin und her. Der Sache weiter nachzugehen schien schwer, und so waren wir, ehe ich's mich versah, mit unserem Besuch am Ende.

Auf der Rückfahrt nach Ajmer kam mir der Einfall, dass Mr Bishweshwars Hosen und Hemd für einen im Wahlkampf stehenden Politiker der Kongresspartei ungewöhnlich waren. »Sie tragen also kein Streichgarn«, sagte ich.

Er fasste das als Kritik auf. Er zupfte an der Manschette seines braunen Sporthemdes und sagte: »Das hier ist Streichgarn. Manchmal trage ich Hosen, weil es bequem ist. Aber ich trage auch häufig das *dhoti*. Ich mag das *dhoti*.«

Er hatte also nur seine Uniform nicht an. Er war nicht, wie ich vermutet hatte, der Politiker neuen Stils, der Mrs Gandhis neuartigem Wahlkampf entsprach. Er war der typische Vertreter der Kongresspartei, durchaus traditionell gesinnt; seine Prinzipien hatte er nach eigenem Bekunden von seinem Onkel eingeimpft bekommen. Als die Kongresspartei sich spaltete und Mrs Gandhi sich als Chefin einer Minderheitsregierung wiederfand, hatte die Führung der bundesstaatlichen Kongresspartei gezögert, auf welche Seite sie sich schlagen sollte, und Mr Bishweshwar hatte, wie er zugab, zusammen mit ihnen geschwankt. Als sie sich für Mrs Gandhi erklärt hatten, hatte er sich ihnen angeschlossen. Die Politik neuen Stils war allein Mrs Gandhis Sache, war ausschließlich ihr Werk. In Rajasthan blieb die Organisation der Partei, die ganze Struktur des Machtapparats unverändert. Mrs Gandhi war es, die diese Partei, die seit der Unabhängigkeit an der Macht war, so verwandelte, dass sie den Anschein einer Protestpartei bekam.

Für Mr Bishweshwar blieb es allerdings ein Hasardspiel. Im Jahr 1967 hatte er 145 000 Stimmen bekommen; sein Hauptgegner von der Partei mit Namen Jan Sangh (Nationalpartei) hatte 108 000 Stimmen erhalten. Damals hatte Mr Bishweshwar aber die Unterstützung von Mr Mukut und dem Maharana von Udaipur. Diesmal unterstützten Udaipur und die Jan Sangh Mr Mukut. Udaipur nahm Mr Bishweshwar unter Umständen radschputische Stimmen ab; möglich, dass sich auch die Kishangarh-Affäre auswirkte.

Am Abend brach Mr Bishweshwar zu einer zweitägigen Tour durch die ländlichen Regionen auf. In seiner Wahlkampfzentrale – sie befand sich im Erdgeschoss einer Villa: ein kahler Hauptraum mit einem leeren Kamin, hohe, blaue Wände mit kleinen, länglichen Fenstern direkt unterhalb der Decke, abgetretene Teppiche auf dem rissigen Betonboden, kleine Nebengelasse, umschlossen von Gitterwerk und Maschendraht –, inmitten seiner Wahlhelfer, manche von ihnen bezahlte Kräfte (vierzig Rupien, monatlich zwei englische Pfund, für zwei Stunden am Tag), manche selber auf unteren Ebenen politisch aktiv, deren bäurische Art die revolutionären Parolen auf den Plakaten aus Neu-Delhi Lügen strafte, inmitten der kleinen barfüßigen Jungen, die auf dem Boden saßen und Plakate aus Pappkarton mit *Wählt Bishweshwar* bemalten – in dieser Umgebung machte er einen wahrhaft gequälten Eindruck.

Auch Mr Mukut hatte freilich seine Probleme. Offiziell war er der Kandidat der Opposition oder des Teils der Kongresspartei, der sich Organisationskongress nannte. Aber der Organisationskongress besaß in Ajmer keinen Verband. Mr Mukut war auf die Parteiorganisation der Jan Sangh angewiesen und mit der Jan Sangh war er bis vor kurzem noch verfeindet gewesen. Die Führungen der beiden Oppositionsparteien hatten ein Bündnis geschlossen; sie hatten sich auf eine Verteilung der Sitze geeinigt und Ajmer war dem Organisationskongress und Mr Mukut zugefallen.

Die Jan Sangh in Ajmer hatte vorgehabt, ihren eigenen Kandidaten aufzustellen. Jetzt mussten sie Mr Mukut unterstützen, und dem Vorsitzenden des Ortsverbandes von Jan Sangh, Mr Sharda, der sich 1967 um den Parlamentssitz beworben hatte, gefiel das gar nicht. »Das hier ist ein Parlamentssitz der Jan Sangh, und ein Mann aus der Jan Sangh hätte den Wahlkampf führen müssen. Ich wäre ein besserer Kandidat gewesen als der Mann, den sie aufstellten. Haben Sie ihn gesehen? Er ist ein alter Mann von achtundsechzig Jahren, blind, kann nicht sehen. Ständig kommen unsere Leute zu mir und wollen von mir wissen, warum die Jan Sangh sich nicht um den Sitz bewirbt, warum ich diesen blinden, alten Mann unterstütze.«

Und das Bündnis war auch ungewöhnlich. Die 1951 gegründete Jan Sangh habe an Stärke gewonnen, erklärte Mr Sharda, weil die Kongresspartei korrupt sei; die meiste Zeit über habe aber Mr Mukut in der Kongresspartei Ajmers das Sagen gehabt. Allerdings zeichnete sich die Jan Sangh nicht nur durch ihren Kampf gegen die Korruption der Kongresspartei aus. Die Kongresspartei war nicht konfessionell gebunden; Mr Mukut hatte sich als Verteidiger muslimischer Rechte einen Namen gemacht. Die Jan Sangh hatte sich in Nordindien als militant hinduistische Partei hervorgetan; sie hetzte die Hindus gegen die Muslime auf und, innerhalb der hinduistischen Gemeinschaft, den arischen, Hindi sprechenden Norden gegen den drawidischen Süden. Sie behauptete, die Minderheiten würden gehätschelt, und gab die Parole »Indien den Indern« aus. Später dann, als sie parlamentarische Macht witterte, schwächte die Jan Sangh ihren von Gruppendenken geprägten Kampf fürs Ariertum ab und erklärte den Kommunismus für den Hauptfeind; aber ihr Ruf als Volksgemeinschaftspartei blieb ihre Stärke.

»Wir wollen nicht von Russland oder Kossygin Ideen

geliefert bekommen«, sagte Mr Sharda. »Wir besitzen eine Überlieferung, eine Kultur. Wir haben die Veden, das älteste Buch der Menschheit. Mit Hilfe des Lichtes der Veden haben andere Völker ihre Kultur entwickelt. Solch eine uralte Überlieferung gibt uns die Überzeugung, dass wir eine große, edle Rasse sind. Mein Großvater, Harbilas Sharda, hat ein Buch mit dem Titel *Die Überlegenheit der Hindus* geschrieben. In den dreißiger Jahren des zwanzigsten Jahrhunderts. Er hat alle Fakten und Zahlen zusammengetragen, um zu beweisen, dass die hinduistische Rasse anderen überlegen ist.«

Mr Sharda war in seinen Fünfzigern, ein kleiner Mann von gedrungenem Körperbau, der in einem gestreiften, braunen Anzug steckte. Er trug getönte Brillengläser; mochte er auch tief gekränkt von dem »blinden alten Mann« reden, seine eigenen Augen waren nicht viel besser. Tatsächlich hatten ihn Augenprobleme dazu bewogen, seine Tätigkeit als Jurist aufzugeben und als Makler auf Provisionsbasis in den Handel mit Zement und Tuch einzusteigen. Er wohnte in einem neuen Betonbungalow am Fuße des Gästehaus-Hügels, vor sich eine Felswand, die mit trocknenden Kuhfladen beklebt war. In seinem Empfangszimmer stand eine Vitrine mit Nippes; Weinzweige wuchsen aus Whiskyflaschen, die eine braun, die andere grün. An der weißen Wand hing ein Bild, eine Art koloriertes Foto, von Harbilas Sharda, dem Verfasser von *Die Überlegenheit der Hindus*: Es zeigte einen sanften alten Brahmanen mit hängendem Schnurrbart, der zur Zeit der Briten als gewähltes Mitglied der Zentralen Gesetzgebenden Versammlung angehört hatte und den Titel Dewan Bahadur (eine Stufe unter dem Ritterstand) verliehen bekam; in Indien kannte man ihn als den Urheber des Gesetzes zur Beschränkung der Kinderehe (bis heute spricht man vom Sharda-Gesetz), durch das 1930 die Verheiratung von Kindern verboten wurde.

»Meine Familie war die erste, die gegen die sozialen Missstände im Land aufbegehrte«, sagte Mr Sharda. Seine Partei aber hatte sich jetzt ebenso sehr dem Schutz der heiligen Kuh verschrieben wie der Herstellung indischer Nuklearwaffen. Einen Widerspruch sah er darin nicht. Wie auch andernorts Parteien auf der äußersten Rechten machte die Jan Sangh mit Wut, mit Talmiwissenschaft und vor allem mit Gefühlsduselei Politik. Sie beschwor Gefahren und Notstände – »Unsere Kultur ist bedroht«, erklärte Mr Sharda – und aus der gegenwärtigen Ohnmacht ließ sie die Vision zukünftiger Macht aufsteigen, so ungetrübt wie die hinduistische Vergangenheit vor aller britischen Herrschaft, vor allen muslimischen Eroberungen.

»Wir brauchen die Atombombe für die Sicherheit unseres Landes. Aber das ist eine Frage unserer gesamtindischen Politik. Darüber rede ich nicht allzu viel mit unseren Dörflern.« Die Kuh sei etwas anderes. »Unserem Gefühl nach ist die Kuh ein sehr wichtiges Tier in unserem Land, das ja ein Agrarland ist; weil sie so wichtig ist, darf sie nicht geschlachtet werden. Wir haben in Delhi einen Kandidaten, Mr Ram Gopal Shalwala, der ausschließlich dafür kämpft. Der Staat müsste für Schutz sorgen und für gute Bullen für eine bessere Zucht. Auch die Versorgung mit Futter muss verbessert werden, weil es in dieser Gegend häufig Hungersnöte gibt und Tausende von Tieren Hungers sterben.«

Dass Muslime etwas dagegen hätten, glaube er nicht. »Muslime, die in Dörfern leben und Ackerbau treiben, leben gern wie die Hindus. Nur die gebildeten Fanatiker sind es, die zwischen Hindus und Muslimen diese Kluft aufreißen wollen, um ihre egoistischen Ziele zu verfolgen.« Später freilich, als wir darüber sprachen, wem die vierzigtausend Muslime wohl ihre Stimme geben würden, sagte er auf seine ehrliche, von Erbitterung freie Art: »Sie werden gespalten sein. Aber die Mehrzahl der muslimischen Stimmen bekommt normalerweise nicht die Jan Sangh.«

Als ich mich gerade verabschiedete, brachte ein barfüßiger Dienstbote in zerrissenem *dhoti* die für die Region bestimmte Ausgabe von *The Motherland* herein, der neuen englischsprachigen Tageszeitung der Jan Sangh, die in Delhi herauskam. Die Kishangarh-Geschichte und der Vorwurf des politischen Mordes nahmen nach wie vor die Titelseite ein.

Die Jan Sangh werde die muslimischen Stimmen nicht bekommen. Mr Mukut hoffte aber, dass er persönlich sie bekommen werde – wegen früherer Verdienste, die er sich um die Muslime erworben habe. Das erklärte er, als er sich nach einigen abendlichen Wahlreden, die gut aufgenommen worden waren, in Hochstimmung befand und sich offenbar in der Hoffnung wiegte, dank seines Bündnisses mit den einstigen Feinden der Gegenseite praktisch gar keine Stimmen mehr übrig gelassen zu haben.

Wir fuhren in einem der Wahlkampf-Jeeps von Ajmer zur Garnisonsstadt Nasirabad, durch einen Landstrich, den acht Jahre ununterbrochene Dürre fast in Wüste verwandelt hatten. Zwischen dem Fahrer und mir saß – oder vielmehr lagerte zurückgelehnt – Mr Mukut, klein, zerbrechlich, in *dhoti* und schwarzer Weste leichtgewichtig hin und her schwankend, der zierliche Kopf weit zurückgeworfen, die blinden Augen geschlossen, die feingliedrigen Hände ab und an wild ins Leere greifend. Manchmal öffnete und schloss sich zwischen den Sätzen sein breiter, ausdrucksvoller Mund, ohne dass er ein Wort herausbrachte; es sah dann aus, als schnappe er nach Luft. Seine Milde und seine Gebrechlichkeit veranlassten jeden, der ihm nahekam, zu rücksichtsvollem Betragen; während ich mich zu ihm hinneigte, um seine hohen Worte zu verstehen, hatte ich gelegentlich eher das Gefühl, einen redseligen Kranken ins Krankenhaus zu expedieren, als mit einem der führenden Politiker Rajasthans von einer Wahlkampfveranstaltung zur nächsten zu rasen.

In Ajmer war eine Broschüre aufgetaucht, in der die Anhänger von Jan Sangh aufgefordert wurden, Mr Mukut zu boykottieren. Es handele sich nur um einen weiteren Trick der Partei Mr Bishweshwars, meinte Mr Mukut; die Loyalität seiner Wahlhelfer von der Jan Sangh habe ihn überrascht. Mr Mukut redete nicht so sehr wie jemand, der einsah, welche Fehler er selbst als Mitglied der Kongresspartei begangen hatte, sondern vermittelte eher den Eindruck eines Mannes, der endlich offen über die Fehler der Partei sprechen durfte. Die Jan Sangh habe der Kongresspartei Korruptheit vorgeworfen. Der Vorwurf treffe zu, meinte Mr Mukut. »Die Macht hat uns korrumpiert. Unsere Politiker waren nur noch dem Namen nach Gandhianer.« Er selbst aber habe dagegen nichts machen können; er sei nie Minister gewesen. Und moralische oder politische Bedenken bereitete ihm sein Bündnis mit der Jan Sangh nicht. Seine Position war einfach: Er kämpfte als Anhänger Gandhis gegen die Kongresspartei Indiras, der die Legitimität fehle, die kommunistisch sei und die sich verwestliche.

»Gandhis Ideologie war völlig anders als die Ideologie westlicher Politiker. Seiner politischen Taktik liegt das Prinzip zugrunde, dass die Mittel nicht weniger gerecht sein sollten als der Zweck.« Von Mrs Gandhi lasse sich das nicht sagen, meinte er. Er machte sich auch Sorgen wegen der Verstaatlichungen. »Sie werden das Land ruinieren. All unsere Unternehmen im Staatsbesitz werden so schlecht geführt.« Seine Unterstützung des Privatunternehmertums rückte ihn in die Nähe des massiven Antikommunismus der Jan Sangh. Aber wie es schien, ging es Mr Mukut dabei nicht um ökonomische Leistungskraft und Kapitalismus. Wenn er sich gegen die Verstaatlichungen wandte, dann im Rahmen einer umfassenden Gandhischen Skepsis gegenüber dem Maschinenzeitalter. Die Maschine habe den Westen zugrunde gerichtet, hatte Mr Mukut vernommen; die Maschine werde auch Indien zerstören. »Was ich besonders an Gandhi bewunderte, war, dass er 1931 in einem *dhoti* den Buckingham Palace betrat.«

Warum das bewundernswert sei, wollte ich wissen.

»Weil er der Welt das arme Indien bildhaft vor Augen führte.«

»Mr Nehru hat gesagt, in einem Land, das so arm wie Indien sei, laufe man Gefahr, die Armut zu vergöttern.«

»Hat er das gesagt?« Mr Mukut hielt inne. Der Gedanke war für ihn neu, »westlich« und möglicherweise intellektuell nicht zu bewältigen. »Das habe ich ihn nie sagen hören.« Er öffnete und schloss lautlos den Mund und glich mit dem zurückgeworfenen Kopf und den geschlossenen Augen erneut einem nach Luft ringenden Kranken.

Wir fuhren an dem neuen, noch vom Bambusgerüst umgebenen Schiwa-Tempel vorbei, den die Bauern gebaut hatten, um das Ende der achtjährigen Dürre zu feiern. Er erhob sich weiß in einer Einöde aus jungen Dornbüschen. Hier hatte einmal Wald gestanden, aber gegen Ende der Dürre, es herrschte Hungersnot, hatte man ihn gefällt, weil man Holzkohle brauchte. Und dann erreichten wir das Militärgebiet: alte und neue Baracken auf der kahlen Erde, Soldaten mit Gewehren über der Schulter, die in Zweier- oder Dreiergruppen auf der Asphaltstraße rannten.

Die Hauptstraße von Nasirabad erstrahlte vom Glanz der Obst- und Gemüsestände. Hier hielten wir an. Viele ehrerbietige Hände halfen Mr Mukut aus dem Jeep und führten ihn, dessen Schultern und Arme schlaff herunterhingen, zwischen den Gemüseständen hindurch und über den schmalen Gehsteig in ein dunkles, kleines Büro, über dessen Eingangstür draußen staubige gerahmte Zeugnisse der Universität Lucknow und drinnen leuchtend farbige Drucke mit hinduistisch-religiösen Motiven hingen. Wir befanden uns in einem Anwaltsbüro mit einem Glasschrank, der eine ganze Wand einnahm und mit indischen juristischen, in braunes Papier eingeschlagenen Büchern gefüllt war; der Rahmen des Schranks war gelb bemalt und jede Abteilung durch eine grobe rote Markierung gekennzeichnet.

»Er ist einer meiner Schüler«, erklärte mir Mr Mukut.

Der Anwalt, ein Mann mittleren Alters in dunkelbraunpurpurnem Sporthemd, verkündete laut, als solle es die ganze Straße mithören: »Alles, was ich bin, verdanke ich Mr Mukut.«

Sie ließen Mr Mukut in einem Korbsessel Platz nehmen. Sie brachten ihm Tee und eine ausladende, von Fliegen umschwirrte *cachoree*, eine ortsbekannte gebratene Delikatesse.

»Mr Mukut hat mich zu dem gemacht, was ich bin«, sagte der Anwalt. »Er hat vielen Menschen hier unentgeltlich Dienste geleistet. Die Menschen von Nasirabad vergessen so etwas nicht.«

Und während Mr Mukut sich zurücklehnte, die schmächtigen Beine auf den Sessel heraufzog und blind nach der *cachoree* tastete, die man für ihn in kleine Stücke zerbrochen hatte, öffnete und schloss sich sein Mund, als wolle sich ihm ein Seufzer entringen.

Der Anwalt hatte aber den Finger auf die Schwachstelle im Wahlkampf Mr Mukuts gelegt. Einige der im Büro anwesenden Personen waren Mr Mukut interessenhalber verbunden. Die anderen waren Jan Sangh und bei ihnen handelte es sich zum größten Teil um kleine Ladenbesitzer. Selbst der abweisende junge Mann mit schwarzem Lidschatten, der in einem cremefarbenen Anzug steckte und spitze schwarze Schuhe trug, selbst er, ein Lehrer, kam aus einer Ladenbesitzerfamilie. Die Jan Sangh war eine städtische Partei; in den Dörfern hatte sie keine Ortsverbände. Die einzige in den Dörfern organisatorisch präsente Partei war die Kongresspartei. Diese dörfliche Organisation galt es zu erobern und Mr Mukuts einzige Waffe war sein Einfluss. Mr Bishweshwars Stärke bestand in seiner Zugehörigkeit zur herrschenden Partei; eine herrschende Partei besaß ihre Möglichkeiten, Druck auszuüben.

»Ich erzähle Ihnen, wie sie die letzte Nachwahl zum Parlament des Bundesstaats gewonnen haben«, sagte der Anwalt. »Damals litt diese Region Hunger. Die Landbevölkerung war arbeitslos. Der Staatsapparat eröffnete in einer Reihe von Orten Hungerhilfeeinrichtungen. Und die Mitarbeiter der Hungerhilfe wurden mit einer einzigen Parole losgeschickt: ›Wenn ihr die Gegenseite wählt, dann werden die Hilfseinrichtungen dichtgemacht.‹« Und jetzt arbeite die herrschende Partei wieder mit den alten Tricks; diesmal seien es die Unberührbaren oder *harijan*, die sie auf alle nur denkbare Weise köderten, vor allem mit Darlehen der verstaatlichten Banken.

Ein angesehener Christ in Ajmer hatte sich im Gespräch mit mir darüber beklagt, dass die *harijan* infolge der politischen Zuwendung, die sie erführen, außer Rand und Band gerieten. Sie würden zu schnell »hochgebracht«, ehe sie noch richtig »Fuß gefasst« hätten; es habe schon Streiks gegeben. »Bei einigen von ihnen traue ich mich schon nicht mehr, ihnen harte Worte zu sagen«, erklärte der Christ. Mir schien, dass der Anwalt auf seine verblümte, unchristliche Weise etwas Ähnliches zum Ausdruck zu bringen versuchte. Ich fragte also: »Das heißt, sie betragen sich schlecht, diese niederen Kasten?«

»Schlecht?« Der Anwalt verstand meine Frage nicht. Er war Hindu, hatte nicht die christliche Sozialmoral, konnte das Ressentiment des Christen nicht nachvollziehen. Kaste war etwas anderes als Klasse. Niemand, mochte er auch noch so erfolgreich sein, verleugnete seine Kaste oder versuchte, sich über sie zu erheben – so weit unten in der gesellschaftlichen Hierarchie sie auch stehen mochte. Niemand unternahm »Überholversuche«; keine Kaste fühlte sich von einer anderen Kaste in ihrer Sicherheit bedroht. Deshalb geriet der Anwalt ins Stocken. »Nein«, sagte er schließlich,

»*schlecht* benehmen sie sich nicht. Es ist nur so, dass man sie an der Nase herumführt.«

Was aber hatte Mr Mukut zu bieten? Was wollte er den starken Attraktionen der anderen Seite entgegensetzen? Machte er sich zum Beispiel im Wahlkampf für den Schutz der Kuh stark? Mr Mukut wunderte sich über meine Frage. Jedermann in Ajmer kenne die Verdienste, die er sich erworben habe. Während seiner Zeit im Parlament habe er nicht nur für ein Verbot der Schlachtung von Kühen und die Bestrafung der Kuhschlächter gekämpft, sondern auch für das Recht der Kühe, überall ungehindert zu grasen.

»Wir sind zu westlich orientiert«, sagte Mr Mukut. Er hatte sich jetzt aufgerichtet und saß klein und adrett mit gekreuzten Beinen in seinem Korbstuhl. »Gehen Sie in die Dörfer. Jeder im Dorf will mittlerweile Jackett und Schlips tragen. Schauen Sie sich unsere eigene *ayurveda*-Heilkunst an. Wir haben es erst nach langem Kampf geschafft, dass sie anerkannt wurde, mit ihren Heilmitteln, die viel billiger sind als jede moderne Arznei. Und dann sind da die Leitungen.«

»Leitungen, Mr Mukut?«, fragte ich.

»Sogar in den Dörfern. Leitungen in den Dörfern – das geht zu weit. In den großen Städten ist es in Ordnung. Aber in Dörfern ist das gesunde Wasser aus dem Brunnen gut genug. Sie aber bringen jetzt in viele Dörfer Leitungswasser. Zum Brunnen zu gehen und Wasser zu holen, war für unser Frauenvolk eines der Mittel, sich gesund zu erhalten. Jetzt fehlt den Frauen eine entsprechende körperliche Betätigung. So haben wir auch unser eigenes heimisches *chakki* (eine Handgetreidemühle), um auf dem Erdboden unser Korn zu mahlen. Jetzt gibt es stattdessen diese Mühlen, die mit Strom oder Erdöl betrieben werden. Das ganze Dorf schickt jetzt sein Korn in diese Mühlen, mit dem Ergebnis, dass den Frauen jetzt auch diese körperliche Bewegung fehlt. Früher wurde das Getreide sogar in den großen Städten mit diesem *chakki* von der Familie gemahlen. Heute aber wird alles verwestlicht. Das ist moralisch schlecht, weil es sich nachteilig auf die Gesundheit und die Gewohnheiten unseres Frauenvolks auswirkt. Und wenn nicht irgendeine alternative Beschäftigung für sie gefunden wird, dann lässt sie das naturgemäß schlaff und träge werden.«

Und das in einem Gebiet mit Hungersnot! Und aus dem Munde eines Wahlkampfkandidaten! Aber Mr Mukut konnte in die Dörfer gehen und um Stimmen werben, weil er Gandhi-Anhänger war, der um seine großen Verdienste wusste. Verdienste hatte er sich erworben durch den Dienst, den er geleistet, und die Opfer, die er gebracht hatte. Dienst hatte er um des Dienstes willen geleistet, Opfer um der Opfer willen gebracht. »Seit Mr Kaul und ich die Kongresspartei verlassen haben«, sagte Mr Mukut, »gibt es dort niemanden mehr, der sich solcher Dienste rühmen kann. Mr Kaul war im Gefängnis, ich war im Gefängnis.« Demokratie, die Anwaltspraxis, die gesetzgeberische Tätigkeit: diese Reihe verdienstvoller Aktivitäten verschmolz mit einem anderen Handlungskonzept, der Vorstellung vom *dharma*, vom Rechttun der hinduistischen Religion, und die Verzerrungen, zu denen es dadurch kam, wirkten manchmal atemberaubend.

Kishangarh wurde am Dienstagabend ermordet. Am Freitagabend meldete der Gesamtindische Rundfunk, die Polizei habe den Fall »gelöst« und einen Studenten verhaftet. Am Samstag wusste man in ganz Ajmer über das »Geständnis« des Verhafteten in allen Einzelheiten Bescheid und am Nachmittag kursierten in den Straßen bereits Flugblätter in Hindi:

Liebesdrama: Politik auf der Opernbühne

Bhim Jat, der Mörder des Maharadschas von Kishangarh, hat ein Geständnis abgelegt, und die ganze Sache ist glasklar. Der Maharadscha besaß einen Hof einige Kilometer von Kishangarh entfernt. Bhim Jat und seine schöne Schwester arbeiteten für den Maharadscha auf diesem Hof. Der Maharadscha nutzte die Armut des Mädchens aus und unterhielt lange Zeit unerlaubte Beziehungen zu ihr. Bhim Jat, ein neunzehnjähriger junger Mann, konnte nicht mehr ertragen, dass seiner Schwester die Ehre geraubt wurde. Er übte Selbstjustiz und erschoss den Maharadscha mit seiner in Indien fabrizierten Pistole.

Aber die Politik verdirbt die Wahrheit und macht mit Lügen Geschäfte. Einige Politiker beriefen sogleich eine Trauerversammlung für den Maharadscha ein und versuchten, unter Vorspiegelung großen Kummers den Wählern einzureden, sie sollten der Kongresspartei Indiras eine Wahlschlappe beibringen und den Mord am Maharadscha dadurch rächen.

Würden Sie eine Partei wählen, die mit der Ehre Ihrer Tochter oder Schwester spielt? Man sollte jubeln und keine Tränen vergießen über den Tod solcher Radschas-Maharadschas, deren einziges fürstliches Gebaren in ihrer Fertigkeit besteht, die Armut junger Mädchen auszunutzen. Steht auf und zerschmettert diese verkommenen Menschen, so dass sie nie wieder mit dem Namen Gandhis auf ihren Lippen zu euch kommen und um Stimmen werben …

Schämt sich Mr Mukut nicht, auf dem Schoß der Jan Sangh zu sitzen, die einst seine erbitterten Feinde waren? Die Wahl sollte sich um politische Dinge drehen. Mr Mukut sollte nicht die Wähler hinters Licht führen, um seine eigenen egoistischen Absichten zu erreichen. Mr Mukut hat den Scheiterhaufen für die Feuerbestattung des Maharadschas benutzt, um sein eigenes Stimmenfangsüppchen darauf zu kochen.

Andere Versionen der Geschichte klangen nicht weniger traurig. Bhim Jats Schwester habe ihren Mann verlassen, um Kishangarhs Mätresse zu werden, und Bhim Jat sei von seiner Kaste verstoßen worden, weil er durch seine Duldung des Verhältnisses Unehre über alle Kastenangehörigen gebracht habe. Kishangarh habe Bhim ein Haus auf dem Hof geschenkt; er habe für Bhims schulische Ausbildung bezahlt; er habe Bhim den ganzen Hof versprochen. Aber dann habe ein Brunnen auf dem Hof plötzlich Quellwasser geliefert. In der Wüste sei Wasser bares Geld und Kishangarh, der sich wegen seiner »Entprivilegierung« und des möglichen Verlustes seiner Privatschatulle Sorgen gemacht habe, sei bestrebt gewesen, von seinem Versprechen wieder loszukommen.

Kishangarh war der Name einer Malschule des achtzehnten Jahrhunderts. Jetzt war er verknüpft mit einer Bäuerin, einem Hof und einem Brunnen: ein bäuerliches Drama, weit entfernt von dem fürstlichen Gepränge der Preisverleihung, die am Nachmittag im Mayo-College stattfand. Dort wurde Kishangarhs gedacht, in einem seinem Nachruf gewidmeten Teil der Rede des Direktors, die ihn als ebenso vornehmen wie beliebten ehemaligen Schüler vorstellte, vergleichbar dem verstorbenen Maharadscha von Jaipur, »der im Vereinigten Königreich starb, wo er hingezogen war, um Polo, seinen Lieblingssport, zu spielen«.

Die Schüler sahen erlesen aus in ihren engen, weißen Hosen, ihren langen, schwarzen Mänteln und ihren rosafarbenen, langschwänzigen Radschputen-Turbanen. Sie saßen auf den Stufen des im Mogulstil gebauten Bikaner-Pavillons, mit Blick auf das Kricketfeld, die leere Anzeigentafel, das Collegegelände und, in der Ferne, die sonnenbeschienenen braunen Berge von Ajmer. Ehrengast war der kanadische Botschafter. Zur Schar der Gäste auf den unteren Stufen des Pavillons zählten einige Fürstlichkeiten Rajasthans: der Maharadscha von Kota, ein Ehepaar aus dem Hause Jodhpur und der Maharana von Udaipur, dessen Vorfahren zu den Ersten gehört hatten, die dem Spendenaufruf des Vizekönigs Lord Mayo für die Gründung einer Fürstenschule nach Public-School-Art gefolgt waren und, fast genau auf den Tag vor hundert Jahren, ein Lakh Rupien gespendet hatten, damals eine Summe im Wert von etwa zehntausend englischen Pfund.

Auf dem offenen Gelände am Fuße des Pavillons befanden sich die Eltern, viele von ihnen *boxwallahs*, leitende Angestellte, unter ihnen sogar welche aus dem fernen Kalkutta. Im Laufe der Woche hatten sie sich alle in Ajmer eingefunden: der bescheidene gehobene Mittelstand Indiens, Geschöpfe der neuen Industriegesellschaft, noch ohne gemeinsame Tradition oder feste Verankerung, noch ganz mit der Verletzlichkeit, die in allen sehr armen Ländern für den Mittelstand typisch ist. So groß ihr Ehrgeiz in dem armen Indien war, so klein waren ihre Ansprüche: Sie zufriedenzustellen, brauchte es tatsächlich nicht viel. Indien drohte ständig, sie zu überwältigen – diese Angestellten am Rande des Kricketfeldes –, so wie die Wüste, die Bauern und die neue Politik Kishangarh und seinen ehrwürdigen Namen überwältigt hatten.

Der Maharana von Udaipur war nicht nur wegen der Preisverleihung nach Ajmer gekommen. Er hatte sich massiv im Wahlkampf gegen Mrs Gandhi engagiert und sich mit fürstlicher Freizügigkeit überall zur Verfügung gestellt, wo er gebraucht wurde. Jetzt hielt er sich in Ajmer auf, um Mr Mukut zur Seite zu stehen. Gekommen war er in einem offenen, dunkelgrünen Rolls Royce, Baujahr 1936, nebst Chauffeur, Wahlkampfsekretär und zwei Leibwächtern. Was er wert war, stellte er gleich unter Beweis. Am Abend desselben Tages noch, während die Schüler vom Mayo-College den *Sommernachtstraum* aufführten, sprach Udaipur auf einer Versammlung im Basarviertel. Sein Name besaß einen magischen Klang. Fünfzehntausend Menschen kamen, um ihn zu hören.

Der folgende Tag, ein Sonntag, sah dann das Großereignis. Udaipur machte mit Mr Mukut und Mr Sharda eine Tour durch die Teile des Wahlbezirks, die zum einstigen Staat Udaipur gehört hatten. Ausgangspunkt für den kleinen Konvoi war der rote, aus der Wende vom neunzehnten zum zwanzigsten Jahrhundert stammende Backsteinbau des Gästehauses an der Fernstraße 8, nicht weit entfernt von dem Uhrturm im Pseudomogulstil, den man zum fünfzigjährigen Thronjubiläum von Königin Victoria errichtet hatte.

Eigentlich ein unmögliches Bündnis! Da war Mr Sharda, ganz »westlich« und geschäftsmäßig in seinem Anzug, aber mit seinem idyllischen Jan-Sangh-Traum von einer unversehrten Hinduwelt; er saß in einem Jeep, dessen hinterer Teil vollgestopft war mit Bettzeug und Proviant. Mr Mukut, Gandhianer und Kongressparteimitglied alter Schule, jetzt aber herausstaffiert mit engen, weißen Hosen und einem langen, cremefarbenen Mantel, saß in einem grauen Straßenkreuzer. Udaipur in seinem offenen Rolls war ein Mann in den Vierzigern, von mittlerer Größe und Statur, mit schwarzer Baskenmütze, dunkler Brille und einer dunkelblauen Windjacke aus Nylon. Der sechsunddreißigjährige Wahlkampfsekretär, hochgewachsen, mit einem Schmerbauch, einem gewellten Bart und schillernden schwarzen Locken, steckte mit dem ganzen Körper in losen, weiten Baumwollgewändern und sah aus wie ein heiliger Mann. Hinten im Rolls Royce saßen in Khakiuniform und orangefarbenen Turbanen die Leibwächter hoch aufgerichtet mit ihren Gewehren – als sollten sie die Gefahr versinnbildlichen, in der Fürsten in Rajasthan mittlerweile lebten.

Udaipur war der Star der Veranstaltung. Dem beugten sich alle. In Nasirabad – die Stadt bildete unsere erste Station – hielt Mr Mukut eine so kurze Rede, dass er, als ich am Versammlungsort ankam (wir hatten uns kurz verfahren), bereits fertig war und mit gekreuzten Beinen und geschlossenen Augen, brav, still und geduldig, auf dem behelfsmäßig zusammengezimmerten Podium zu Udaipurs in Wildleder steckenden Füßen saß, wie jemand, der sich mit seiner eigenen Bedeutungslosigkeit abgefunden hat. Udaipur aber vergaß ihn nicht. »Die Leute fragen mich: ›Ist denn Mr Mukut nicht blind?‹ Ich sage: ›Blind ist er draußen, nicht drinnen. Wenn man in einen Tempel, eine Moschee oder eine Kirche geht, schließt man die Augen, um zu beten. Man sieht nichts, aber im Inneren ist man nicht blind.‹«

Mr Mukut saß still da, wie jemand, der im Tempel meditiert. Aber ein mit Terminen vollgepackter Tag lag vor ihm. Plötzlich – Mr Sharda hatte gar nicht das Wort ergriffen – war die Versammlung vorbei, und die meditative Stimmung und friedliche Stille verflogen. Udaipur und Mr Mukut kletterten so rasch vom Podium herunter und stürmten so blitzartig zu ihren Fahrzeugen, dass ich sie fast sofort aus den Augen verlor und sie erst wieder in dem knapp fünfzig Kilometer entfernten Beawar einholte.

Hinter Beawar begann Wüste und Wüste umgab uns auch noch hinter Bhim. Keine bewässerten grünen Flächen, keine Bäume, keine Bauern auf Fahrrädern; nur Fels und ein bisschen Kaktus und die leere Straße. Manchmal ein Kamel, manchmal ein zerlumpter Bauer mit geflickten Ledersandalen und einem Gewehr aus inländischer Produktion: Banditengebiet. Regelmäßig aber in dieser Wüstenei rannten kleine Gruppen von Radschputen auf die Straße und hielten den Konvoi an, um sich den Maharana anzuschauen, den sie noch nie gesehen hatten (ein Maharana von Udaipur hatte diese Gegend zum letzten Mal 1938 besucht). Wenn Udaipur dann im Rolls-Royce aufstand, wurden Trommeln geschlagen, und manchmal war unverhofft auch eine Trompete zu hören.

Sie behängten ihn mit Blumengirlanden und tupften ihm Sandelholzpaste auf die Stirn; sie bespritzten ihn mit rotem oder purpurfarbenem Wasser (er hatte sich eigens dafür angezogen). Mit zeremoniellem Ernst, als hätten sie einen Tempelgott vor sich (und seine Sonnenbrille verlieh ihm auch die passende Undurchdringlichkeit) ließen sie Feuer (ein lodderndes Stück Kampfer auf einem Messingteller) um sein Gesicht kreisen. Einmal steckte ihm eine Frau irgendetwas mit der Hand in den Mund. Hier war Udaipur mehr als nur ein Fürst. Er war *Hinduon ka suraj*, die Hindu-Sonne, ein alter Titel des radschputischen Rittertums, der religiöse Bedeutung angenommen hatte. Bei einem dieser Aufenthalte schrie ein Mann: »Du bist unser Gott!« Und Udaipur war im Nu mit der korrekten Antwort zur Hand: »Der wahre Gott, er ist für euch und für mich ein und derselbe.«

Mr Mukut geriet nicht in Vergessenheit. Wenn der Rolls-Royce die Fahrt fortsetzte, scharten sich die Radschputen um den grauen Straßenkreuzer. Mr Sharda winkte mir dann auf seine ungeduldige Art zu, ich solle weiterfahren, sodass ich nicht sagen kann, ob nicht vielleicht die Wüstenbewohner für ihre Hingabe an den Maharana von Mr Mukut irgendeinen Tribut erpressten.

Am frühen Nachmittag erreichten wir die ummauerte Stadt Deogarh. Am Haupttor empfing uns Höllenlärm: In der Mitte einer Menschenmenge wartete ein mit einem weißen Tuch bedeckter Schimmel auf Udaipur. Der Mann am Lautsprecher unseres Konvois geriet in Ekstase. »Euer Maharana ist gekommen. Vierzehnhundert Jahre lang kennt ihr schon Maharanas. Jetzt ist er gekommen, die Sonne der Hindus. Ihr habt euch nach ihm gesehnt wie nach Wolken und Regen. Jetzt ist euer Maharana gekommen.« Schon aber, als wären sie Komparsen in einem Breitwandfilm, ergossen sich die Menschen aus der Stadt; Männer und Frauen in farbigen Turbanen und Saris eilten durch die Wüste zum Tempel von Karni Devi, der Stadtgottheit, wo Udaipur sprechen sollte.

Mr Sharda, der meinem Eindruck nach in Gesellschaft seiner beiden alten politischen Gegner ein bisschen zugeknöpft wirkte, flüsterte mir zu: »Jan Sangh. Alles von der Jan Sangh organisiert.«

Und vor diesem Wüstenpublikum – farbige Turbane und lächelnde Gesichter, dahinter Sand, die ummauerte Stadt mit der Festung, gezackte Berge, dunstig verschwommen – sprach Udaipur bald schon von der Bedrohung, die Mrs Gandhi für die Demokratie und die Verfassung darstelle. Mr Mukut saß mit gekreuzten Beinen auf dem Podium, das ein Baldachin überspannte. Die Leibwächter entstaubten im Schatten eines Dornbaums den Rolls-Royce.

Udaipur hatte seine Baskenmütze gegen einen Radschputen-Turban ausgetauscht. Ein einzelner Mann und so viele Rollen. Udaipur war freilich ein guter Redner, weil er sich in all seine Rollen fügte und sie – Gott, Radschput, Demokrat – in Einklang miteinander brachte. »Ich bin kein Gott. Ich bin nur eine Art Stellvertreter. Wir alle verehren Gott Schiwa, *Ek Ling Nath*.« Er sei kein Politiker; er wolle von niemandem gewählt werden. »Ich bin kein Anhänger der Jan Sangh. Ich bin ein Verfechter der Freiheit.« Das bedachten die Radschputen mit Beifall. »Wir haben hier keine Polizei und wir brauchen auch keine. Wir sind nicht wie die Kongresspartei Indiras. Zwischen uns herrscht Liebe, weil wir alle eins sind.« Sie belachten die politische Spitze und spendeten Beifall, weil er aussprach, worin ihre Radschputen-Treue gründete.

Danach ließen wir Mr Mukut beim Wahlvolk zurück und gingen zum Lunch in den kahlen, heruntergekommenen Palast des Lehnsmannes von Udaipur. Hier schien die Wahl wie vergessen. Der Lehnsmann und sein kleiner Sohn steckten in der prachtvollen, radschputischen Hoftracht. Ein roter Läufer erstreckte sich durch den staubigen Hof. Trommeln wurden geschlagen, ein lächelnder Türsteher nahm den Gästen die Schwerter ab; in einem Raum drinnen sangen Frauen. Ein altes Faktotum mit leuchtenden Augen kam und rezitierte Verse, die von den Pflichten des

Königs handelten. Andere lächelnde Personen – keiner, der nicht lächelte – kamen, um dem Fürsten zu huldigen und ihm eine Rupie oder fünf Rupien als symbolischen Tribut zu überreichen.

»Sie sehen«, sagte Udaipur auf Englisch – er hatte immer noch rote und purpurfarbene Flecken im Gesicht –, »wie *unpopulär* wir sind.«

Die Zeitungen unkten, was Mrs Gandhis Chancen betraf, und angesichts des Erfolges von Udaipurs Wahlkampftour sank vielen auf Mr Bishweshwars Seite der Mut. Der Besuch von Mr Chavan, einem der fähigsten Minister Mrs Gandhis, erwies sich als Fehlschlag und Mrs Gandhi selbst kam nicht. Die einzige Hoffnung, die Mr Bishweshwars Anhängern blieb, war der für Dienstag vorgesehene Besuch des Gönners von Mr Bishweshwar, des Ministerpräsidenten Rajasthans. Große Ausstrahlung besaß er nicht. In der Hauptsache war er der örtliche Parteichef und er kam nicht so sehr, um Reden zu halten, sondern um interne Parteistreitigkeiten zu schlichten, die anfingen, Mr Bishweshwars Wahlkampf in Gefahr zu bringen.

Der Ortsverband der Kongresspartei in Ajmer war berüchtigt für seine Fraktionskämpfe. Im Jahr 1954 – damals war Mrs Bishweshwars Vater politisch aktiv – führte das praktisch zu einer Lähmung der Staatsverwaltung. Mr Nehru hatte eine lange »Note« verfasst, in der er sich über den Ortsverband höchst ungnädig äußerte: »... bereitet uns fortwährend Kopfschmerzen ... Die Regierung ist kaum handlungsfähig zu nennen ... Das Gemeindeentwicklungsprogramm in Ajmer zählt zu den am wenigsten erfolgreichen. Tatsächlich ist dort seit langer Zeit praktisch nichts mehr geschehen.« So sah die Tradition aus. Und nach den vielen weiteren Jahren an der Macht wimmelte es im Ortsverband mittlerweile von Leuten, die sich schlecht behandelt fühlten und die Wahlen nutzten, um ihre Missstimmung kundzutun. Im Bemühen, Handlungsspielraum zu gewinnen und sich von den alten Intrigen unabhängig zu machen, hatte Mr Bishweshwar neue Leute herangezogen und damit die Sache nur verschlimmert. Einer der Gekränkten erklärte: »Mr Bishweshwar hat sich wie ein Ehemann verhalten, der den Glauben an die Treue seiner braven Frau verloren hat und anfängt, den Beteuerungen von Straßendirnen zu glauben.«

Jetzt bekam ich zu hören, Mrs Gandhi habe Ajmer nicht besucht, weil sie Mr Bishweshwar ablehne; sie habe nicht vergessen, wie er bei der Spaltung der Partei gezögert habe, und lasse ihn jetzt schwitzen. Andere, die sich noch an Mrs Bishweshwars Vater erinnerten, behaupteten, Mr Bishweshwar sei nicht mit dem Herzen bei der Sache und sei nur von seiner Frau in die Politik getrieben worden. Alle waren sich darin einig, dass Mr Mukut die selbstloseren und weniger gewinnsüchtigen Wahlhelfer habe, die auch weniger zur Quertreiberei neigten. Von Quertreiberei wurde viel geredet. Ein hoher Parteifunktionär erklärte mir, dreißig Prozent der Wahlhelfer von Mr Bishweshwar, der bezahlten und unbezahlten, seien Saboteure.

Und erst da hörte ich von den Rawats. Bei den Rawats handelte es sich um eine Kaste, die ursprünglich Abdeckerei betrieb. Sie waren schon längere Zeit dabei, in der Landwirtschaft, der Armee und der Polizei Fuß zu fassen. In Jodhpur hatte der Maharadscha vor fünfundzwanzig Jahren verfügt, die Rawats als Radschputenkaste zu betrachten. In Ajmer hingegen nahmen die Rawats immer noch eine niedere Stellung ein, zählten fast schon zu den Unberührbaren. Sie hätten deshalb eigentlich fest hinter der Kongresspartei Indiras und hinter Mr Bishweshwar stehen müssen. Aber da war etwas Kritisches passiert. Einige Wochen zuvor hatte ein zum Christentum konvertierter Rawat eine junge Rawat-Ehefrau in der Gegend von Nasirabad verführt, mit ihm durchzubrennen. Die Gemeinschaft fühlte sich doppelt entehrt – durch den Ehebruch (in Indien ein Vergehen, das mit strenger Haft bestraft werden kann) und durch den Umstand, dass der Verführer Christ war. Bei der Polizei war Anzeige erstattet worden, aber die hatte nichts unternommen; eine Reihe von Rawats hegte den Verdacht, dass Mr Bishweshwar und einige seiner christlichen Anhänger hinter der Untätigkeit der Polizei steckten. In den Wohngebieten der Rawats kursierte ein Flugblatt:

> Rawats, Brüder! Der Kandidat der Kongresspartei Indiras Bishweshwar Nath Bhargava spielt mit der Ehre unserer Frauen und Töchter. Hütet euch vor ihm!

Die Rawats zählten fünfzigtausend Wahlberechtigte. Kishangarh, Udaipur, Radschputen, Rawats und Quertreibereien: Mr Bishweshwar schien schwer in der Tinte zu sitzen. So jedenfalls die Einschätzung, die an diesem Montag die *Times of India* von der Lage in Ajmer gab. Ein oder zwei Tage später erschien auf der Titelseite der *Hindustan Times*, eines Blattes aus Neu-Delhi, ein großes, ergreifendes Foto von Mr Mukut, einem Kandidaten ohne Augenlicht.

***

Mr Kudal war es, der mir von den Rawats erzählte. Mr Kudal war fünfzig Jahre alt, Mitglied der Kongresspartei und von einem bescheidenen Ehrgeiz erfüllt: Er wollte Mr Bishweshwars Wahlkampfmanager werden. Die Ernennung sollte am Dienstag anlässlich des Besuches des Ministerpräsidenten erfolgen; aber als ich Mr Kudal am Montag spätabends traf, hatte er noch nicht das Geringste gehört und war ziemlich mit den Nerven runter. »Ich fürchte sehr«, sagte er, »dass in ganz Indien die Intellektuellen mit List und Tücke aus dem politischen Leben ausgesondert werden.«

Mr Kudal war Anwalt. Er wohnte in einem eher verkommenen Gässchen an der Fernstraße 8, in einem großen dreistöckigen Gebäude, das mit seinen um einen Innenhof verlaufenden Galerien dem rajasthanischen Baustil entsprach; oben war der Innenhof zum Schutz gegen Eindringlinge durch ein Eisengitter verschlossen. Enge, eingemauerte Betonstufen brachten den Besucher an seinem Anwaltsbüro und den Dienstbotenräumen vorbei zum flachen Dachgeschoss und seinem dort gelegenen, rosa- und rotfarbenen Salon. An drei Wänden standen Polsterstühle und es gab eine Vitrine mit Figürchen aus Muscheln, Plastikfiguren hinduistischer Gottheiten und anderem Tinnef. Die vielen Stühle ließen an einen Wartesaal denken, aber Mr Kudal hatte viel Besuch. Er hielt Kontakt zum Wahlvolk; er hatte sich auf den Posten des Wahlkampfleiters vorbereitet.

Die Rawats machten ihm Sorgen. Weniger Sorgen bereitete ihm Udaipurs Tour. »Diese öffentlichen Versammlungen sind nichts als *tamascha*, Trubel. Nichts von Bedeutung.« Wahlen würden mit Stimmen gewonnen und Stimmensammeln erfordere Arbeit. »Mit Arbeit meine ich, dass man den Wähler direkt ansprechen muss. Ihn aus seinem Haus holen und in die Wahlkabine schicken muss. Als fanatischer Arbeiter sage ich Ihnen, dass alles von der Arbeit abhängt, die wir in den letzten zwei, drei Tagen leisten.« Und was Mr Kudal hier aussprach, klang gleichermaßen nach Versprechen und nach Drohung.

»In bestimmten Wahlbezirken«, sagte er, »könnte ich das Wahlergebnis umdrehen, ohne das Zimmer hier verlassen zu müssen. Dafür würde ich eine Woche brauchen. Ginge ich hinaus auf die Straße, würde es mich nur zwei oder drei Tage kosten.«

Ich fragte ihn, wie er das anstellen würde.

»Ich stehe mit den Massen auf vertrautem Fuß.« Das habe er sich erarbeitet. Er sei Brahmane und Städter und habe viel Zeit an Bridge und das Schachspiel verschwendet, ehe er auf die Idee verfallen sei, sich in den Dienst der Armen zu stellen. Er sei dann in »die untersten Schichten der Gesellschaft« hinabgestiegen, »zu den *harijan* und den Schlangenbeschwörern«. Nicht viele hätten das getan und in Ajmer sei allgemein bekannt, dass er, Mr Kudal, in bestimmten Armenvierteln viel Einfluss habe. »Deshalb machen sich die Leute Sorgen, wenn sie hören, dass sich Kudal ins Getümmel wirft.«

So also versicherte sich an diesem letzten Abend Mr Kudal seiner Position, und die von leichter Verzweiflung getönte Haltung, die er einnahm, sah so aus, dass er zwar bereit stand, sich in Dienst nehmen zu lassen, dass er sich aber auch durchaus vorstellen konnte, Mr Bishweshwar im eigenen Saft schmoren zu lassen, und dass, wenn der Ministerpräsident und Mr Bishweshwar Wert auf seine Dienste legten, wenn die Stimmen von Schlangenbeschwörern und dergleichen überhaupt von Interesse für sie waren, sie sich am folgenden Tag mit ihm würden in Verbindung setzen müssen. Mr Kudal selbst hatte nicht vor, am nächsten Tag auch nur einen Finger zu rühren. Man feierte das Fest Schiwratri; für ihn als Anhänger Schiwas sei das ein Tag, den er im Tempel mit Gebeten und Meditation verbringe.

Frühmorgens, zu früh, erschien Mr Bishweshwar im Gästehaus der Regierung, um den Ministerpräsidenten aufzusuchen. Er sah noch bekümmerter aus, als ich ihn in Erinnerung hatte. Er kam mit einer Bande bäuerlicher Typen in staubigen *dhotis*, braunen Westen und Gandhi-Kappen. Ziellos wie ein Schwarm Mücken schwirrten sie hin und her durch die weite Empfangshalle, an ihrer Spitze der nervöse Mr Bishweshwar. Als Mr Bishweshwar zum Stillstand kam, ließen sie sich alle auf dem Teppich nieder, wie das Personal des Gästeshauses das machte, wenn es sich unbeobachtet glaubte. Sie schnatterten eine Weile ängstlich, wobei vier oder fünf Leute gleichzeitig sprachen und immer wieder dasselbe sagten; dann entschieden sie, dass der Ministerpräsident sich nicht im Gästehaus befinde und sich wahrscheinlich woanders aufhalte. Und schon waren sie alle hinausgeschwärmt.

Der Ministerpräsident aber kam doch. Und er muss einen schweren Tag gehabt haben. Um sieben Uhr dreißig abends war er immer noch im Gästehaus, obwohl er schon unten in der Stadt hätte sein sollen, um vor einer Versammlung in Kesarganj zu reden. Aber es machte nichts. Schiwratri, der wöchentliche Ritus im Hanuman-Tempel, die Blumenschau und die Lichtspiele in den am Seeufer gelegenen Gärten Schah Dschahans schlugen die feiertägliche Menge in Bann; zu der Versammlung in Kesarganj waren nur drei- oder vierhundert Leute gekommen – Staatsangestellte, Muslime, Personen, die ihre Loyalität beweisen wollten. Eine Stunde lang wurden wir mit Musik, Gesängen und Wahlslogans betäubt. Die Menge wuchs an. Und als schließlich der Ministerpräsident im Kreise sämtlicher Parteioberen erschien, war ich froh, feststellen zu können, dass man Mr Kudal seiner Einsiedelei entrissen hatte und er sich in ihrer Mitte befand.

Nachdem er den Tag damit verbracht hatte, Personalfragen zu bekakeln, beschäftigte sich der Ministerpräsident jetzt ausschließlich mit Grundsatzfragen. *Garibi Hatao*: Keine Bemerkung über Radschputen und Rawats, nicht ein Wort gegen Mr Mukut, so gut wie nichts über Mr Bishweshwar. Der selbst sprach nicht. Wie jene Ehefrau, die Teil einer altägyptischen Skulptur war, eine kleine Gestalt zu Füßen ihres Eheherrn, wie Mr Mukut zu Füßen von Udaipur, saß Mr Bishweshwar still und bescheiden zu Füßen des Ministerpräsidenten. Er lehnte rückwärts auf seinen Armen, machte mit seinem stattlichen Bäuchlein gute Figur, und ich fand, dass ich ihn noch nie so entspannt gesehen hatte.

»Er hat allen Grund, entspannt auszusehen«, sagte Mr Kudal, während wir mit einigen seiner Wahlhelfer am nächsten Tag unterwegs nach Nasirabad waren. »Gestern Morgen, um neun Uhr dreißig, nachdem er den Ministerpräsidenten aufgesucht hatte, kam er und kapitulierte vor mir. Er, seine Frau und seine Schwester, seine Frau mit Tränen in den Augen. Ich sagte zu ihm: ›Sie, Bishweshwar, müssen doch wissen, dass ich Ihnen immer geholfen habe, weil ich an Mrs Gandhis Prinzipien glaube, und nicht wegen irgendwelcher Gefühle, die ich für Sie hege.‹« Indirekt gab mir Mr Kudal also zu verstehen, dass er der Wahlkampfmanager war. Dann fügte er hinzu: »Jetzt ist die Zeit zum Angriff gekommen.«

Zuerst freilich hielten wir am neuen Schiwa-Tempel an und Mr Kudal, ein dankbarer Anhänger Schiwas, erwies dem Lingam, der in der Mitte eines Betonlotus mit gezacktem Rand aus dem Boden ragte, seine Verehrung. Die gelben Gewänder der Götterstatuen waren mit irgendetwas Süßem getränkt und schwarz von satten, berauschten Fliegen.

»Hier in Nasirabad«, sagte Mr Kudal, als wir weiterfuhren, »werde ich Sie mit den eisernsten Gefolgsleuten von Mr Mukut und Mr Bishweshwar bekannt machen. Mit beiden bin ich eng befreundet und beide werden Ihnen eine Tasse Tee kredenzen. Manchmal führe ich diesen Wahlkampf, als wäre es ein sportlicher Wettstreit.«

»Eine Art Zeitvertreib«, sagte einer der Wahlhelfer hinten im Jeep.

Und in Nasirabad waren die Nachrichten so schlecht, wie sich Mr Kudal nur wünschen konnte. Mr Jain, der pummelige, kleine Juwelier (»Erstklassige militärische Neuheiten und Goldschmuck«), der außerdem Schatzmeister des Komitees der Kongresspartei für die Landregion Ajmers war, ließ uns auf seiner Veranda in der gemütlichen, kleinen Polsterecke zwischen Schmuckauslage und vorderer Wand – sie diente ihm zugleich als Büro und als Ruheort – Platz nehmen, reichte uns Tee und *cachoree* und berichtete uns, so wie die Dinge stünden, könne Mr Bishweshwar froh sein, wenn er in der Stadt fünfunddreißig Prozent und auf dem Land fünfzig Prozent der Stimmen bekomme. »Sie bemühen sich nicht um die alten Wahlhelfer. Die neuen Wahlhelfer, die sie angeschleppt haben, saufen, gehen in Restaurants und schimpfen auf die Opposition – und damit glauben sie, Stimmen gewinnen zu können.«

Der Rechtsanwalt, der in Nasirabad Mr Mukuts Sache vertrat – sein Büro lag direkt gegenüber auf der anderen Straßenseite –, wartete mit den gleichen Zahlen auf. »Oh, ja«, sagte er mit seiner dröhnenden Stimme, »es läuft gut für Mr Mukut. Dank einer gewissen Person. Genauer gesagt, dank meiner Person. Und der Jan Sangh. Und Mr Mukut – er ist ein großer Aktivposten. Und dank der schwachen Persönlichkeit des Konkurrenten. All das kommt zusammen.«

Wir verließen Nasirabad und fuhren hinaus in die Wüste.

»Deprimiert?«, sagte Mr Kudal. »Ich bin ein Kämpfer, der sich niemals geschlagen gibt.«

»Mr Kudal kann das Blatt wenden«, erklärte ein Wahlhelfer im Jeep.

»Ich bin mit den Massen vertraut«, sagte Mr Kudal. »Ich bringe Sie jetzt in ein Dorf, das nur wenige Leute besuchen. Die *harijan* dort haben einen Schiwa-Tempel gebaut und mir gewidmet. Als ich bei ihnen zu arbeiten anfing, waren sie eine Gemeinschaft von Alkoholikern. Ich brachte sie dazu, dem Alkohol abzuschwören. Es war nicht leicht. Ich brauchte Monate dafür.«

Sonnenuntergang in der Wüste: Neembäume und Australischer Hartriegel schwarz vor dem ockerfarbenen Himmel. Und dann, auf einer Anhöhe, ein ummauertes Dorf, ein hohes Tor, eine staubige Straße, ein Tempel und eine Menge, die sich um den Jeep drängt und ruft: »*Indira Gandhi ki jai*! Lang lebe Indira Gandhi!« Wie Mr Kudal gesagt hatte: Er war hier bekannt. Kleinkinder wurden ihm vorgeführt, Kinder erneut vorgestellt; Jungen lasen die Inschrift auf dem Tempeltor vor, um zu zeigen, wie gut sie mittlerweile lesen konnten. Und der hoch aufgeschossene, kahle Mr Kudal, dessen eines Bein kürzer war als das andere, ging mit ungelenken Schritten unter den *harijan* einher und blinzelte hektisch hinter seinen Brillengläsern. Ganz ohne gandhisches Brimborium war er ein Mann mit Engagement – ich war bewegt.

In der Dunkelheit fuhren wir weiter zu einem Dorf, wo Mr Kudal »ein bisschen Ermittlungsarbeit« machen wollte, wie er sagte. Ich erkannte den Ort als das Dorf Saradhna wieder. Ich war dort mit Mr Bishweshwar hingefahren und erinnerte mich, dass man ihm dort »einstimmige« Unterstützung zugesichert hatte. Mr Kudal freilich bezweifelte, ob Mr Bishweshwar vierzig Prozent der Stimmen erreichen werde. Saradhna wurde von Angehörigen der Stammeskaste der Jat bewohnt; kürzlich war eine politische Partei der Jat auf der Bildfläche erschienen, die Mrs Gandhi feindlich gegenüberstand, und am vorangegangenen Abend hatten Mr Mukut und einige führende Persönlichkeiten der Jat in Saradhna ein Treffen abgehalten.

»Ermitteln, Ermitteln«, sagte Mr Kudal zu seinen Helfern, als wir anhielten. Sie gingen zu den Teebuden, während wir still im Jeep sitzen blieben. Ein großes Geheimnis wurde aus unserer Anwesenheit allerdings wohl nicht gemacht. Tassen mit Tee wurden für uns herausgebracht. Ein Dörfler kam und flüsterte, nur fünfundsiebzig Prozent würden Mr Bishweshwar wählen. »Er erzählt mir nur Schmus«, sagte Mr Kudal auf Hindi. Unterdessen kam ein anderer Dörfler und flüsterte, Mr Bishweshwar könne mit nicht mehr als neunzig Prozent rechnen, und die Wahlhelfer sprachen, als sie von den Teebuden zurückkamen, von achtzig Prozent.

Der Kastengeist schien also in Saradhna nicht funktioniert zu haben. Und ich begann mich zu fragen, ob Mrs Gandhi Mr Kudals Aufgabe nicht vereinfacht hatte, ob nicht sie diese vorgezogene Wahl weit über die lokalpolitische Ebene hinausgehoben hatte, die Mr Kudal verstand und genoss, und ob in Ajmer nicht der Wahlkampf in manchen Gegenden zwischen Mrs Gandhi und der Jan Sangh, in anderen

Gegenden wiederum zwischen Mrs Gandhi und Udaipur und überall sonst zwischen Mrs Gandhi und dem armen alten Mr Mukut ausgetragen wurde.

Nichts Dramatisches also, was Mr Kudal unterwegs widerfuhr. Als wir freilich nach Ajmer zurückkamen, erfuhren wir, dass jemand Flugblätter verteilt hatte, auf denen Mr Kudal der Sabotage beschuldigt wurde.

Freitag werde ein schwerer Tag werden, hatte Mr Kudal erklärt. Aber bis sich alle Wahlhelfer versammelt und wir aus dem Basar Proviant hatten kommen lassen, war es halb zwölf, und als wir das erste Dorf erreichten, war es Essenszeit. Wir saßen in dem primitiven kleinen Rathaus inmitten einer Million aufgebrachter Fliegen. Die Helfer aßen von Zeitungspapier, Mr Kudal und ich von trockenen Pipalbaumblättern, und die Großbauern, die am Ort die Stimmen sammelten und die uns erwartet hatten, warteten uns auf. Sie wirkten kleinlaut und Mr Kudal gab ihnen zu verstehen, dass er gekommen sei, um sie zu rüffeln. Ihren Rüffel erhielten sie nach dem Essen unter Ausschluss der Öffentlichkeit.

Wir hatten üppig gespeist; die neue Straße, Teil des Straßennetzes, das man in der Zeit der Hungersnot angelegt hatte, war gut in Schuss. Mr Kudal sank in Schlaf. Wir fuhren an einem Dorf vorbei. Mr Kudal wachte auf und erklärte, er bedaure, dass wir es verpasst hatten, aber er werde noch am gleichen Abend einige seiner Helfer mit dem Bus hinschicken. Wir erreichten ein anderes Dorf. Ein im Sand frisch ausgehobener Wasserkanal versperrte uns den Weg; Mr Kudal beschloss, auch dieses Dorf seinen Nachtarbeitern zu überlassen.

»Also, Sie sehen hier«, sagte er später, »den Bezirk Nasirabad. Sie haben gehört, wie beide Seiten die Lage einschätzen. Wenn die Ergebnisse herauskommen, verdanken sie sich einzig und allein dieser« – er umfasste mit einer Handbewegung die Straße und die grenzenlose Wüste – »dieser Aktion. Dieser Kampagne.«

Im nächsten Dorf – es glich eher einer Kleinstadt: auf der staubigen Hauptstraße ein Hochzeitszug aus einer unteren Kaste, mit einer Blechkapelle in atemberaubend zerlumpten Uniformen – tranken wir im Laden eines Tuchhändlers Kardamom-Tee, und Mr Kudal sprach mit dem muslimischen Dorfältesten. Mehr sei nicht nötig, erklärte Mr Kudal; am Abend wüssten bereits alle, dass Kudal für Indira und Mr Bishweshwar Wahlkampf mache. »Sie wissen, dass sie auch nach der Wahl immer noch zu mir kommen müssen.« Dass er das gesagt hatte, ging ihm nach, und deshalb fügte er ein bisschen später hinzu: »Ich habe diesen Leuten geholfen. Ich habe mich ohne Honorar ihrer Fälle angenommen.«

Im folgenden Dorf stiegen wir gar nicht aus dem Jeep aus. Die Leute sahen, dass wir ankamen, aber die einzige Person, die sich zu uns bemühte, war ein Steinbruchbesitzer in Jacke und Pullover. »Die Menschen brauchen *Orientierung*«, sagte er auf Englisch zu Mr Kudal.

»Er ist nicht für uns«, erklärte Mr Kudal anschließend. »Er beschäftigt viele Arbeiter und wird uns dreißig Prozent der Stimmen wegnehmen. Aber drei Tage vor einer Wahl lege ich mich mit den Leuten nicht mehr an.«

Nach fünf Uhr am Samstagnachmittag durften keine öffentlichen Versammlungen mehr abgehalten werden. Es durfte aber weiter um Stimmen geworben werden und private Veranstaltungen waren erlaubt. Von Mr Mukuts Sohn, der gleichzeitig sein Wahlkampfmanager war, hörte ich, dass Mr Mukut und Mr Bishweshwar am Abend vor dem Rotary-Klub in Beawar diskutieren würden. Dass es an einem Ort wie Beawar einen Rotary-Klub gab, war kaum zu glauben. Aber Beawar besaß auch eine kommunistische Ortsgruppe. Und dort lebte außerdem, wie ich jetzt erfuhr, einer der berühmtesten Astrologen Indiens, Professor B. C. Mehta. Professor Mehta war ein »Handels«-Astrologe: Er hatte sich auf Marktschwankungen spezialisiert. Seine Telegrammadresse lautete MEHTA.

All das erzählte mir an diesem Nachmittag der dreißigjährige Sohn des Professors, von Beruf Anwalt, während wir in Mr Mukuts Wahlkampfzentrale auf Mr Mukut warteten. Da Professor Mehta nur »Handels«-Astrologe war, hatte er zur Wahl in Ajmer keinerlei Stellungnahme abgegeben. Der junge Mr Mehta rechnete aber so zuversichtlich mit einem Sieg Mr Mukuts und war in der Wahlkampfzentrale so augenscheinlich willkommen – »Sein Vater ist ein Astrologe«, sagte Mr Mukuts Sohn, als er ihn mir vorstellte –, dass der Sieg wohl auch von astrologischer Seite in Ordnung ging. Und als Mr Mukut in makellos weißem *dhoti* und *koortah* und in schwarzer Wollweste erschien, machte er den Eindruck eines Mannes, den der Atem der Geschichte gestreift hat. Der Rücksichtnahme, zu der sich jeder genötigt fühlte, der ihm nahekam, mengte sich jetzt schon eine Prise Ehrfurcht bei.

Es war eine lange Fahrt nach Beawar. Wir kamen bei Einbruch der Nacht an und stellten fest, dass niemand etwas von einer Debatte im Rotary-Klub wusste. Mr Bishweshwar habe kalte Füße gekriegt, erklärte jemand; aber Sabotage blieb Sabotage und wir konnten nichts weiter tun, als im Vorderraum des dortigen Hotels zu sitzen und Kaffee zu trinken. Ich erkundigte mich nach Professor Mehta. Der junge Hotelbesitzer erklärte, der Professor sei nicht nur sein Berater, sondern er sei auch persönlich mit ihm befreundet. Er ging fort, um zu telefonieren, und kehrte mit der Nachricht zurück, der Professor werde herüberkommen, sobald er fertig zu Abend gegessen habe.

»Von Anfang an habe ich an die Astrologie geglaubt«, sagte Mr Mukut. »Jedes Jahr an meinem Geburtstag lasse ich mir mein Horoskop stellen. Am dreißigsten Januar habe ich mein neunundsechzigstes Lebensjahr begonnen und mir wieder die Zukunft lesen lassen.«

Was ihm verheißen worden war, verriet er nicht. Und als ich fragte, ob Professor Mehta sein Astrologe sei, lächelte er listig und breit und schwieg.

Er wurde nachdenklich. »Eine Wahl hat drei Stadien. Erst die Aufregung des Wahlkampfs. Dann die Spannung. Und schließlich die Reaktion, egal, wie das Ergebnis aussieht.«

»Worauf sind Sie gefasst?«

Er öffnete seine blicklosen Augen. »Auf *alles*!«

Dann aber packte ihn die Unruhe; er wollte abfahren und wurde zu seinem Wagen geleitet.

Professor Mehta war ein kleiner, dicker, glatt rasierter sechzigjähriger Mann in Hemd und Hose. Er hatte die Attitüde eines überarbeiteten Arztes, der schon alles gesehen hat. Zum Sprechen hatte er keine Lust. Sobald er begriff, was ich wollte, fing er an, in rasendem Tempo auf ein großes Blatt Papier zu schreiben: *Mrs Indira wird in ihrem eigenen Wahlkreis mit mehr als fünfzigtausend Stimmen gewinnen. Aber eine absolute Mehrheit im Zentrum wird sie nicht erreichen können ...*

Meinem Eindruck nach schlug nach der Geschäftigkeit in der Wahlkampfzentrale und nach der Erregung während der Fahrt dort, in dem stickigen kleinen Raum im Hotel in Beawar, die Stimmung von Mr Mukuts Leuten um, als sie sahen, wie sich beim Gedanken an den sabotierten Abend ein Schatten auf sein Gesicht legte.

Am Sonntagmorgen wandelte einige seiner Anhänger die Vorahnung einer Niederlage an. Sie kamen, um mir als neutralem Beobachter zu erzählen, Mr Bishweshwars Leute hätten in zwei Stimmbezirken der Stadt Alkohol ausgeschenkt, und um mir anzukündigen, am nächsten Tag würden Flugblätter auftauchen, die angeblich von Mr Mukut kämen und auf denen zu lesen stehe, Mr Mukut habe seine Kandidatur zurückgezogen, und er sei die ganze Zeit über für Mrs Gandhi gewesen.

Vorankündigungen der Niederlage. Und am Morgen war die Katastrophe da. Vor jedem Wahllokal an der Straße nach Nasirabad stand ein geschmücktes Zelt der Kongresspartei Indiras, wo junge Männer mit Wählerlisten saßen und auf die Wähler warteten. Um halb elf, als die Sonne bereits vom Himmel brannte, wurden manche der Zelte Mr Mukuts überhaupt erst aufgebaut; manchenorts hatte er gar kein Zelt und manchmal nicht einmal einen Tisch. Mr Mukuts Sohn, dem die Niederlage ins Gesicht geschrieben stand, sprach von Sabotage. Vor einem Wahllokal standen zwei von Mr Mukuts Wahlhelfern verloren herum, abgesondert von der Menge; der eine zuckte mit den Schultern und sagte: »*Harijan*-Gebiet.«

In Nasirabad war ein junger Mann den Tränen nahe. Die Kongresspartei habe in Rajasthan regiert, soweit er zurückdenken könne, sie sei verfault und korrupt, und es habe immerhin so geschienen, als werde sie das Zeitliche segnen; nun habe Mrs Gandhi für ihr Überleben gesorgt. »Sie haben gewonnen, Sie haben gewonnen«, sagte er zu Mr Kudal, und Mr Kudal, der mit dem gepeinigten jungen Mann mitfühlte, blinzelte mit ihm um die Wette.

Die Kongresspartei hatte nicht das Zeitliche gesegnet. Ihre Organisation war intakt geblieben und stand hinter Mrs Gandhi und Mr Bishweshwar. Die Kongresspartei hatte sich gar nicht wirklich gespalten. Es hatte nur Abtrünnige gegeben, genug, um den Eindruck massenhafter Zustimmung zu erwecken (bei einer Wählerschaft von einer halben Million Menschen ein täuschender Eindruck); es hatte nur stattgefunden, was Mr Kudal *tamascha*, Trubel, nannte. In Ajmer blieb der sich als Opposition verstehende Organisationskongress, für den sich Mr Mukut aufstellen ließ, eine Phantompartei.

Mr Mukut hatte aber auch die Jan Sangh auf seiner Seite.

Die Jan Sangh war stark im städtischen Teil von Ajmer, und als Bonus kam hinzu, dass dort die Wahlbeteiligung normalerweise hoch war, siebzig Prozent gegenüber nur fünfzig Prozent in den ländlichen Regionen. Mit einer ordentlichen Stimmenmehrheit in der Stadt – wenn die Wahlbeteiligung hoch war – mochte Mr Mukut immer noch seine Chance haben. Indes, gerade in den städtischen Gebieten der Jan Sangh zeigte sich Mr Mukuts Debakel am deutlichsten. Im Naya-Basar, in dem kleine Händler lebten, einer Hochburg der Jan Sangh, lag die Wahlbeteiligung um ein Uhr mittags bei unter vierzig Prozent, und Mr Mukuts Wahlzelt, in dem der Tisch (nebst dem offiziellen Eindruck, den er vermittelte) fehlte und nur eine lange Bank stand, war von kleinen Kindern besetzt und sah bereits verlassen aus.

Die Wähler der Jan Sangh übten Wahlenthaltung. Diese Möglichkeit hatte Mr Mukut immer in Abrede gestellt. Durch ihr Bündnis mit anderen Parteien, durch ihre Unterstützung für Mr Mukut, dadurch, dass sie ihre rassistisch-volksgemeinschaftlich-hinduistische Linie abschwächte, hatte die Jan Sangh ihre rechtsextremistische Reinheit preisgegeben. Sie hatte aufgehört, eine Kreuzzugspartei zu sein; in den Augen ihrer Anhänger war sie so »politisch« und gesinnungslos geworden wie jede andere Partei. Und später, am Nachmittag, als sich überall die Nachricht verbreitete, dass Mr Mukut dabei war, die Wahl zu verlieren, zogen einige der Verweigerer los und gaben der Gegenseite ihre Stimme.

Um halb fünf, eine halbe Stunde, bevor die Wahllokale schlossen, befanden sich in Mr Mukuts Wahlkampfzentrale drei Personen: ein runzliger alter Sekretär an einem Tisch mit einem Telefon, das unbenutzt dastand, ein dürrer Buchhalter mit schwarzer Kappe und im *dhoti*, der, die Beine untergeschlagen, auf einem Stuhl mit steifer Rückenlehne saß, und ein kleiner Junge. Jemand kam mit einer Rechnung herein. Ohne seine Haltung zu verändern, betrachtete der schwarz bekappte Buchhalter die Rechnung und spießte sie auf. Ich streckte neugierig die Hand in Richtung Zettelspieß aus. Wortlos schwenkte er den Spieß fort von mir, dem Jungen zu, der ihn in einer Ecke auf den von Papieren übersäten Fußboden stellte.

Mr Bishweshwar saß, umgeben von seinen Wahlhelfern, auf der offenen, betonierten Veranda der Villa, die ihm als Wahlkampfzentrale diente. Er war in großer, von Lachlust erschütterter Aufregung und brüllte in ein Telefon. Die meisten seiner Helfer trugen Hose, Hemd und Pullover. Mr Bishweshwar hingegen steckte in seinem Politikerkostüm aus *dhoti* und *koortah*, dem Aufzug aus grobem Streichgarn, der von gandhischem Verdienst und dem dafür jetzt empfangenen Lohn kündete, von all dem, was mit der Zugehörigkeit zum Parlament einherging: von der Wohnung in Neu-Delhi, den zwei kostenfreien Telefonen, einundfünfzig Rupien pro Tag während der Sitzungsperioden, freier Fahrt erster Klasse in allen Eisenbahnzügen Indiens (mit Vorzugsbehandlung bei der Platzreservierung) und fünfhundert Rupien monatlich.

Es dauerte einige Zeit, bis ich mitbekam, dass auch Mrs Bishweshwar anwesend war, still und in sich gekehrt, in einen dunkelgrünen Sari gewandet und auf der Veranda wie auf einer Bühne stehend, den Kopf gesenkt und züchtig bedeckt, wie es sich in Gegenwart so vieler Männer ziemte: gleich einer kummervollen klassischen Gestalt, einem Sinnbild geknechteten indischen Frauentums.

Zehn Tage später, als auch die abgelegeneren Bezirke gewählt hatten, fand die Auszählung statt. Das Wetter war umgeschlagen, die heiße Zeit begann, und auf der Fernstraße 8 sah man Handkarren mit kleinen kegelförmigen Haufen grünen und roten Pulvers für die Feierlichkeiten des Frühlingsfestes am folgenden Tag. Ausgezählt wurden die Stimmen unter einem Schirmdach im Hof der Bezirksverwaltung. Weder

Mr Bishweshwar noch Mr Mukut waren anwesend. »Der Oberkommandierende muss nicht an der Front sein«, sagte einer der Stimmenzähler.

Mr Mukut verbrachte die Zeit, diesen längsten Tag seiner Karriere, in seiner Wohnung. Es sollte noch schlimmer als erwartet für ihn kommen. In der Stadt Ajmer – ein Wahlbezirk nach dem anderen wurde ausgezählt – hatte er nur neunzehntausend Stimmen erhalten; Mr Bishweshwar hatte dreiundvierzigtausend bekommen.

»Professor Mehta hat Sie also falsch beraten?«, sagte ich zu Mr Mukuts Sohn.

»Er hat uns nicht falsch *beraten*. Seine Berechnungen waren falsch.«

Mr Bishweshwar hielt sich in seiner Wahlkampfzentrale auf. Er hatte sich mittlerweile an seinen Triumph gewöhnt; er war zufrieden, aber müde. Der Wahlkampf hatte ihn angestrengt; das Vergnügen, das die »sportliche« Seite der Sache Mr Kudal bereitete, teilte er nicht. Als wichtige Leute abzuspringen drohten, hatte ihm das schwer zu schaffen gemacht. Die Rawats hatten ihm einen bösen Schrecken eingejagt und das Schaden stiftende Flugblatt hatte er ihnen nicht verziehen. »Ich werde sie verklagen. Ich verlange eine Entschuldigung und so weiter. Ein oder zwei Lakh sind drin.«

Die meisten Qualen aber hatte er wegen Mr Mukut gelitten, in dessen Schatten er so lange gelebt hatte. Ich fragte ihn, ob er meine, dass der Bruch zwischen ihnen endgültig sei. »Ich weiß es nicht«, sagte er. »Gestern habe ich ihn aufgesucht. Er hat nicht mit mir geredet.« Und Mr Bishweshwar legte Wert darauf klarzustellen, dass auch er sich Meriten erworben und Opfer gebracht hatte. Er habe zwar nicht im Gefängnis gesessen wie Mr Mukut, aber wegen seines sozialen Engagements habe er erst mit zweiunddreißig Zeit gefunden zu heiraten. »Sozialarbeit hat mich von Anfang an interessiert. Im Staatlichen College war ich Führer einer

Pfadfindergruppe. Ich weiß nicht, warum, aber die ärmeren Teile haben mich immer angezogen. Seit 1952 kümmere ich mich um das Wohl der Kleinbauern.«

Es klang aus seinem Mund, als rede er über ein Hobby. Sein Onkel diente ihm als Vorbild; auch er war halb gandhisch, halb politisch und leitete seinen Anspruch auf politische Macht von dem religiösen Verdienst ab, das er sich erworben hatte. Und Mr Bishweshwar hätte ohne weiteres der anderen Seite zugehören können, die Mrs Gandhi bekämpfte. »Für mich war das eine schwere Entscheidung«, sagte er, als er von der Spaltung der Kongresspartei sprach, »zwischen Prinzip und Persönlichkeit wählen zu müssen.« Am Ende hatte er es geschafft, beides miteinander zu verbinden: das gandhische Prinzip und die Persönlichkeit von Mrs Gandhi.

Den ganzen Nachmittag über wuchs sein Vorsprung. Schließlich betrug er sechsundsechzigtausend Stimmen. Nicht einmal in seinen Glanzzeiten hatte Mr Mukut solch eine Mehrheit errungen. Die Kastenfrage hatte nirgends eine Rolle gespielt. Ebenso wenig hatten sich die Kishangarh-Affäre oder die Verführung der Rawatfrau ausgewirkt. Nur die Tour Udaipurs hatte eine gewisse Wirkung erzielt. In dem abgelegenen Bezirk, in dem er Gott war, hatte Udaipur Mr Bishweshwars Vorsprung auf knapp über dreitausend heruntergebracht. Überall hatte sich das Wahlvolk für Mrs Gandhi und *Garibi Hatao* entschieden; den Ausschlag hatte die allgemeine Not und Bedürftigkeit gegeben.

Ungefähr um halb vier kamen Mr Bishweshwar und seine Frau in die Bezirksverwaltung. Sie waren beide in Streichgarn gehüllt, er in weißes, sie in blaues. Er lächelte einigermaßen hilflos; sie wirkte verlegen und gerührt. Als sie in die Mitte unter das Schirmdach traten, standen wir, die wir am Tisch des Bezirksverwalters saßen, alle auf. Jemand kam mit einer Girlande aus Gold- und Silberlamé gelaufen: Sie war für Mr Kudal, den triumphierenden Wahlmanager. Die zweite Girlande aus Ringelblumen und Champaca-Blüten bekam Mr Bishweshwar.

Draußen wuchs die Menschenmenge an. Und als Mr und Mrs Bishweshwar unmittelbar vor Verkündigung des Wahlergebnisses uns wieder verließen, erhoben sich die Stimmenzähler, die sie bei ihrer Ankunft nicht begrüßt hatten, und verabschiedeten sie beziehungsweise huldigten ihnen mit zusammengelegten Handflächen. Die Blaskapelle, die draußen wartete, stimmte *Colonel Bogey* an. Es gab einen Festwagen mit Kuh und Kalb in Weiß. Männer in einem voll besetzten Jeep streuten farbiges Pulver über die Menge aus – das Frühlingsfest, einen Tag vorgezogen. Und Exemplare einer aus einem Blatt bestehenden »Sonderausgabe« der in Hindi erschienenden *Rajasthan Patrika* wurden verteilt:

Bishweshwar erringt riesige Mehrheit
Neffe vernichtet Onkel

Ich beschloss, Mr Mukut aufzusuchen.

»Ich komme mit Ihnen«, sagte Mr Kudal. Und als wir im Auto saßen, sagte er: »Ich muss mitkommen. Schrecklich. Ein Mann, der zwei Jahrzehnte lang das Schicksal dieses Bezirks bestimmt hat, und jetzt wird er von seinem Neffen, seinem eigenen Geschöpf, aus dem Feld geschlagen.«

In der Wohnung im oberen Stockwerk waren im vorderen Raum die ungesäumten Vorhänge zugezogen, und Mr Mukut saß mit gekreuzten Beinen still auf seinem schmalen Bett. Seine Augen waren geschlossen und den Kopf hatte er zur Seite geneigt. Er trug weiße Baumwolle und das Weiß wirkte auf den ersten Blick erschreckend, weil es an Tod und Trauer denken ließ. Ein halbes Dutzend Personen, unter ihnen der Buchhalter mit der schwarzen Kappe, saß schweigend auf einer Decke auf dem Terrazzoboden. Mr Kudal sagte nichts; er ging hin und setzte sich zu den anderen auf den Boden.

Mr Mukuts Sohn kam heraus und bot mir einen Stuhl an. Er beugte sich über seinen Vater, sagte »Bapuji« und nannte ihm Mr Kudals und meinen Namen. Zuerst rührte sich Mr Mukut nicht. Dann plötzlich drehte er den Kopf, wandte das Gesicht dem Raum zu und knallte mit einer Gebärde furchterregenden Kummers die Handfläche auf das Bett.

Niemand sagte ein Wort.

Mr Mukuts Sohn brachte Tee ins Zimmer. Er zog den Vorhang ein Stückchen zurück: das mit Eisenstangen und Fliegengitter gesicherte Fenster, das Sonnenlicht an der weißen Mauer der Terrasse, die braunen Hügel. Er hängte seinem Vater eine braune Weste über die Schulter und das Weiß erschien weniger krass.

»Der Wahlkampf drehte sich um Indira«, sagte Mr Mukut, »nicht um den Kandidaten. Nirgends stand der Kandidat im Blickfeld.« Seine Niederlage hatte er noch nicht akzeptiert; für ihn ging es nach wie vor darum, wer sich den Sieg persönlich verdient hatte. Ich fragte ihn, ob er und Mr Bishweshwar wieder Freunde sein könnten. »Ich weiß es nicht«, sagte er. »Gestern ist er hergekommen. Aber er hat kein Wort mit mir geredet.« Er drehte das Transistorradio an und die englischsprachigen Sechsuhrnachrichten aus Delhi berichteten vom landesweiten Erdrutschsieg Mrs Gandhis und von der ebenso landesweiten Niederlage der alten Kongressleute, die sich wie Mr Mukut verrechnet hatten.

»Moral und Anstand gibt es heute nicht mehr«, sagte Mr Mukut. »Der Machiavellismus Europas hat mittlerweile auch unsere eigene Politik erfasst und es geht mit uns bergab.«

Mr Kudal erhob sich.

»Als Wahlkampfmanager muss ich beim Umzug erscheinen«, sagte er, als wir den Raum verlassen hatten. »Sonst wird man meine Abwesenheit missdeuten.«

Als wir den Umzug erreichten, befand er sich gerade im Basar. Männer bewarfen von offenen Lastwagen die Leute mit kleinen Kugeln aus farbigem Pulver. »Geben Sie mir sieben Minuten«, sagte Mr Kudal und verschwand in der Menge. Als er zurückkam, waren Kleider, Haare und Gesicht ordnungsgemäß rot gefleckt. Rot – die Farbe des Frühlings, des Sieges, des Opfers.

1971

»Dies ist ein immens wichtiges Buch, von höchster Aktualität.« Die Welt

Willie Chandrans Leben gleicht einem langen ruhigen Fluß des Scheiterns. Obwohl sein Weg ihn fast um die ganze Welt führt, findet er nicht zu seinen Wurzeln. Obwohl er seine Suche nicht aufgibt, findet er nicht zu sich selbst. Obwohl er immer wieder aufsteht, gibt es keine Richtung für ihn. *Magische Saat* schildert das inständige Ringen eines Mannes um Identität.

»Naipauls Beobachtungen sind kalt, originell und präzise – ein starkes Buch.«
Financial Times Deutschland

V. S. Naipaul
Magische Saat
Roman

ISBN-13: 978-3-548-60634-7
ISBN-10: 3-548-60634-2

List Taschenbuch